高等职业教育汽车运用与维修技术专业教材

汽车电气与电控系统检修

张小兴　主　编

杨　鹏　王正德　杨　洋　那丽珍　副主编

人民交通出版社股份有限公司
China Communications Press Co.,Ltd.

内 容 提 要

本书主要内容包括汽车电源系统检修、熔断丝及继电器检修、发动机起动系统检修、发动机电子控制系统检修、燃油喷射系统主控信号检修、燃油喷射系统修正信号检修、燃油喷射系统执行器检修、电子点火系统检修、自动空调及制动防抱死系统检修、刮水器及喇叭控制电路检修、照明灯光控制电路检修、信号灯光控制电路检修。

本书可作为高职院校汽车运用与维修技术专业教材，也可供汽车维修人员及相关技术人员参考使用。

图书在版编目(CIP)数据

汽车电气与电控系统检修/张小兴主编. —北京：人民交通出版社股份有限公司，2019.9

ISBN 978-7-114-15772-1

Ⅰ.①汽… Ⅱ.①张… Ⅲ.①汽车—电气设备—车辆修理—职业教育—教材②汽车—电子系统—控制系统—车辆修理—职业教育—教材 Ⅳ.①U472.41

中国版本图书馆 CIP 数据核字(2019)第 167601 号

书　　名：**汽车电气与电控系统检修**
著 作 者：张小兴
责任编辑：郭　跃
责任校对：张　贺　宋佳时
责任印制：张　凯
出版发行：人民交通出版社股份有限公司
地　　址：(100011)北京市朝阳区安定门外外馆斜街 3 号
网　　址：http://www.ccpress.com.cn
销售电话：(010)59757973
总 经 销：人民交通出版社股份有限公司发行部
经　　销：各地新华书店
印　　刷：北京市密东印刷有限公司
开　　本：787×1092　1/16
印　　张：9.75
字　　数：212 千
版　　次：2019 年 9 月　第 1 版
印　　次：2019 年 9 月　第 1 次印刷
书　　号：ISBN 978-7-114-15772-1
定　　价：25.00 元
(有印刷、装订质量问题的图书由本公司负责调换)

前言

FOREWORD

高等职业教育是现代国民教育体系的重要组成部分，在实施科教兴国战略和人才强国战略中具有特殊的重要地位。党中央、国务院高度重视发展高等职业教育。改革开放以来特别是近几年来，汽车行业迅猛发展，产销量大幅增长，各职业院校根据市场需求相继开设了汽车运用与维修技术专业，选择适用的课程教材对于院校专业建设至关重要，本书是在学校各级领导的通力合作下，各位教师、技术专家的大力协助下编写而成。

本书在编写时充分考虑了汽车电气及控制技术知识的覆盖面，以适应对汽车电气及控制技术知识的需要，并且注重教材的实用性，介绍理论知识后，再以实际操作角度进行介绍，增强了学生学习的技能。全书包括12个项目，主要介绍了汽车电气及控制技术方面的基础知识和故障诊断、检测等内容。

本书主要由云南交通运输职业学院(云南交通技师学院)张小兴、杨鹏、王正德、杨洋、那丽珍负责完成。陈鹏、何毅、周鳌、邵石红、李本安、梁雨、李伟也参与了本书的编写。

本书可作为高等职业院校汽车运用与维修技术专业学生的教科书，也可供汽车维修人员及相关技术人员参考使用。

最后对所有支持编写的人致谢，对所引用的书籍的作者表示感谢。

由于编者水平和经验有限，难免存在缺点和疏漏，恳请广大读者批评指正，交流探讨，以便修改补充。

编　者

2019年3月

目录
CONTENTS

项目一　汽车电源系统检修

学习目标

完成本项目学习后，你应能：

1. 准确描述充电系统的组成部件；
2. 准确识别充电系统的部件安装位置；
3. 正确叙述充电系统各部件的作用；
4. 正确识读充电系统原理图；
5. 正确描述充电系统的工作原理；
6. 对充电系统的故障进行诊断及排除。

建议学时

6学时。

汽车电源系统是汽车的重要组成部分，它将化学能或者机械能转化为电能，为汽车各系统的电器部件提供电能。汽车电源系统的性能直接影响汽车的工作状态，在汽车电器故障诊断中，电源系统是首要检查的部分。

一、充电系统的组成及维护

充电系统主要由蓄电池和发电机两大电源组成。

(一)蓄电池

汽车蓄电池(图1-1)的类型很多，随着技术的提高，免维护蓄电池已经被广泛运用在汽车上。下面以一汽大众轿车上安装的免维护蓄电池为例进行介绍。

a)

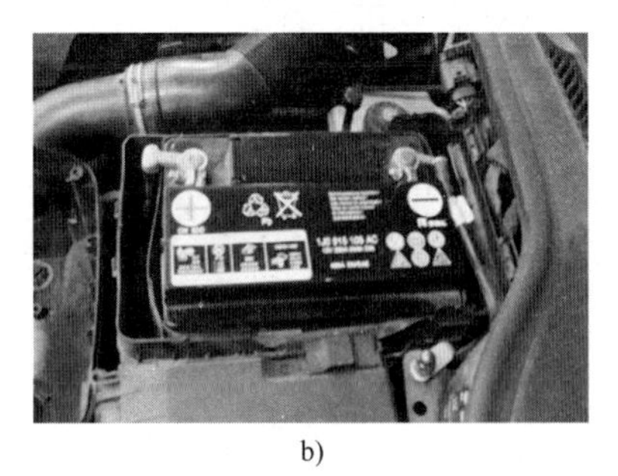
b)

图1-1　蓄电池
a)一般干荷铅酸蓄电池；b)一汽大众轿车上使用的免维护蓄电池

1. 蓄电池在车辆上的安装位置

蓄电池一般安装在发动机舱内，如图 1-2 所示。它在车辆上的安装位置或所处的位置对它的工作特性有很大的影响。如果由于设计上的原因将蓄电池安置在发动机或具有强烈热辐射的装置附近，那么蓄电池受到的高温会对其抗老化性产生不利影响。

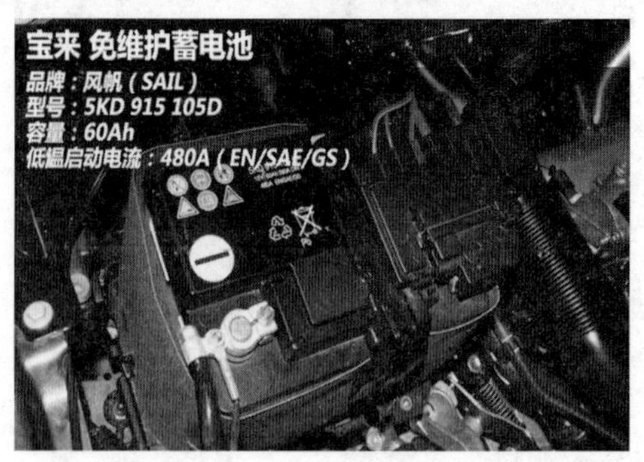

图 1-2　蓄电池的安装位置

2. 特点与特性

(1)中央排气装置。

在具备中央排气装置的情况下，气体会从蓄电池上预先设定的位置排出。借助一条排气软管，气体可以按照预先设定的方式被引导到不产生影响的一侧，例如，使气体远离点火装置部件。根据蓄电池的安装位置，可以从正极侧或负极侧排气，如图 1-3 所示。

(2)防回火装置。

防回火装置由一个多孔合成材料片构成，即所谓的玻璃料。这片玻璃料位于中央排气装置开孔的前方。如果从排气孔排出的气体被点燃，玻璃料可以阻止火焰蹿入蓄电池的内部，如图 1-4 所示。

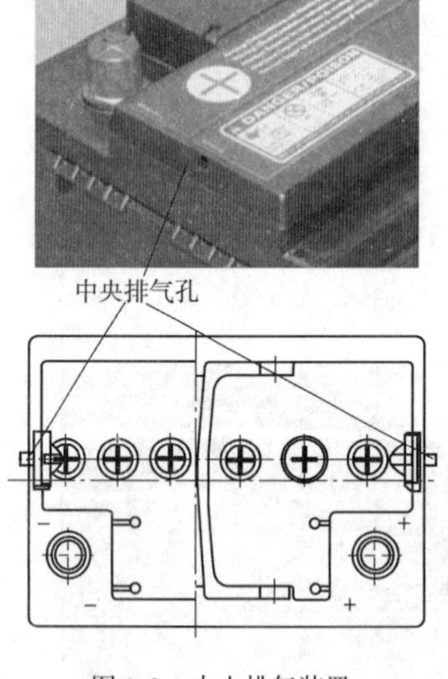

图 1-3　中央排气装置

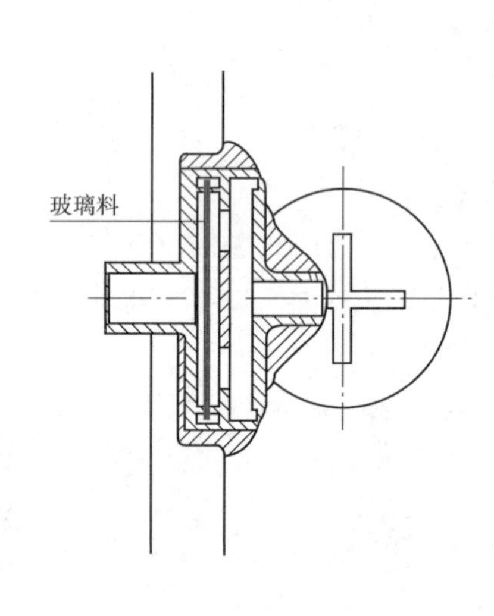

图 1-4　防回火装置

3. 蓄电池的检测

(1)目检。

在对蓄电池进行静态电压、电解液密度或蓄电池负载检测之前，必须先进行目检。需要

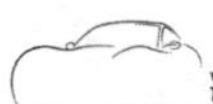

检查的内容包括：

①蓄电池外壳。外壳损坏会引起电解液泄漏，流出的电解液会对车辆造成严重损坏。图 1-5 所示为各种情况蓄电池外壳比较图。

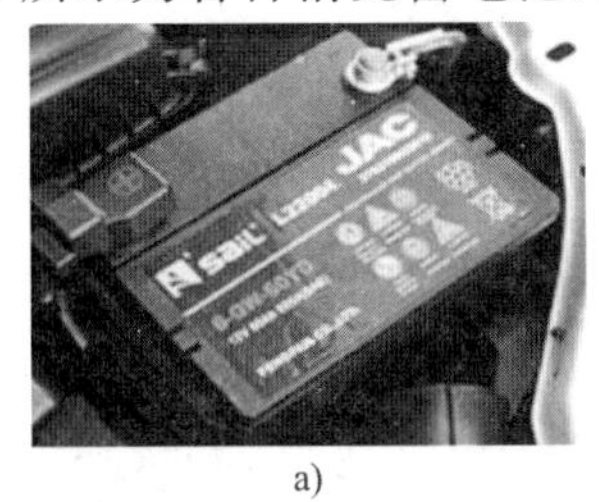

a)

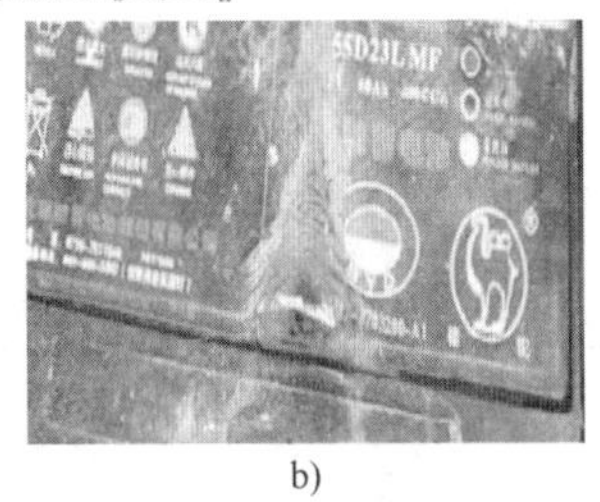

b)

c)

图 1-5　蓄电池外壳

a) 正常的蓄电池外壳；b) 变形的蓄电池外壳；c) 漏液的蓄电池外壳

电解液泄漏时，若桩头夹子沾到流出的电解液，必须立即用肥皂水处理或进行更换，如图 1-6a) 所示。

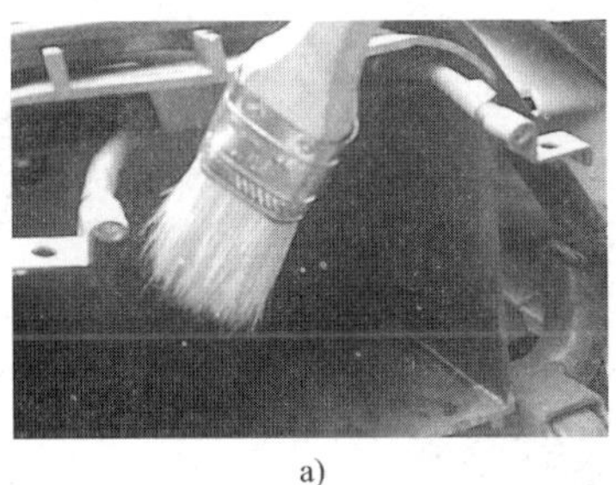

a)

b)

图 1-6　蓄电池桩头

a) 清洗桩头夹子；b) 硫化的极桩和夹子

②蓄电池电极和电极接线端硫化腐蚀情况［图 1-6b)］。蓄电池电极和电极接线端损坏后，就无法确保电极接线端的稳定接触。如果电极接线端不能正确插接和拧紧，就可能引起导线起火。

③蓄电池上的警告符号，如图 1-7 所示。

图 1-7 中的警告符号含义如下：

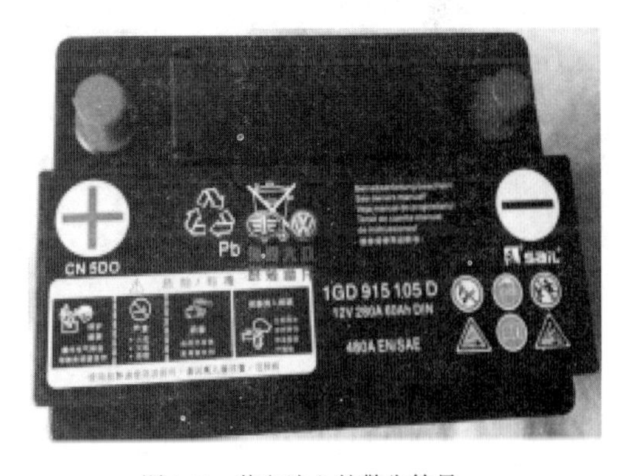

图 1-7　蓄电池上的警告符号

务必遵守蓄电池上 ELSA“电气设备”中及使用手册中的提示。

腐蚀危险。蓄电池电解液具有强烈的腐蚀性，因此，在操作蓄电池时要佩戴防护手套和护目镜。蓄电池不可倾斜，否则电解液会从排气孔中溢出。

在操作蓄电池时严禁烟火。避免由于操作电缆、电气设备和静电产生的火花，还要避免发生短路，因此，不得将工具放在蓄电池上。

操作蓄电池时必须佩戴护目镜。

务必使儿童远离电解液和蓄电池。

操作蓄电池时存在爆炸危险。蓄电池充电时会产生具有极强爆炸性的爆鸣混合气。

不可将废旧蓄电池与生活垃圾一同进行废弃处理。

废弃处理。废旧蓄电池属于特殊垃圾,只能在适当的回收点根据法律规定对其进行废弃处理。

(2)蓄电池电解液密度检测。

一汽大众集团的所有车型(除奥迪 A8、奥迪 A6 和奥迪 A4 外)上都配有带"魔术眼"的湿式蓄电池,如图 1-8 所示。"魔术眼"通过彩色显示窗提供关于充电状态和蓄电池电解液液位的信息。在首次判断充电状态时,只需查看一个单格电池即可。在用"魔术眼"进行日检之前,应使用螺丝刀的手柄小心地在"魔术眼"上敲击。这样做可以使干扰显示的气泡升起,从而令"魔术眼"的彩色显示更加准确。

①"魔术眼"的结构原理如图 1-9 所示。

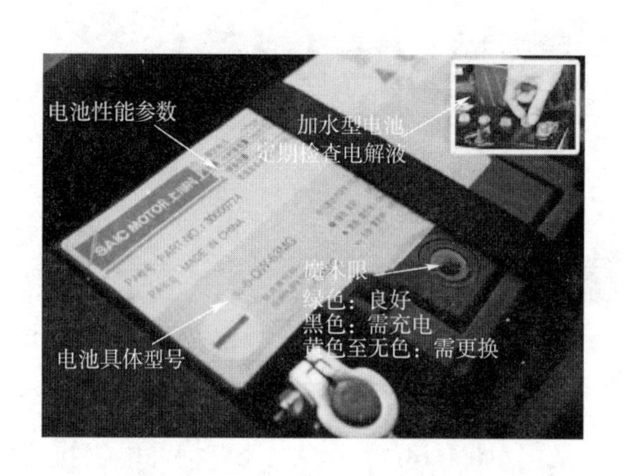

图 1-8 带"魔术眼"的湿式蓄电池

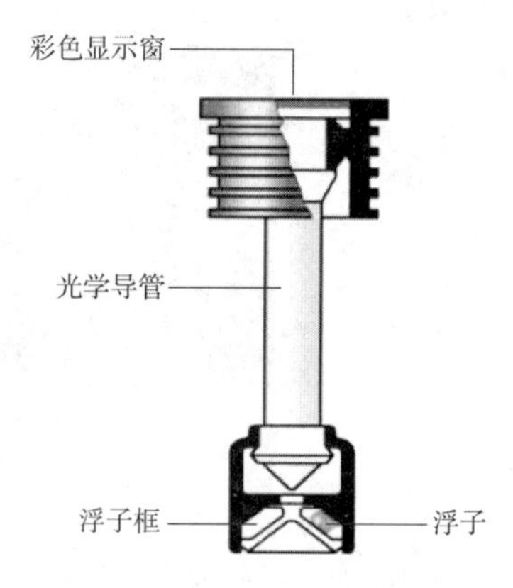

图 1-9 "魔术眼"的结构原理

②"魔术眼"可显示三种颜色,如图 1-10 所示。

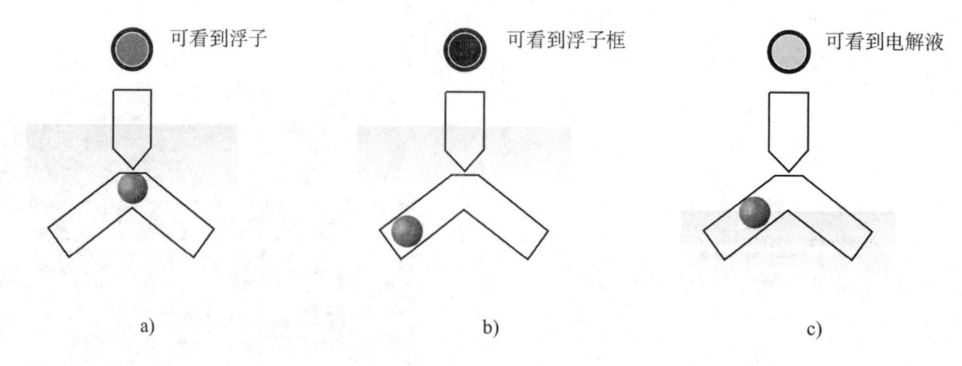

图 1-10 "魔术眼"颜色

a)绿色;b)黑色;c)黄色

绿色:充电状态良好,>65%,蓄电池状态正常;

黑色:充电状态不佳,<65%,需要给蓄电池充电;

黄色至无色:电解液液面过低,需要更换蓄电池。

(3)检查和纠正电解液液位。

蓄电池具有正确的电解液液位是使其长时间保持使用功能的一个重要因素。电解液液位过低时,会由于单格电池极板变干而导致容量减小。

①用"魔术眼"进行检查。如果彩色显示窗显示无色或者淡黄色,必须更换蓄电池。

②对于不带"魔术眼"且外壳透明的蓄电池,根据"min"(最小)和"max"(最大)标记,从外部检查电解液液位,如图1-11所示。

③如果蓄电池外壳上没有任何标记,或为黑色外壳而无法看清标记,那么必须(如可行)拧出密封塞。

(4)负载能力检测。

负载能力,是指在不低于规定极限电压的前提下,一个充满电的蓄电池在规定温度条件下经过规定时间后所能承受的电流。负载能力的单位为安培。进行负载能力检测需要使用专用工具——蓄电池测试仪VAS 5097A(图1-12)。

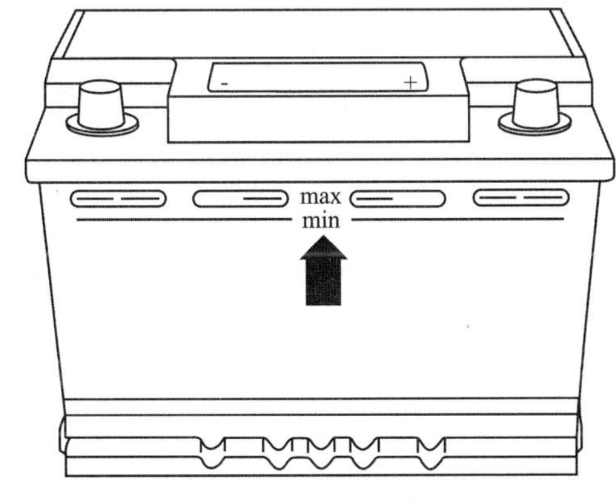

图1-11 蓄电池电解液液位标志

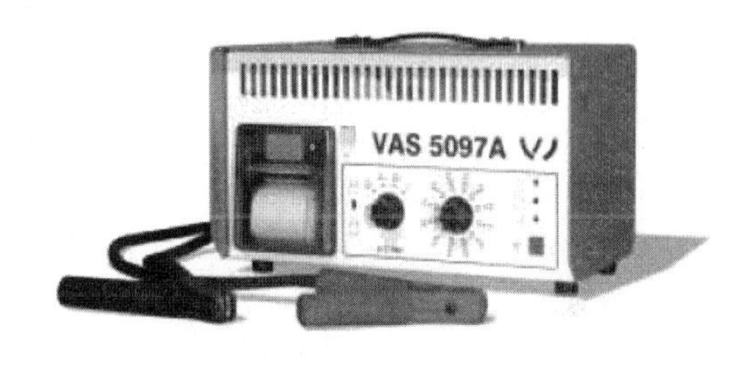

图1-12 蓄电池测试仪

注意:在使用蓄电池测试仪VAS 5097A进行负载能力检测时,不需要拆下蓄电池或断开蓄电池的接线。

(5)蓄电池的充电。

如果负载测试显示蓄电池需要充电,应当注意以下事故防范规定:①要保证空间通风状况良好;②蓄电池温度最低必须达到10℃;③电解液温度超过55℃时必须中断充电;④不允许给蓄电池快速充电,否则,会损坏蓄电池。

给蓄电池充电时需要用到图1-13所示专用工具中的一种。

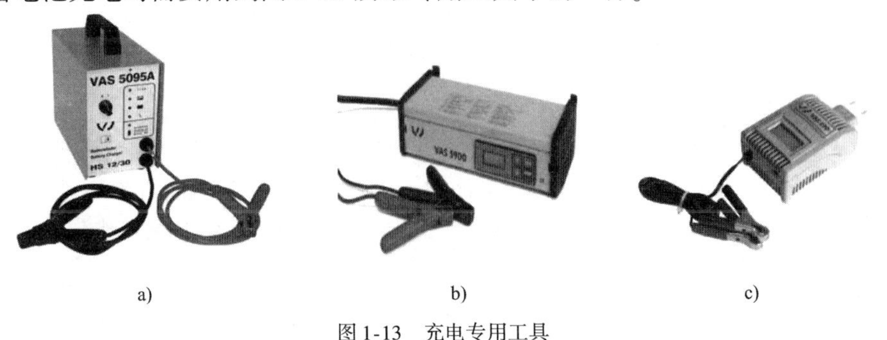

a) b) c)

图1-13 充电专用工具

a)蓄电池充电器VAS 5095A;b)全自动充电装置VAS 5900;c)插头式蓄电池充电器VAS 5901

给深度放电的蓄电池充电时,应当注意:①充电时间必须至少为24h;②如果过快地给深度放电的蓄电池充电,蓄电池就无法吸收电流,或者说,蓄电池由于“表面充电”的原因,过早显现了“已充满电”的状态,其实那只是表面现象;③深度放电的蓄电池开始时常常只能吸收很小的电流。

(二)发电机

蓄电池与发电机必须配合好,发电机功率、蓄电池容量和用电器网络的电流需求必须得到最佳的相互协调,它们的关系如图1-14所示。这样才能使所有的设备可靠、正常地工作。因此,车辆发电机的尺寸、类型和结构都由其作用决定。车辆发电机为用电器供电和为蓄电池存储电能提供充足的电流。发电机产生的是交流电,但车辆电气系统需要使用直流电。交流电到直流电的转换由发电机中的整流器完成。

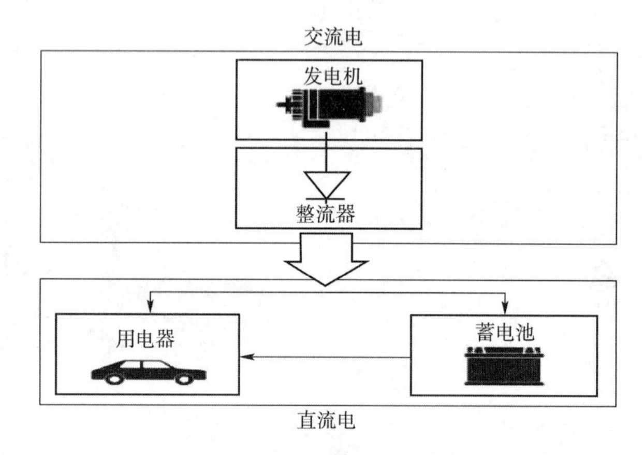

图1-14　发电机和蓄电池之间的关系

1.发电机系统的安装位置(图1-15)及作用

图1-15　发电机主要部件安装位置

(1)组合仪表中的充电指示警告灯。如果在交流发电机工作时出现发电机产生过高的电压或者发电机无电压产生时,则IC调压器警告功能将启用,点亮充电警告灯。

作用:监控发电机的工作情况。

(2)交流发电机及IC调压器,如图1-16所示。

作用:交流发电机提供直流电压以操作车辆电气系统工作,并保持蓄电池的充电状态,输出电压值的高低由充电电压可变控制系统和IC调压器控制。

图1-16　交流发电机及IC调压器

(3)充电系统连接元件。充电系统连接元件主要由点火开关、连接线路、熔断丝等组成。

①点火开关的作用:控制仪表、充电系统、点火系统、燃油供给系统等的电源。

②连接线路的作用:连接充电系统各个部件。

③熔断丝的作用:防止线路过载而烧毁线路。

2.发电机的就车检测

(1)充电指示灯检查。当打开点火开关不起动发动机时,查看仪表充电指示灯是否点亮,如图1-17所示。如不亮,应检查相应电路或充电指示灯熔断丝是否熔断,指示灯灯泡是否损坏。如损坏,应更换。然后起动发动机,当发动机正常运转时,充电指示灯应熄灭,否则,应检查发电机。

图1-17　充电指示灯检查

(2)发电机转子轴磁性检查。在发动机运转状态下用一金属物体检查发电机转子轴有无磁性,如有,说明发电机励磁电路良好;如没有,应检查发电机励磁电路有无输入电压,如图1-18所示。如无,则检查电压调节器及励磁绕组有无损坏,然后检查发电机输出电压(在发动机2500r/min时为12V或24V),发电机输出电压应小于14.8V或27V,大于12V或24V,否则,应检查硅整流器及定子绕组有无损坏。

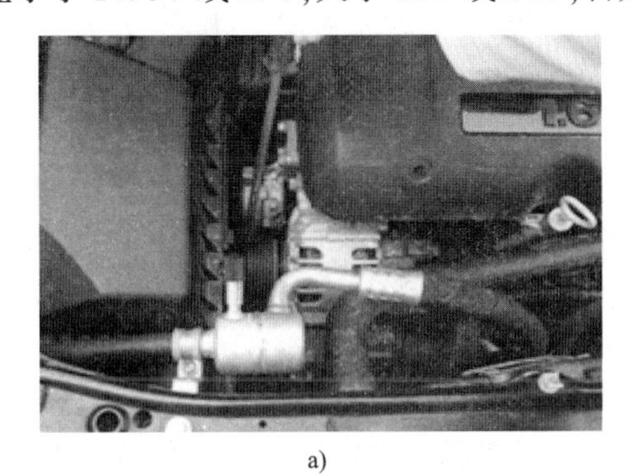

a)

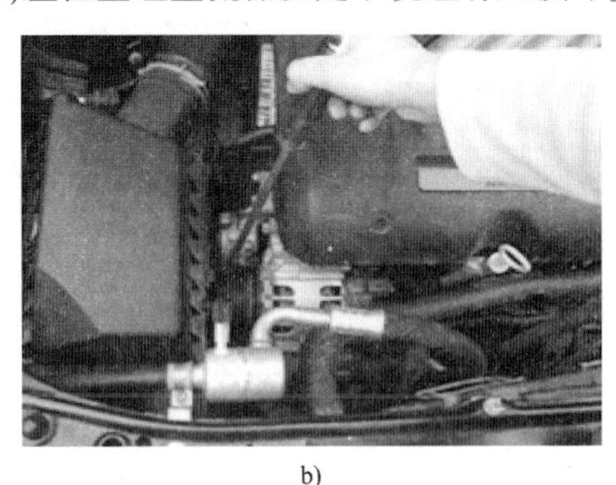

b)

图1-18　发电机工作状态和不工作状态

a)发电机工作;b)发电机不工作

3. 发电机的不解体检测

从车上拆下发电机后，可以用下述方法检查，进一步确定故障。

(1)试灯法判断。

把汽车测电笔试灯(图1-19)的两端，接于发电机“电枢”和外壳之间。用导线将蓄电池(或相同电压的干电池)正、负极分别连接在发电机的两磁场接柱“F1”“F2”(内搭铁的交流发电机接“F”和“搭铁”接柱)上，让蓄电池给发电机励磁。用手快速转动发动机皮带盘，小试灯亮，说明发电机工作正常，否则，发电机不发电。

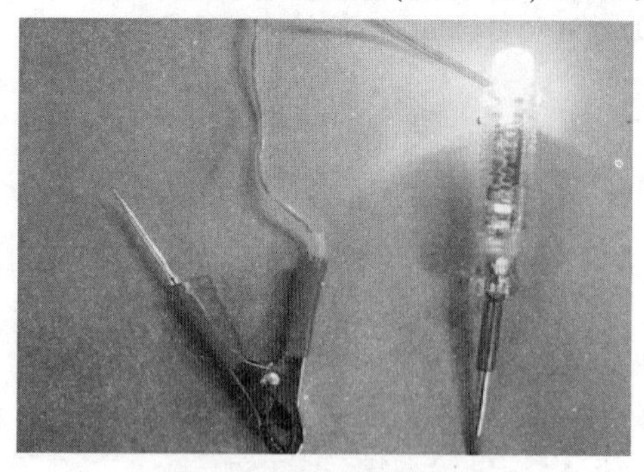

图1-19　汽车测电笔试灯

(2)万用表电压挡判断。

让蓄电池给发电机励磁(接线方法同手电灯泡判断)，将万用表选择在直流电压3～5V挡(或一般直流电压表适当挡)，黑、红表笔分别接“搭铁”和发电机“电枢”接柱。用手转动皮带盘，万用表(或直流电压表)指针应有摆动，否则，发电机不发电。

二、充电系统工作过程

1. 组成

图1-20是十一管交流发电机的充电系统工作原理图。该充电系统的主要组成是十一管交流发电机、点火开关SW、充电指示灯、电压调节器、蓄电池、负载。

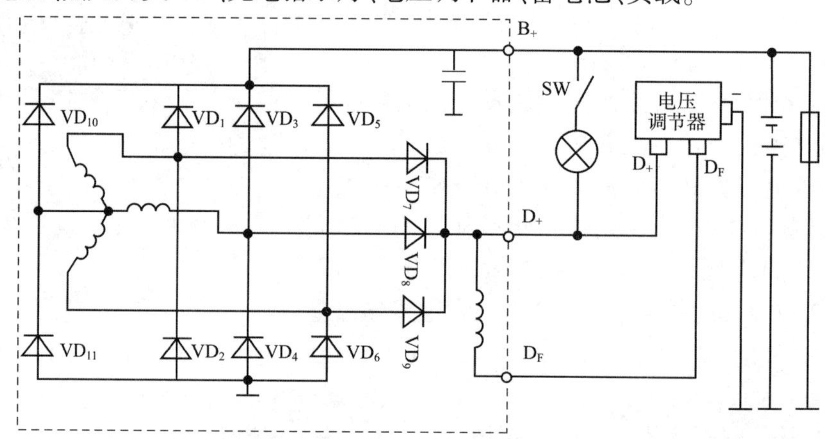

图1-20　十一管交流发电机充电系统工作原理图

十一管交流发电机在传统六管三相桥式全波整流发电机的基础上，增设3只励磁整流二极管和两只中性点整流二极管，大众车系用JFZ1913Z和JFZ1813Z型整体式发电机，内部电路及充电电路如图1-20所示，具有充电指示灯控制电路、电路简单、输出功率充分的优点。

2. 工作过程

当点火开关SW位于ON位时，交流发电机转子(励磁绕组)的电流路径途径如下：蓄电池→正极→点火开关→仪表上的充电指示灯L→磁场线圈→电压调整器→搭铁，此时对发电机励磁绕组线圈进行励磁；当发电机工作转速超过800r/min时，在三相定子绕组中感应出三相交变的交流电动势，经6只二极管组成的正、负整流器整流后，由发电机的B端子向汽车所有用电设备供电,同时向蓄电池充电。

发电机输出电压高低的调整由电压调节器来实现。当发电机的输出电压高于规定值14.8V时,电压调节器减小发电机转子绕组的励磁电流,使发电机输出电压降低;当电压低于13.5V时,电压调节器使发电机的转子绕组电流增大,使输出电压升高。如此反复,使发电机的输出电压始终保持在13.5~14.8V之间。

三、充电系统常见故障诊断与排除

1. 常见故障

(1)不充电;

(2)充电电流过小;

(3)充电电流过大;

(4)转速高时,发电机警报灯不熄灭;

(5)打开点火开关时,发电机警报灯不亮。

通过充电警告灯判断充电系统故障:起动发动机,并使发动机转速保持在2500r/min ,用万用表测量“B”端子电压,低于12.6V,说明充电系统不充电;高于14.8V,说明充电电压过高。无论出现哪一种故障,都应做如下检查。

当点火开关SW位于OFF位时,拔下发电机的2脚接线柱的插头,再打开点火开关,用万用表测量2脚导线的电压。若2脚有12V电压,说明故障在发电机和IC调压器,应拆检或更换发电机及IC调压器。若2脚无电压,应检查熔断丝、线路、点火开关、充电警告灯、ECM等。

2. 故障排除

(1)不充电。

不充电故障排除流程如图1-21所示。

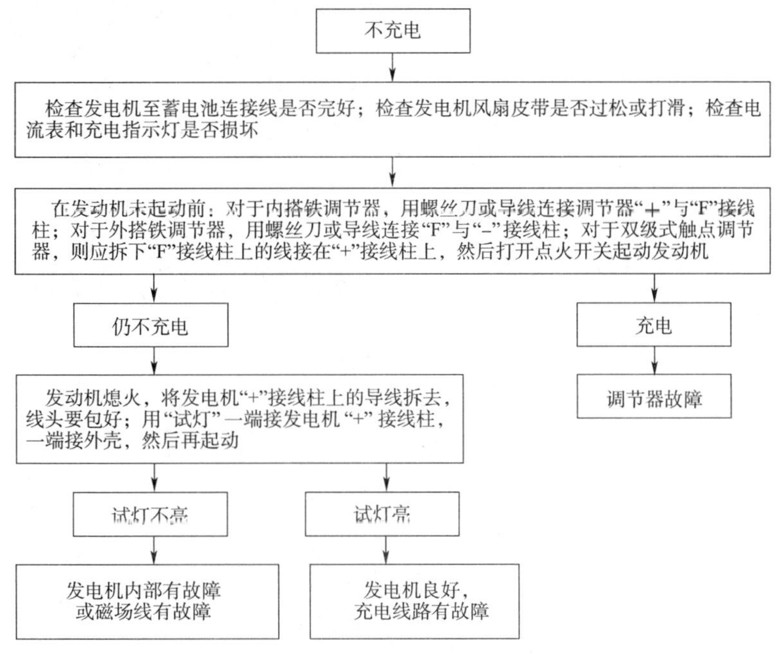

图1-21 不充电故障诊断及排除流程

(2)充电电流过小。

充电电流过小故障诊断排除流程如图 1-22 所示。

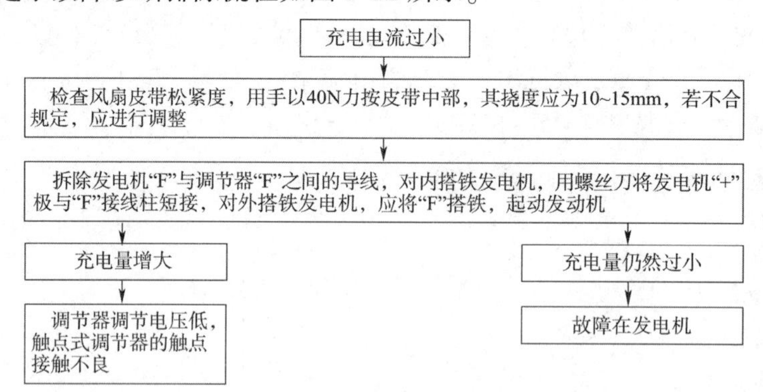

图 1-22　充电电流过小故障诊断及排除流程

(3)充电电流过大。

检查发电机“电枢”接线柱与“磁场”接线柱是否短路。检查方法是将发电机“磁场”接线柱上的线取下,看是否仍有充电电流,若有,说明发电机内部“电枢”与磁场短路;若不充电,则应检查调节器调节电压是否过高或失控,检查机械式调节器低速触点是否烧结。若调节器有问题,则更换调节器总成。

(4)转速高时,发电机警报灯不熄灭。

发电机警报灯不熄灭诊断流程如图 1-23 所示。

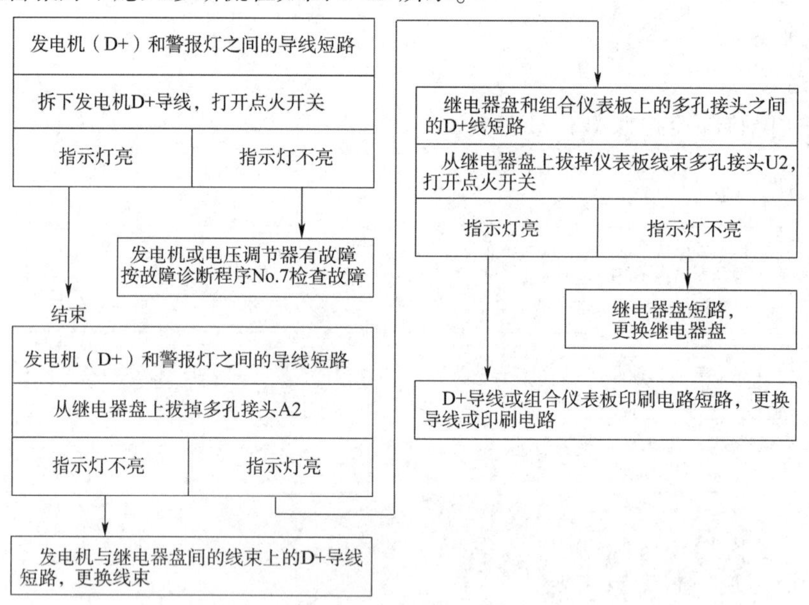

图 1-23　发电机警报灯不熄灭诊断流程图

(5)打开点火开关时,发电机警报灯不亮。

打开点火开关时,发电机警报灯不亮,经检查:①发电机 V 形带张紧度正常;②蓄电池完全充电;③车身和蓄电池之间的搭铁线牢固,无锈蚀。排除以上因素后,进行图 1-24 所示的诊断流程。

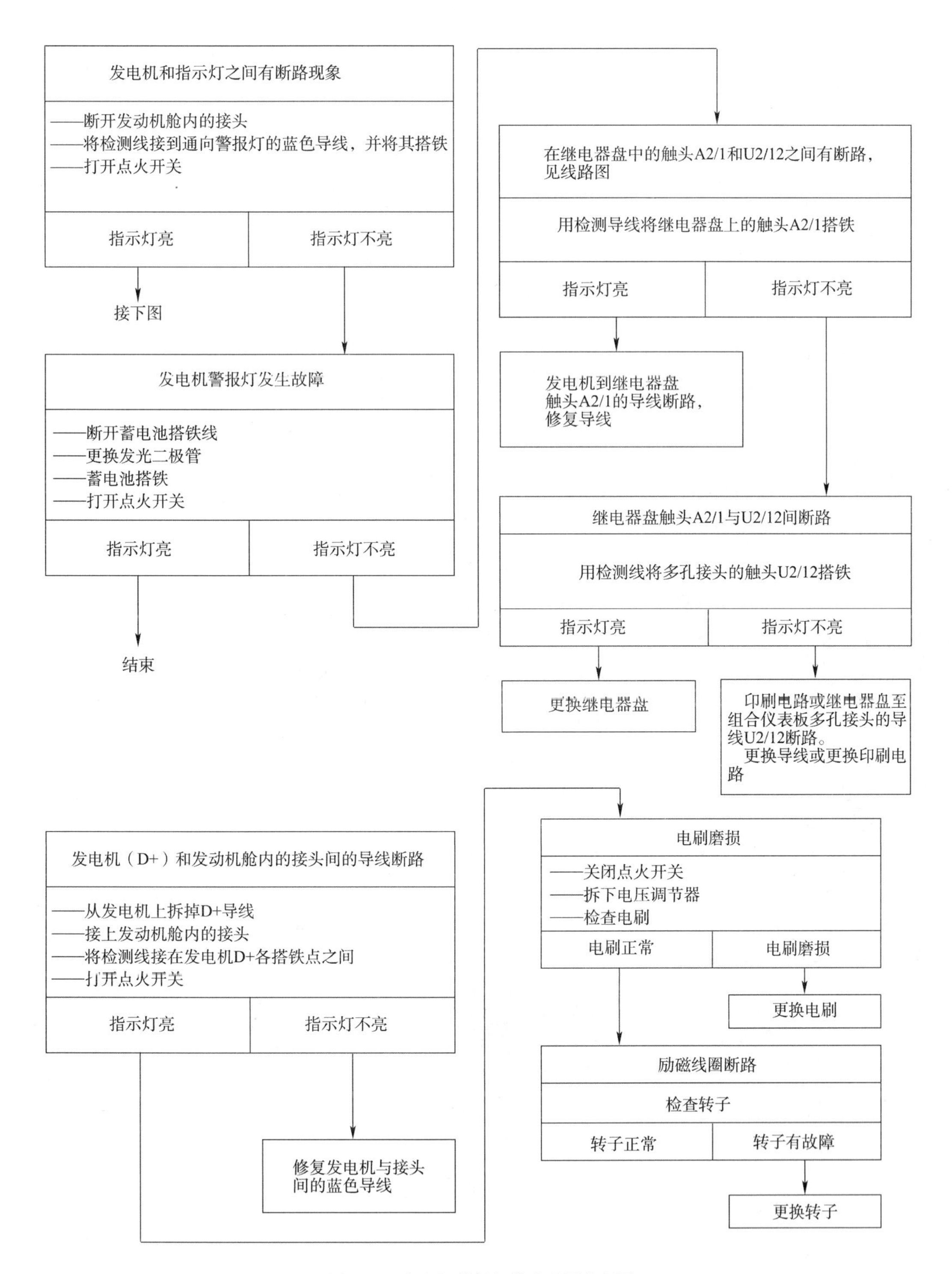

图 1-24　发电机警报灯故障诊断流程图

汽车充电系统的检查除了蓄电池和发电机的检查之外，还需要检查熔断丝、驱动发电机的皮带轮等，这些都会影响充电系统的工作。这些检查相对容易，通过目检就能完成。

思考与练习

一、填空题

1. 铅蓄电池的充电方法有________、________及________。

2. 汽车用硅整流发电机由一台________________和一套________________组成的。

3. 整流器的作用是将三相同步交流发电机产生的________电转变为________电输出。

4. 免维护蓄电池的“魔术眼”显示的三种颜色分别是________、________和________。

5. 充电指示灯亮，表明蓄电池正在________，发电机处于________励状态；灯由亮转灭表明蓄电池正在________，发电机处于________励状态。

二、选择题

1. 发动机正常运转，发电机(　　)时，蓄电池进行充电。

   A. 不发电　　B. 过载　　C. 电动势高于蓄电池电动势

2. 在拆卸蓄电池时，必须先断开蓄电池(　　)接线柱。

   A. 正极　　B. 负极　　C. 正、负极接线柱都可以

3. 发电机皮带轮的作用是(　　)。

   A. 将发动机的转矩传递给发电机的转子

   B. 带动发动机转动

   C. 散热

4. 汽车硅整流发电机三相桥式整流器是由(　　)晶体二极管组成的。

   A. 3 只　　B. 6 只　　C. 7 只

5. 交流发电机的输出电压最高不得超过(　　)。

   A. 9.5V　　B. 12.5V　　C. 14.8V

三、判断题

1. 从发电机的输出特性可知，发电机的输出电流总是随着转速的升高而不断升高的。(　　)

2. 电解液液位过低时，会由于单格电池极板变干而导致容量减小。(　　)

3. 发电机运转时严禁用刮火法检查发电机是否发电。(　　)

4. 蓄电池要负极搭铁，发电机则不一定要负极搭铁。(　　)

5. 发电机整流器是将低压电转变为高压电。(　　)

6. 发电机应配用专用的调节器，并确保连线正确可靠。(　　)

7. 不允许给蓄电池快速充电，否则，会损坏蓄电池。(　　)

项目二　熔断丝及继电器检修

学习目标

完成本项目学习后,你应能:

1. 准确叙述熔断丝、继电器的作用及类型;
2. 正确找到熔断丝、继电器的安装位置;
3. 正确叙述继电器工作原理;
4. 准确说出重要的熔断丝及继电器;
5. 准确叙述熔断丝的使用注意事项;
6. 准确说出继电器的特点;
7. 编制熔断丝、继电器的检修方案。

建议学时

6 学时。

当电路发生故障或异常时,伴随着电流不断升高,并且升高的电流有可能损坏电路中的某些重要器件或贵重器件,也有可能烧毁电路甚至造成火灾。若电路中正确安置了熔断丝,那么,熔断丝就会在电流升高到一定高度和热度的时候,自身熔断切断电流,从而起到保护电路安全运行的作用。它是电路中一个非常重要的部件。

一、熔断丝

(一)熔断丝的作用、类型和结构

1. 熔断丝的作用

汽车熔断丝的用途与一般家庭用的熔断丝的作用大同小异,当电路电流异常并超过其额定电流时熔断起到电路保护屏障的作用。车用熔断丝如图 2-1 所示。

2. 熔断丝的类型和结构

汽车常用熔断丝有高电流熔断丝和中低电流熔断丝。一般较容易接触到的为中低电流熔断丝。中低电流熔断丝大致可分为片式熔断丝(包括自动熔断丝盒迷你熔断丝)、插入式熔断丝、旋紧式熔断丝、管式熔断丝和平板式熔断丝。其中,我们能接触到的为中号 ATO 或小号快熔型片式熔断丝。片式熔断丝可承载小电流、短时间脉冲电流,如前照灯电路、后玻璃除霜等。

汽车片式熔断丝颜色的国际标准为:2A 灰色、3A 紫色、4A 粉色、5A 橘黄色、7.5A 咖啡色、10A 红色、15A 蓝色、20A 黄色、25A 透明无色、30A 绿色和 40A 深橘色,如图 2-2 所示。

根据颜色的不同，可以很清楚地区分不同安培数的大小。

图 2-1　熔断丝

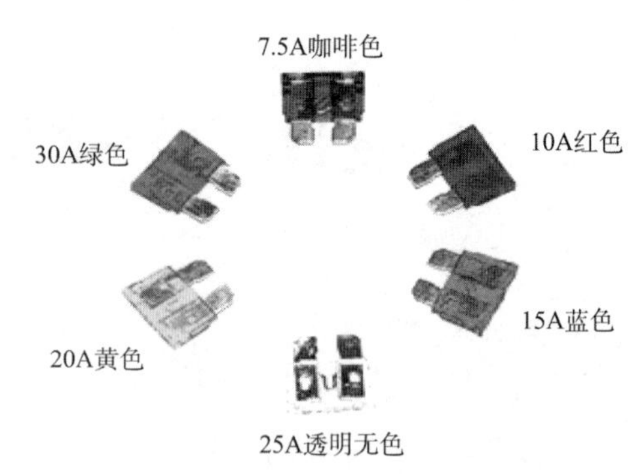

图 2-2　熔断丝标准颜色

片式熔断丝内的导体由类似于焊料的金属制成，它比普通导线本身的熔点低，主要由熔体、电极和支架三部分组成，其结构如图 2-3 所示。该导体的尺寸要通过非常精确的校准，以便在达到额定电流时，能够产生足够的热量熔断该导体，断开电路。熔断丝有两个重要的工作参数，一个是工作电压，另一个则是额定电流。车主在购买或更换时要根据电路中的电压和电流来选择。

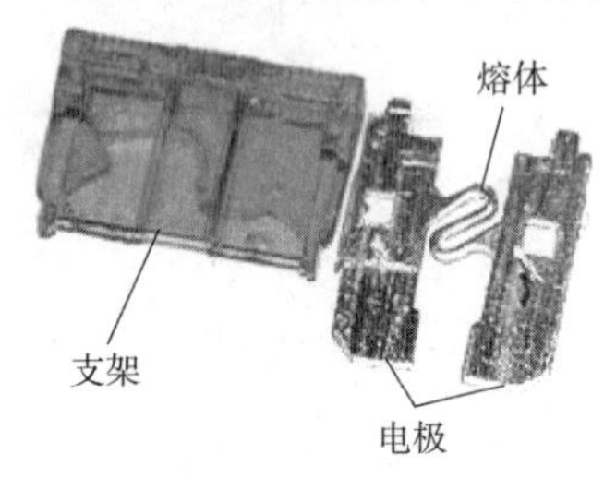

图 2-3　片式熔断丝

(二)熔断丝的安装位置和识别

由于汽车上的零部件和电子设备很多，而且每个设备都会装有熔断丝，因此，为了便于日后的维修，每辆车在设计之初，设计师便把汽车熔断丝都集中设计在一个地方，而这个地方被称为熔断丝盒。

1. 安装位置

一般汽车上都有两个熔断丝盒，一个负责汽车外部电器的安全，如 ECU、刮器水、车灯、喇叭、ABS 等电路的安全保护，位于发动机舱内，如图 2-4a) 所示；另一个负责车内电器的正常工作，例如点烟器、车窗、电动座椅和安全气囊等，一般位于转向盘的左侧位置，如图 2-4b) 所示。

a)

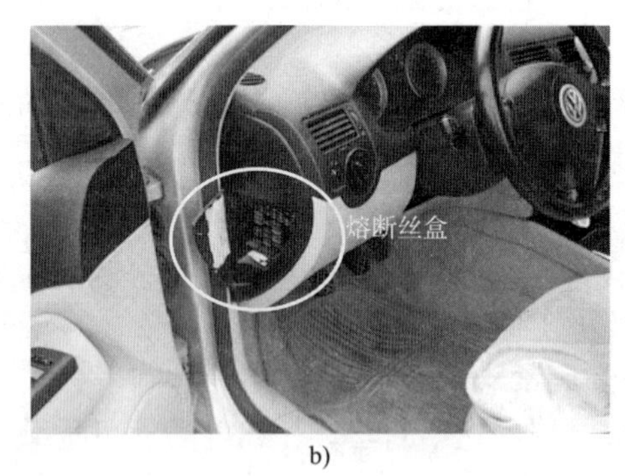

b)

图 2-4　熔断丝安装位置

a) 发动机舱熔断丝盒；b) 驾驶室转向盘左侧熔断丝盒

2. 认识汽车熔断丝盒

熔断丝盒上虽说都有相应的位置和功能说明,但星罗棋布的标识和熔断丝,会让很多想自己动手修车的车主望而却步。在动手之前,我们必须了解清楚每个熔断丝的功能。有些车型需要查看电路图,有些车型上熔断丝盒有清晰的图例标明具体熔断丝负责哪个用电器,只需把图例对应好,即可分辨熔断丝负责的工作,如图 2-5 所示。

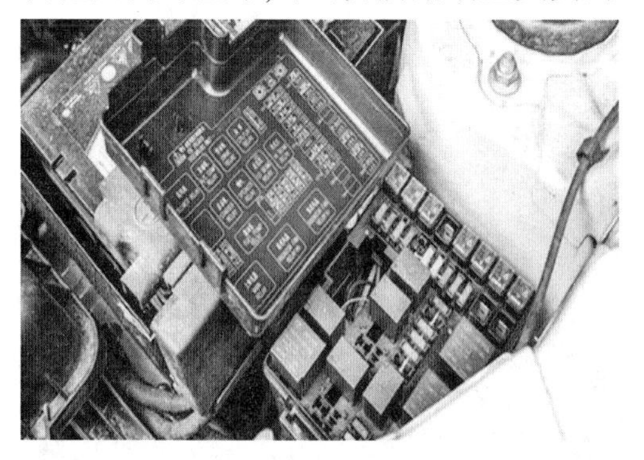

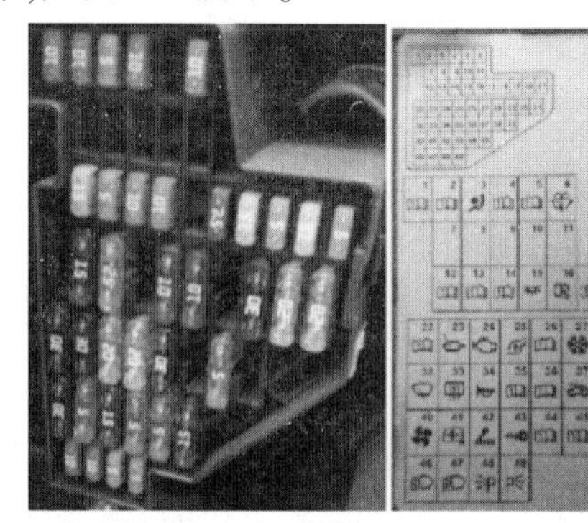

图 2-5　熔断丝对应的图例

一些进口车上的熔断丝所指代的零件常常用英文缩写表示,维修起来非常麻烦,这里列举一些常见的熔断丝相关英文缩写,见表 2-1。

熔断丝所指代的零件英文缩写　　表 2-1

英　文　名	中　文　名	英　文　名	中　文　名
MIR DEFG	车外后视镜除雾器	RR DEFG	后除雾继电器
T/SIG	驻车/空挡位置以及倒车灯开关	PWRLK	门锁继电器
WIPER	刮水器/清洗器开关	HDLTS	前照灯继电器日行灯模块
MEM SEAT	座椅调节开关存储模块	H/LAMP HILH	左远光灯
CCM IGN3	遥控门锁接收器以及防盗模块	H/LAMP HIRH	右远光灯
A/C COMP	空调压缩机继电器	H/LAMP LOLH	左近光灯
HORN	喇叭继电器	H/LAMP LORH	右近光灯
HAZARD LTS	危险警告灯闪烁器	ROOM LAMP	阅读灯
PWR MIR	外后视镜	FOG LAMP	雾灯
CORNR LTS	组合开关/音响控制	METET LAMP	仪表灯
I/P DIM LTS	前照灯开关	TURN SIGNAL	转向灯
STOP LTS	制动灯开关	POWER WINDOW	电动车窗
TAIL LTS	后尾灯和牌照灯	IGN SW	点火开关

(三)熔断丝的日常维护

由于汽车熔断丝是放在熔断丝盒当中的,一般情况下不用特意维护。但需要注意的是,若保护熔断丝的熔断丝盒盖丢失,一定不要让熔断丝暴露在外,以免发生短路。另外,在覆盖熔断丝时,不能随意用其他材料替代,因为熔断丝盒的材质是充分考虑了绝缘和耐高温的,随意用其他材料覆盖熔断丝会有发生火灾的危险。

如果汽车电器没有经过任何改动仍出现熔断丝坏了的现象,则需要检查汽车的线路是

否短路。在日常的维护上,要避免以下几种情况:

(1)用水管直接冲洗发动机舱,如图 2-6 所示。由于熔断丝盒密封不是很好,会导致熔断丝盒及线路短路,引发整车电器元件失灵(切记不要用水直接冲洗熔断丝盒)。且大多数熔断丝盒上都有明显的禁止用水冲洗的图标。若熔断丝盒脏了,用湿毛巾轻轻擦拭即可造成熔断丝烧毁。

(2)目测观察是否有电线胶皮老化、脱落等裸露金属线,如图 2-7 所示。这样易造成短路,烧毁熔断丝。

图 2-6 用水管直接冲洗发动机舱

图 2-7 电线胶皮脱落、导线裸露

(3)在进行车内清洗时,也应注意避免触碰到埋藏在地板内的电线,如图 2-8 所示。

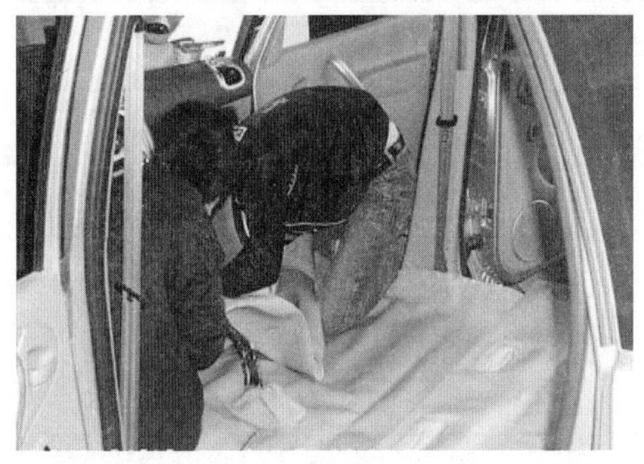

图 2-8 清洗车内

(四)熔断丝的检测与更换

1. 初步判定熔断丝熔断现象

(1)点烟器、车窗、空调、车灯等用电器(图 2-9)不工作时,在开启其开关时如听到电流或继电器动作声音,大致可断定为熔断丝断了。

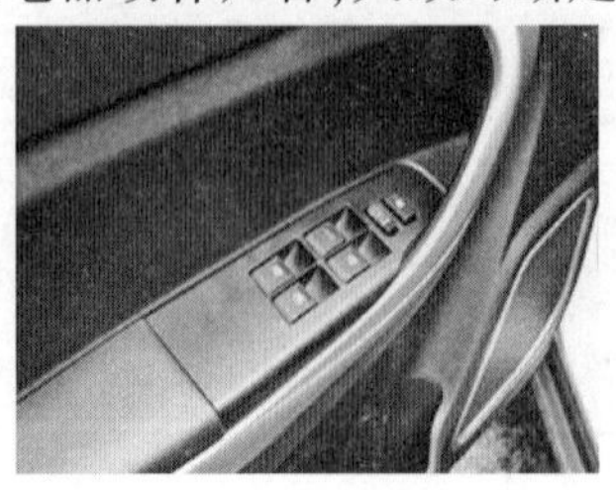

图 2-9 车窗、空调、车灯图

（2）车辆起动不了，切记不要连续起动，这样容易造成蓄电池持续大电流放电而亏电。若电流车辆的灯光亮度正常，则很有可能是负责起动电机的熔断丝断了，熔断丝持续瞬间电流过大而熔断。

车辆用电器不工作时，首先考虑的是熔断丝是否熔断，然后再进行下一步处理。

2. 在车上查找并拆卸初步确定故障的熔断丝

（1）通过学习熔断丝盒的相关知识，确定需要查找的熔断丝是在发动机舱还是在驾驶室转向盘左下侧的位置。熔断丝盒一般都有卡扣固定，有些高级车型还会有螺栓拧紧，因此，在打开熔断丝盒时需要小心拆卸。

（2）取出熔断丝。取熔断丝的时候，并不需要用手扣取。每个熔断丝盒都配有专用工具——镊子，如图 2-10 所示。取熔断丝的时候，镊子的使用方法如图 2-11 所示。

图 2-10　取熔断丝专用工具

3. 熔断丝的检查

可用目视的方法或万用表对熔断丝进行检测。用数字式万用表检查熔断丝可采用以下两种方法。

（1）电阻挡检测法。

先校对万用表，再将万用表功能选择开关调至电阻挡最低量程位置上进行检测。万用表显示屏显示的值是 0. 1Ω 左右，说明熔断丝是好的，如图 2-12 所示。万用表显示屏显示的值是无穷大，说明熔断丝已烧断，如图 2-13 所示。

图 2-11　镊子取熔断丝

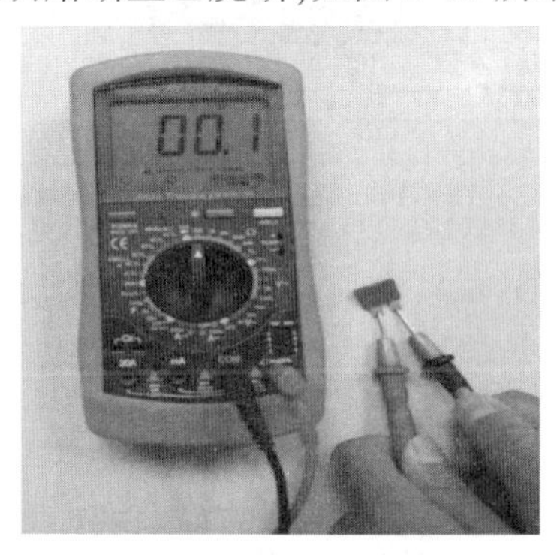

图 2-12　显示完好的熔断丝

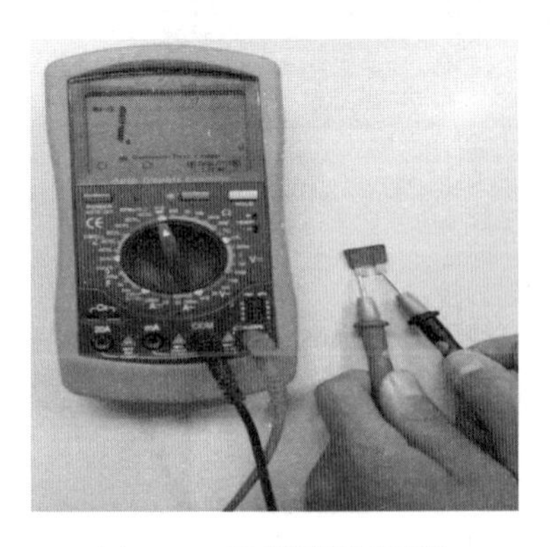

图 2-13　显示熔断的熔断丝

(2)蜂鸣挡检测法。

将万用表功能选择开关调至蜂鸣挡位置上进行检测,万用表显示灯发亮,并发出声音,说明熔断丝是好的,如图2-14所示。万用表显示屏显示的值是无穷大,而且没有声音出现,说明熔断丝已烧断,如图2-15所示。

图2-14 蜂鸣器发响

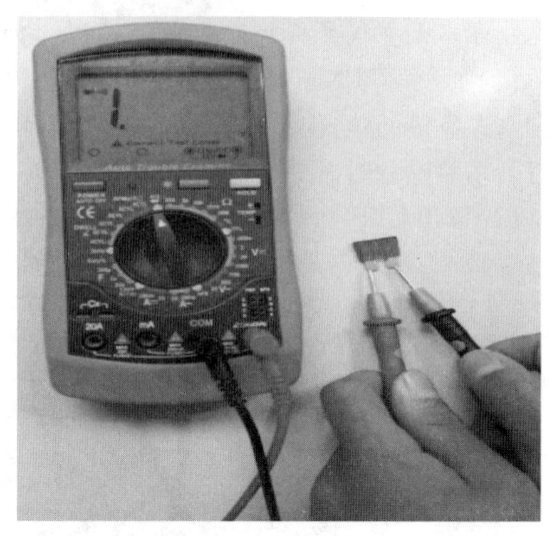

图2-15 蜂鸣器不发响

4.熔断丝的更换

如果熔断丝断了,可以使用车上熔断丝盒里的备用熔断丝(图2-16)进行更换。

如果没有备用熔断丝,紧急时,可以更换对驾驶及安全没有影响的其他设备上的熔断丝代替。比如车窗的熔断丝断了,而恰好没有备用熔断丝了,这时候,可以将音响、空调这类闲置的熔断丝用上,前提是两者的安培数相同或者比原来熔断丝安培数要小,如图2-17所示。

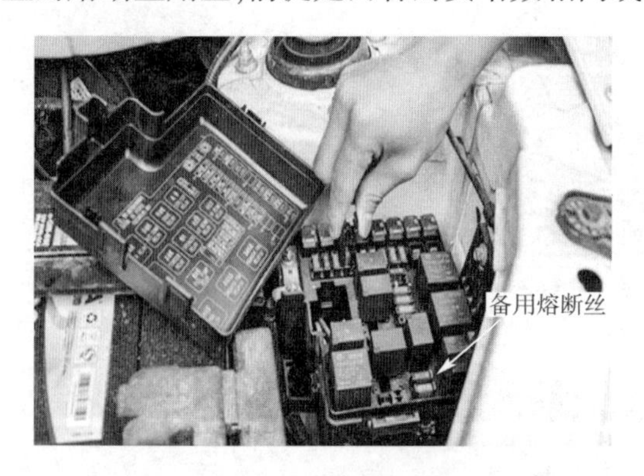

图2-16 备用熔断丝

图2-17 选用闲置的熔断丝进行更换

二、继电器

(一)继电器的认识

1.继电器的作用

继电器的作用是通过较小的电流来控制汽车上需要较大电流负载电路的通断,还主要起到开关的作用,同时还起到保护用电设备及组合开关的作用。汽车上的继电器外形如图2-18所示。

图2-18　继电器外形图

2. 继电器的类型

(1)继电器按照触点的状态分类,可分为常开继电器、常闭继电器、混合型继电器,见表2-2。

不同触点状态的继电器　　表2-2

	常开继电器	常闭继电器	混合型继电器
SW1. OFF	不滚动 SW1　蓄电池	滚动 SW1　蓄电池	滚动 不滚动 SW1　蓄电池
SW1. ON	滚动 SW1　蓄电池	不滚动 SW1　蓄电池	不滚动 滚动 SW1　蓄电池

(2)继电器按照接线柱的数量分类,可分为1M——单开关、2M——双开关、1T——单切换开关、1M·1B——单开关单闸,见表2-3。

不同接线柱的继电器　　表2-3

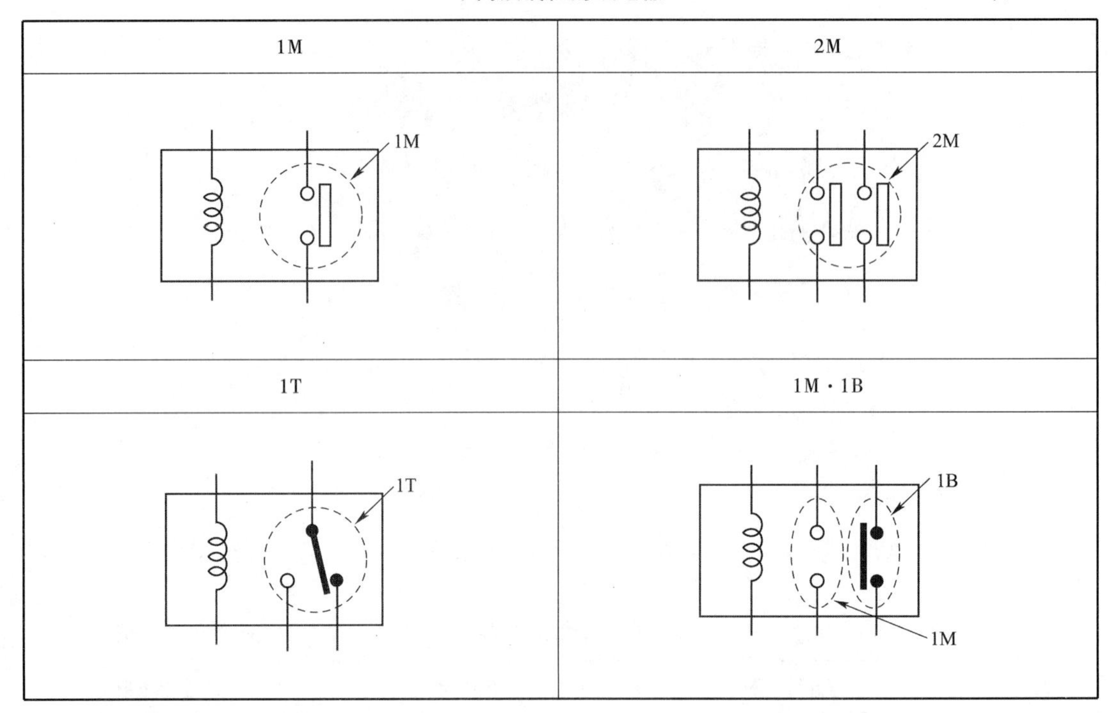

1M	2M
1M	2M
1T	1M·1B
1T	1B 1M

3. 继电器的结构和工作原理

(1)结构。

继电器由线圈、衔铁、铁芯、静触点、动触点、复位弹簧等组成,如图2-19所示。对于继电器的常开、常闭触点,可以这样来区分:继电器线圈未通电时处于断开状态的静触点,称为常开触点;处于接通状态的静触点,称为常闭触点。

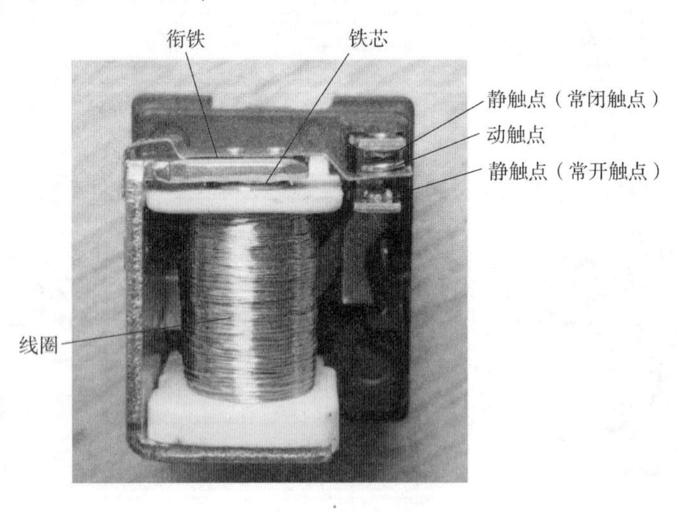

图2-19　继电器结构图

(2)工作原理。

继电器工作原理如图 2-20 所示。只要在继电器线圈两端 85 和 86 加上一定的电压,线圈中就会流过一定的电流,从而产生电磁效应,衔铁就会在电磁力吸引的作用下克服返回弹簧的拉力吸向铁芯,从而带动衔铁的动触点 30 与静触点 87(常开触点)吸合。当线圈断电后,电磁的吸力也随之消失,衔铁就会在弹簧的反作用力下返回原来的位置,使动触点与原来的静触点(常闭触点)分开。这样吸合、分开,从而达到在电路中的导通、切断的目的。

图 2-21 为继电器应用的简单电路图,图中控制电路的电流经过开关、继电器线圈构成回路,继电器工作,使供电电路接通,于是灯开始工作。

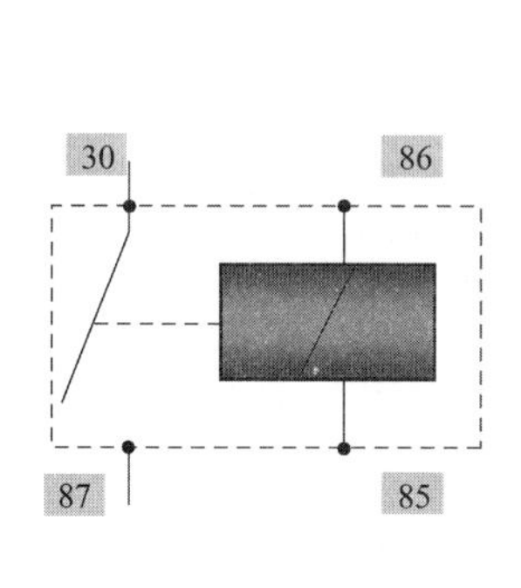

图 2-20 继电器工作原理图

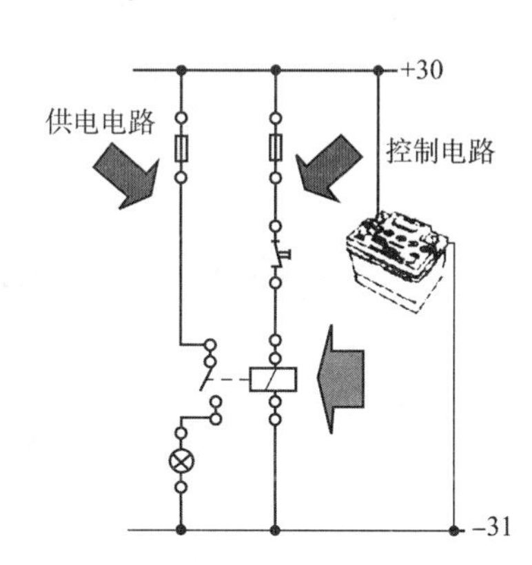

图 2-21 继电器控制电路图

(二)继电器的安装位置

汽车继电器一般安装在发动机舱和驾驶室转向盘左下侧的熔断丝盒里,和熔断丝装在一起,如图 2-22、图 2-23 所示。

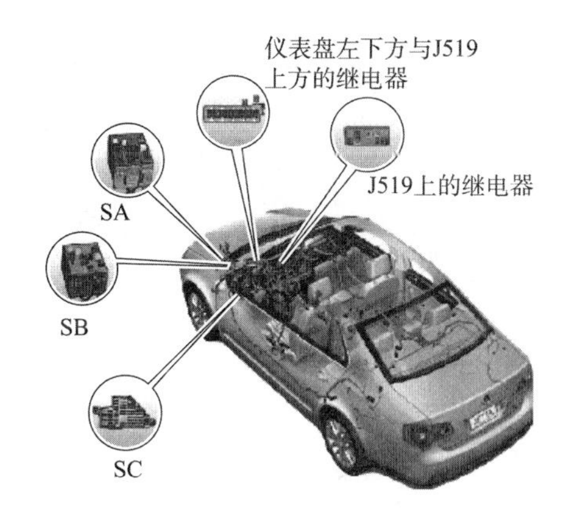

图 2-22 继电器安装位置

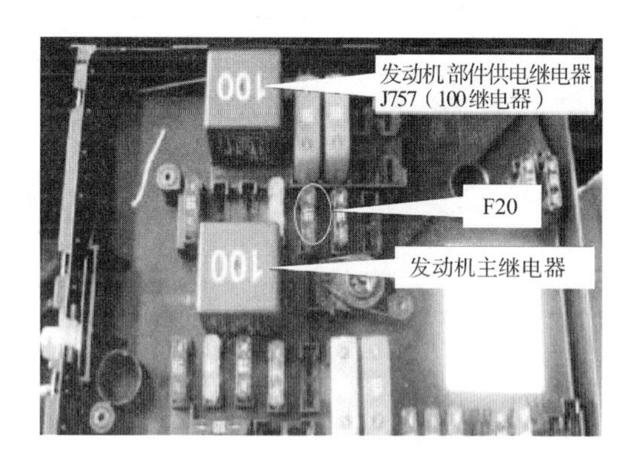

图 2-23 继电器安装位置

图 2-24 为宝来轿车继电器盒位置图。

图 2-25 所示为大众汽车继电器在电路图中的连接关系。

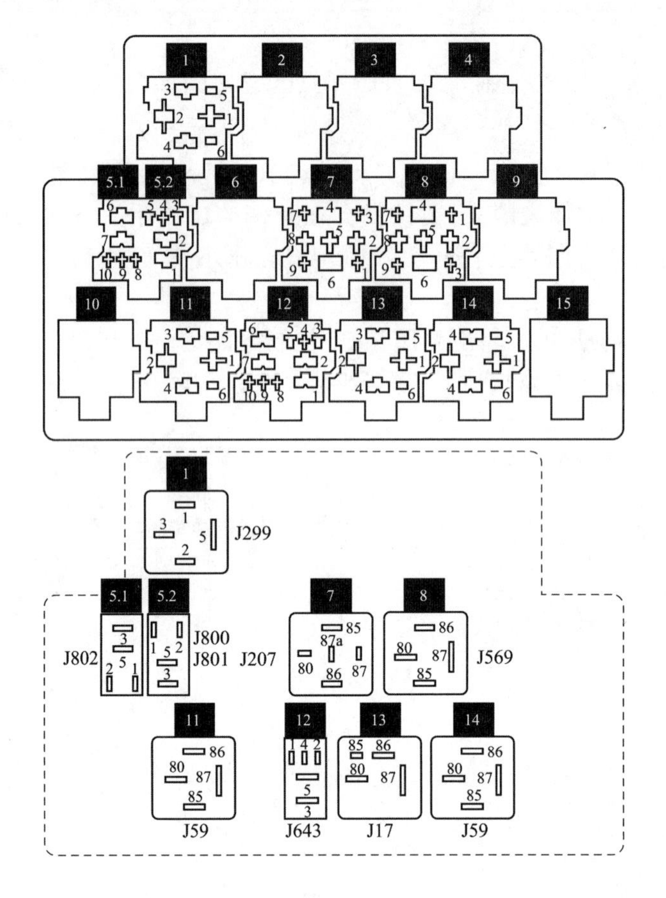

图 2-24　宝来轿车继电器盒位置图

1-二次空气泵继电器(J299);2-未占用;3-未占用;4-未占用;5.1-左门踏步灯继电器(J802);5.2-右门踏步灯继电器;6-未占用;7-起动锁止继电器(J207);8-制动助力继电器(J569);9-未占用;10-未占用;11-X 触点卸载继电器(J59);12-燃油预供应继电器(J643);13-燃油泵继电器(J17);14-空调继电器;15-未占用

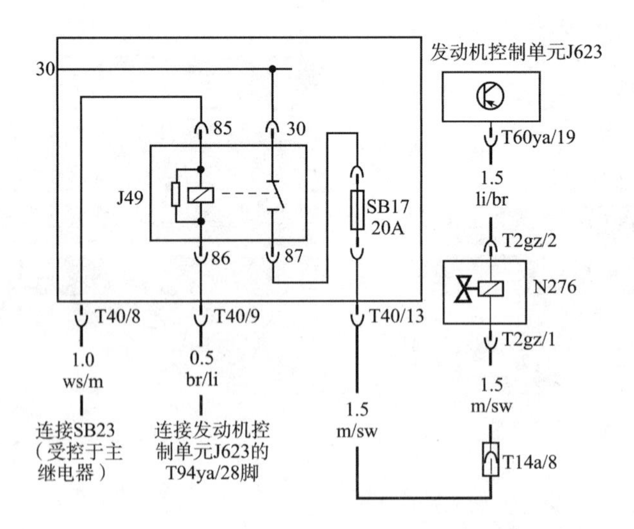

图 2-25　大众汽车继电器在电路图中的连接关系图

(三)继电器接线柱的识别

继电器上面一般都标有型号和电路图,图中各接线柱都标有代号,相应的数字代号也都标注在接线柱上,方便检测,如图2-26所示。从继电器上面,我们知道的信息是30接线柱和87接线柱接与触点连接,85接线柱和86接线柱与线圈连接。

图2-26　继电器上面的接线柱及内部电路图

继电器背面所对应的各接线柱的连接情况如图2-27所示。

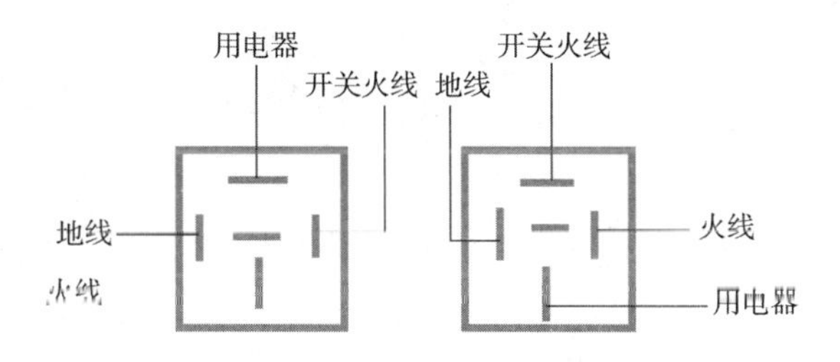

图2-27　接线柱连接情况

(四)继电器的常见故障与检测

1.继电器的常见故障

继电器的常见故障现象有线圈烧断、匝间短路(绝缘老化)、触点烧蚀、热衰变以及无法调整初始动作电流等。

(1)线圈烧坏。为了防止这种情况发生,在进行维修及电焊时,如果温度可能超过80℃,应当拆下对温度比较敏感的继电器和电控单元。

(2)触点烧蚀。例如金杯海狮汽车空调冷凝器风扇的继电器,它正好处在玻璃清洗喷水管的下方,若该喷水管破裂,清洗液将泄漏到继电器上,使继电器的常开触点锈蚀而不能断开,会导致空调冷凝器风扇常转不停。因此,应当严防继电器进水。

2.继电器工作性能的简单判断方法

(1)接通点火开关,然后用耳朵或听诊器倾听控制继电器内有无吸合声,或者用手感受一下继电器有没有振动感,如有,说明继电器工作基本正常,用电器不工作是由其他原因引起的;否则,说明该继电器工作不正常。

(2)可以拔下继电器进行试验,例如发生空调压缩机不工作的故障,可以起动发动机,然后接通鼓风机开关和空调开关,再拔下空调压缩机继电器的插接器进行判断。如果能够听到该继电器动作的声音,而且拔下继电器时发动机的转速明显下降,插入该继电器时发动机的转速又提升,说明空调压缩机的继电器及其控制线路是正常的。

3. 离车检测继电器的方法

被检测的继电器外观如图2-28所示。

(1)用万用表测量继电器线圈85和86两端子,有电阻值,说明线圈是好的;阻值为0,说明线圈短路;阻值为∞,说明线圈断路。检测方法如图2-29所示。

(2)用万用表测量继电器线圈30和87两端子,阻值为∞,线圈30和87a两端子阻值为0,说明触点是好的。检测方法如图2-30所示。

图2-28　继电器外观

图2-29　测量85和86两端

图2-30　测量30和87两端

(3)给线圈通电,用万用表测量线圈30和87两端子,阻值为0,线圈30和87A两端子,阻值为∞,说明触点是好的。

继电器性能好坏的关键是可靠,因为一旦继电器出现故障,立刻会引起该系统部件功能的瘫痪,甚至会引起整辆汽车无法起动。因此,我们必须清楚继电器的安装位置,出现故障时该如何检测。

思考与练习

一、填空题

1. 当电路电流异常并超过其额定电流时________起到电路________的作用。

2. 继电器的作用是通过____________来控制汽车上需要____________负载电路的通断,还主要起到____________的作用。

3. 汽车常用熔断丝有________熔断丝和________熔断丝。

4. 按照触点的状态分类,继电器分为________、________、________。

5. 按照接线柱的数量分类,继电器分为________、________、________、________。

6. 熔断丝盒一般安装在________________和________________。

二、判断题

1. 在日常维护中,熔断丝需要一个一个地取出来检查。（　　）

2. 如果熔断丝盒丢失的话,一定不要让熔断丝暴露在外。（　　）

3. 平时使用中,熔断丝经常烧毁,不需要检查相关的线路,只需要更换就可以了。（　　）

4. 取熔断丝的时候，并不需要用手扣取，每个熔断丝盒都配有专用工具——镊子，以便取出熔断丝。（　　）

5. 熔断丝不用进行检测，因为不会烧毁。（　　）

三、简答题

1. 写出熔断丝的检测方法。

2. 写出继电器的检测方法。

项目三　发动机起动系统检修

学习目标

完成本项目学习后，你应能：

1. 准确叙述发动机起动系统的组成及作用；
2. 正确找到起动系统的安装位置；
3. 正确叙述发动机起动系统的工作过程；
4. 正确识读起动系统的电路图；
5. 准确叙述起动系统操作的注意事项；
6. 对起动系统进行电路检测及简单故障维修。

建议学时

6 学时。

发动机起动系统作为发动机“两大机构、五大系统”的重要组成之一，为发动机的正常起动起到了重要的作用，是车辆正常起动的必要条件。在车辆发生起动系统故障时，对起动系统的检测与维修是非常重要的，也是首要进行的。

一、起动系统

（一）概述

如图 3-1 所示，车辆起动系统由蓄电池、起动机、电磁开关、起动机继电器、点火开关、控制电路等部件组成，其作用是供给发动机曲轴足够的起动转矩，以便使发动机的曲轴达到必需的起动转速，使发动机进入自行运转的状态，当发动机进入自行运转的状态后，便立即停止工作。

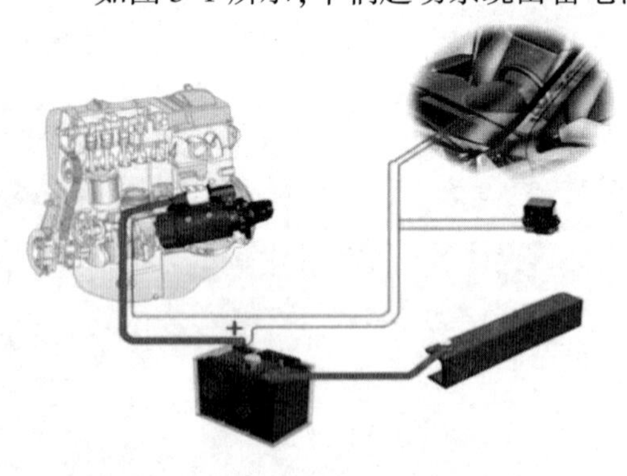

图 3-1　起动系统示意图

1. 含义

使发动机从静止状态过渡到工作状态的全过程，叫作发动机的起动。

2. 起动条件

（1）起动转矩。能够使曲轴旋转的最低转矩称为起动转矩。起动转矩必须克服压缩阻力和内摩擦阻力矩。起动阻力矩与发动机压缩比、温度、机油黏度等有关。

（2）起动转速。能够使发动机起动的曲轴最低转速称为起动转速。在 0 ~ 20℃时，汽油机的起动转速为 30 ~ 40r/min,柴油机的起动转速为 150 ~ 300r/min。

3. 起动方式

(1)人力起动。这种起动方式最为简单,只需将起动手摇柄端头的横销嵌入发动机曲轴前端的起动爪内,以人力转动曲轴。

(2)电动机起动。电动机起动是用电动机作为机械动力,当将电动机轴上的齿轮与发动机飞轮边缘的齿圈啮合时,动力就传到飞轮与曲轴,使之旋转。电动机本身又用蓄电池作为电源。

(3)辅助汽油机起动。这种起动方式多用于大功率柴油机上。

(二)起动机

起动机是汽车起动系统组成中的关键部件。蓄电池是一个电能储存装置,而起动机是由直流电动机产生动力,经传动机构带动发动机曲轴转动,从而实现发动机的起动,将蓄电池的电能转换成机械能。同时,在发动机起动后,小齿轮与飞轮必须分离,以免起动机受损。

图 3-2 为常见的起动机的结构图。一般情况下,起动机由直流电动机、操纵机构与离合机构等组成。

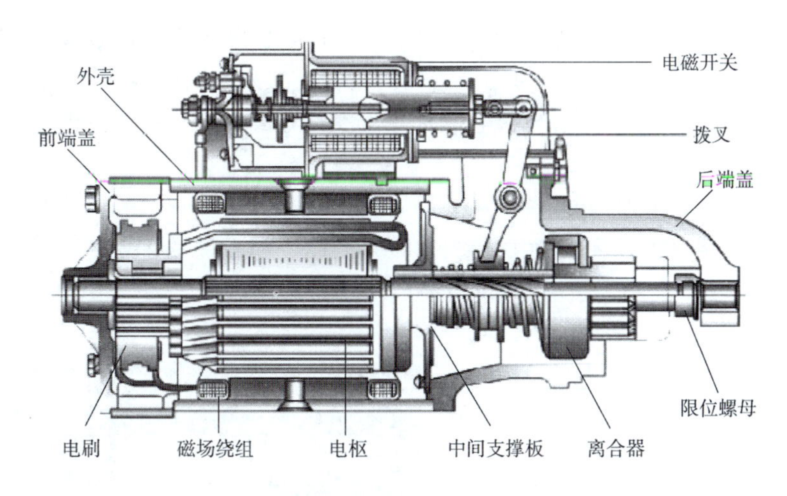

图 3-2　起动机结构图

1. 直流电动机

直流电动机的作用是将蓄电池输入的电能转换为机械能,产生电磁转矩。其主要由电枢、磁极、换向器、电刷等组成。

(1)磁场部分。

常见的直流电动机磁场部分主要由磁极、磁场绕组和外壳等部分组成,如图 3-3 所示。该部分的主要作用是利用线圈绕组的电磁感应原理,使电流流过线圈绕组,在电动机内部产生足够强度的磁场,从而保证电枢转子有足够的转动力矩。

(2)电枢部分。

图 3-4 所示为常见电动机的电枢。它是直流电动机的旋转部分,也就是动力输出部件。一般情况下,电枢由换向器、电枢绕组、电枢铁芯、电枢轴等组成。

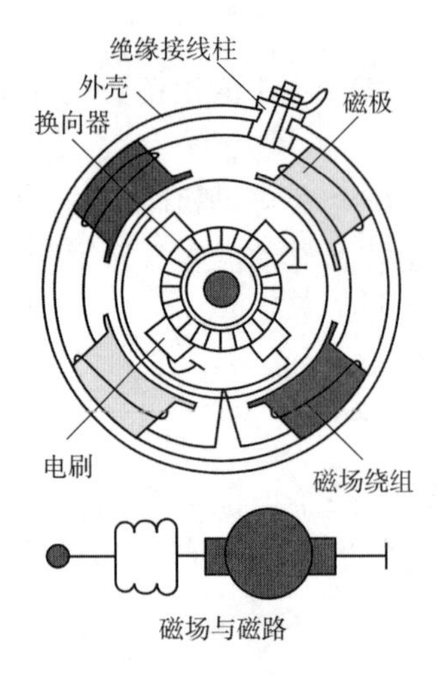

图 3-3　磁场结构图

图 3-4　电枢

当电枢中流过较大的电流时,由于电枢本身处于具有一定磁场强度的磁场中,将会受到电磁力的作用,从而使电枢进行旋转运动。在安装时,电枢轴采用三点支撑的方式进行安装并在尾部安装有限位圈,而电枢轴与传动机构的配合方式采取花键配合。

电动机电枢换向器主要由电刷和电枢轴上的整流子组成,用来连接磁场绕组与电枢绕组,如图 3-5 所示。

(3)电刷装置。

电动机电刷如图 3-6 所示,其由铜粉(80% ~90%)和石墨粉(10% ~20%)压制而成。两个正电刷与端盖绝缘,两个负电刷直接搭铁。

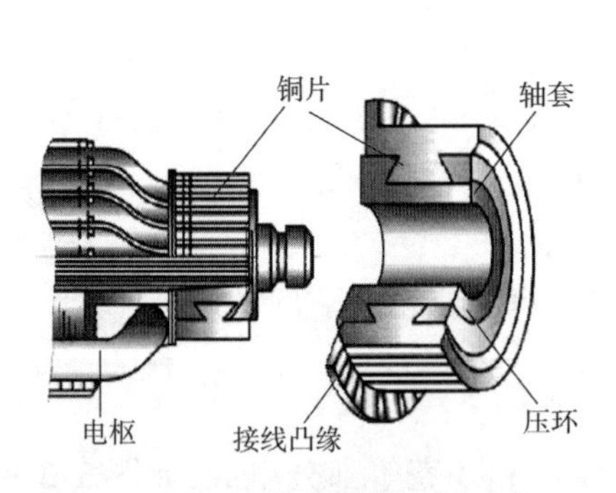

图 3-5　换向器结构图

图 3-6　电刷装置

2. 操纵机构

起动机的操纵机构通常分为直接操纵和电磁操纵两种,现代汽车上绝大多数采用的都是电磁操纵机构。其作用为控制起动机主电路的通断和驱动齿轮的啮合与退回,同时短路点火系统的附加电阻。图 3-7 为电磁操纵机构的结构图。

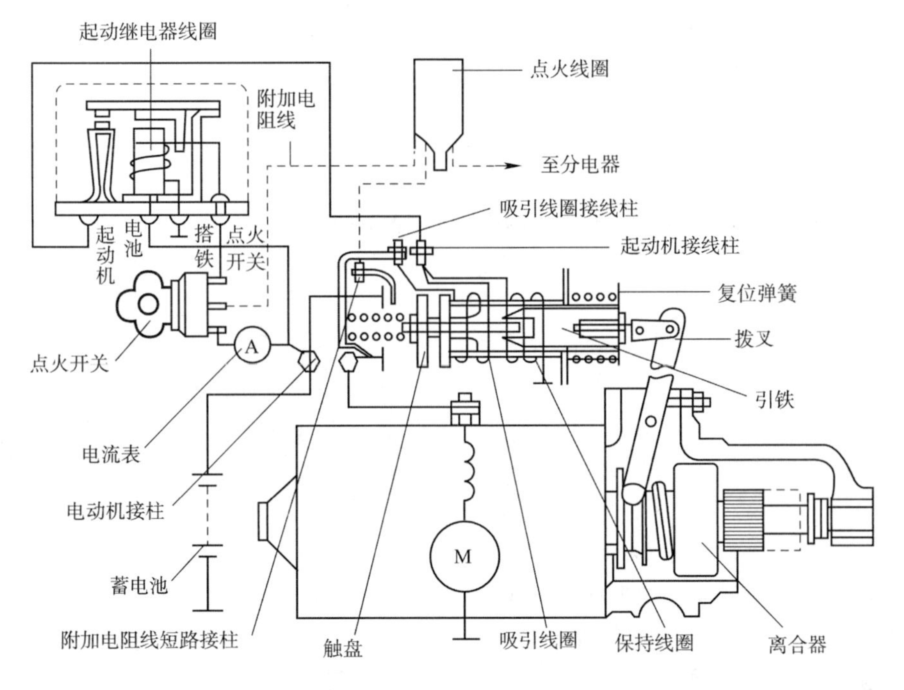

图 3-7　电磁操纵机构结构图

操纵机构主要由电动机开关、电磁铁机构、起动继电器及起动开关四部分组成。在电磁操纵机构正常工作时，分别起到如下作用：

(1)电动机开关：控制电动机绕组电路。

(2)电磁铁机构：用以操纵传动机构运动和电动机开关的通断。

(3)起动继电器：用以控制吸引线圈、保持线圈电路的通断。

(4)起动开关：控制起动继电器磁化线圈电路的通断。

二、起动系统的工作过程

起动系统工作过程是发动机从静态过渡到正常工作状态的全过程，起动过程中需要起动机进行一系列的相应动作，才能保证发动机的正常起动。对起动过程的学习将有助于我们对起动系统进行维护与维修。

1. 起动开关接通

图 3-8 所示为起动开关接通时起动系统的工作过程。首先接通起动继电器磁化线圈的电路，从而使电磁铁机构线圈的电路接通，让吸引线圈、保持线圈通电。此时，当驱动齿轮与飞轮啮合，两齿轮相抵时，离合器的锥形弹簧起作用，保证先啮合，后接通，之后电动机电路接通，起动机带动发动机转动。

当电动机电路接通时，吸引线圈被短路，固定铁芯只靠保持线圈电流的磁场将活动引铁吸引。

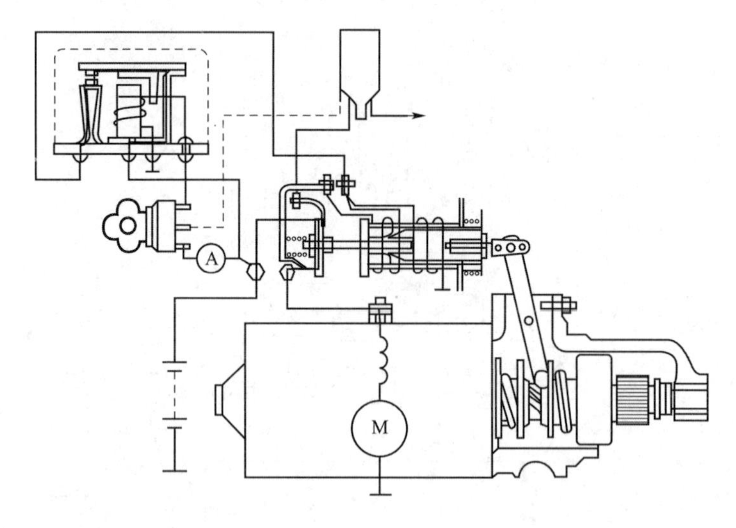

图 3-8　起动开关接通示意图

2. 起动结束(起动开关断开)

图 3-9 为起动开关断开的工作示意图。当起动结束时,起动继电器线圈电路断电,保持线圈电流方向不变,吸拉线圈电流方向改变,起动机停止工作。当两齿轮咬死不能分离时,分离弹簧起作用,使电动机开关先断开,以保证驱动齿轮与飞轮可靠分离。

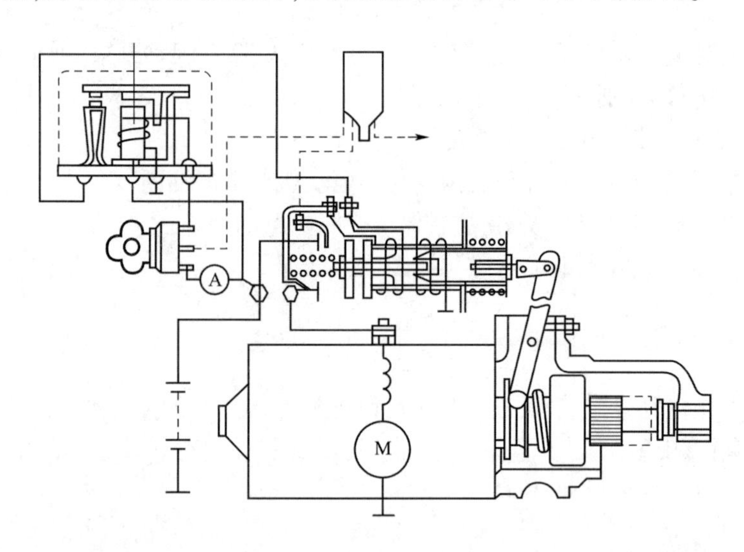

图 3-9　起动开关断开示意图

3. 捷达轿车起动系统电路图分析

图 3-10 为捷达起动系统电路图。捷达轿车起动过程中,点火开关打到起动挡,将蓄电池常用电源接到起动机,使起动系统电磁开关接通,同时起动机直流电机接通,齿轮啮合,电机旋转带动发动机飞轮旋转,使发动机完成正常起动过程,进入正常工作状态工作。

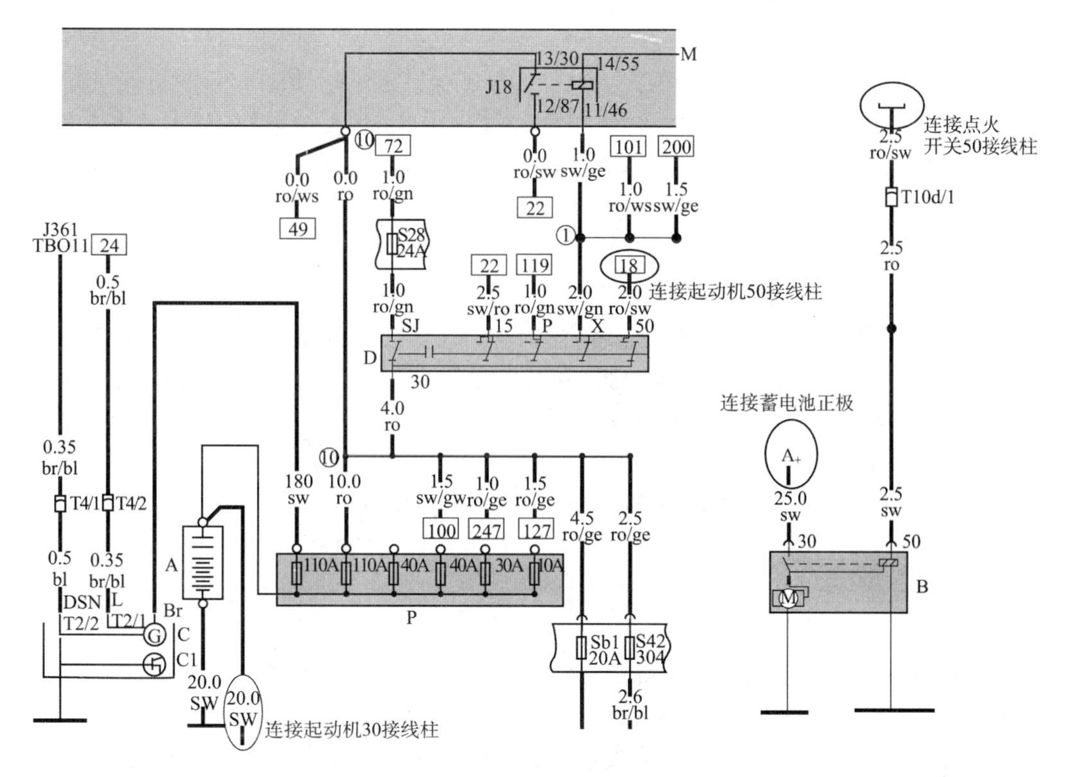

图 3-10　捷达轿车起动系统电路图

三、起动系统的日常检查

1. 蓄电池的检查

起动机的工作依靠蓄电池的电能，如果起动系统无法起动，首先应该查看蓄电池的电量是否充足，检查蓄电池的极柱是否氧化、腐蚀，查看蓄电池电缆接头是否松动。

2. 熔断丝和继电器的检查

起动系统都有自己的熔断丝和继电器，如果起动系统无法正常工作，在排除蓄电池故障之后，应该检查熔断丝和继电器的工作状态。熔断丝是否损坏可以借助万用表测量。继电器的线圈可以用万用表的欧姆挡来检测。通过给继电器线圈两端通电，可以检测继电器触点的闭合状况是否良好。

熔断丝和继电器是起动系统线路经常出现故障的部件，也是容易测量的部件，对于起动系统的不正常工作，本着由简到繁的检查原则，应该从熔断丝和继电器入手。当然继电器的判断方法有很多种，可以通过替换、触摸等方法来操作，但最终还必须依靠万用表来验证。

3. 起动机的检查

起动机的组成部分都可能是起动系统的故障点，对于控制装置、传动机构、直流串励式电动机的故障判断，现实的维修过程中已经很少存在解体检修，特别是针对直流串励式电动机定子总成和转子总成的绕组检修，即使拆检发现断路、短路，将线圈绕组再重新缠绕，其工时费的成本也很高，在实际维修过程中都是通过更换部件来完成的。

4. 起动线路的检查

将起动机接入电路,起动机才可以完成其功能,在保证蓄电池、熔断丝和继电器、起动机本身都完好的情况下,起动系统若不能正常工作就要检查起动线路。线路的检查重点在于线路的断路、短路故障,以及线路和部件的连接情况,往往接触不良是造成故障难以排查的原因。

四、起动系统的常见故障及维修

1. 起动机的常见故障

起动机一般有以下几种故障现象:起动机不转、起动机空转、起动机转动无力和起动机异常响声等,其原因一般是蓄电池电量低,接线柱松动,起动机励磁线圈、电枢线圈烧坏,调节器烧坏,单向离合器损坏,轴承损坏等。

2. 起动机常见故障的排除

起动机能否正常工作,受多种因素的影响。故障的表现形式很多,有的需检修、调整,有的则需更换机件。下面就几种常见故障,介绍其主要原因与检查内容。

(1)起动时,将点火开关转至起动挡,起动机无转动症状。此时应先检查灯光,如正常,应进行下列检查:

①点火开关是否能导通起动线路,点火开关至起动机断电器导线连接是否可靠,继电器是否损坏、触点是否严重烧蚀等。

②起动机磁力开关触点是否烧蚀或调整不当而影响线路导通。在检查灯光时,若很昏暗,应进行如下检查:

a. 蓄电池桩头与导线连接是否可靠,电压是否正常。

b. 起动机内部故障,如严重短路、转子发卡等。

③发动机发卡或运转阻力过大。

(2)起动机转动而发动机不转,俗称“空转”。此时,可将离合器底壳打开,查看起动机转动时的情况。若起动机齿轮能与飞轮齿圈啮合,原因可能有:

①起动机单向啮合器损坏,应检修或更换。

②飞轮齿圈过盈量太小,齿圈在飞轮上转动。对此,应加防转螺钉或更换新齿圈并检查过盈量是否符合规定。若起动机齿轮不能与飞轮齿圈啮合,应检查调整啮合器的行程或磁力开关导通电源的时机。

(3)起动机运转无力。此故障原因很多,应着重对以下几方面进行检查:

①导线接触情况,尤其是蓄电池桩头接触应可靠。

②蓄电池使用过久而导致容量下降或选用的蓄电池容量太小。

③起动机磁力开关触点烧蚀,增加通过电阻。

④电刷磨损过甚,电刷弹簧压力太小,换向器表面烧蚀或严重脏污等。

⑤起动机电枢轴弯曲或轴与铜套配合间隙过大,在运转中转子与定子相刮碰。

⑥起动机电枢、磁场线圈局部短路或接头虚焊等。

⑦发动机装配过紧、润滑油黏度过大而导致发动机运转困难等。

(4)起动机齿轮与飞轮齿圈有撞击声。

①检查起动机齿轮与飞轮齿圈是否磨损过甚,影响平顺啮合。

②起动机齿轮与止推垫圈间隙是否过小。

③起动机磁力开关的电源导通时机是否过早,使起动机齿轮尚未啮入就已旋转。

④其他原因导致的两齿轮啮合困难。

(5)在点火开关断开起动线路后,起动机仍运转不停。

①检查点火开关是否短路。

②起动机磁力开关触点是否烧结在一起,使电路不能断开。

③起动机啮合器拨叉的复位弹簧折断或过软,使起动机齿轮不能脱离飞轮齿圈。此种故障一旦发生,应立即拆断蓄电池搭铁线。否则,有可能很快就烧坏起动机。同时,也导致蓄电池大量放电,影响其使用寿命。

(6)在点火开关接通起动线路后,发出“嗒嗒”的间歇响声,而起动机不能转动。对此,可用一根导线将起动机继电器的“电源”和“起动”两接柱导通,若起动机工作恢复正常,故障在继电器,可修磨继电器触点或更换。若起动机仍不转,应查看导线导通两接柱时的火花强度。若火花强烈,则故障在起动机,原因有电枢线圈或磁场线圈短路、线路搭铁等;若火花弱,故障在供电系统,原因有蓄电池损坏或容量太低、线路接触不良等。

思考与练习

一、填空题

1. 起动系统的组成有________、________、________、________、________、________。

2. 起动机操纵机构的组成有________、________、________和________。

3. 起动系统的作用是供给发动机曲轴足够的________,以使使发动机的曲轴达到必需的________,使发动机进入自行运转的状态。

4. 在拆卸蓄电池时应先________,安装时应________。

5. 起动转速指的是能够使发动机起动的曲轴________。

6. 起动机由________、________与离合机构等组成。

7. 当驱动齿轮与飞轮啮合,两齿轮相抵时,离合器的锥形弹簧起作用,保证________。

8. 起动系统的常见故障主要有________、________、________、________等。

二、选择题

1. 捷达轿车通过(　　)直接将电流引入到电磁开关。

A. 点火开关　　B. 熔断丝　　C. 继电器

2. 起动继电器端子 85 和 86 之间的电阻一般为(　　)。

A. 3～5Ω　　B. 10～15Ω　　C. 20～25Ω　　D. 60～180Ω

3. 蓄电池电流传感器安装在负极端子的蓄电池电缆上,它检测蓄电池的起动/放电电流,并根据(　　)将电压信号发送给 ECM。

A. 电压值　　B. 电阻值　　C. 电流值

4. 当继电器正常工作时,起动继电器端子 30 和 87 之间的电阻一般(　　)。

A. 大于 5Ω　　B. 小于 2Ω　　C. 小于 12Ω

5. 点火开关置于起动位置时,将电流引入起动机电磁开关接通的接线柱是(　　)。

A. 15　　B. 30　　C. 50

三、判断题

1. 两个正电刷与端盖绝缘，两个负电刷直接搭铁。（ ）

2. 起动机的操纵机构通常分为直接操纵、电磁操纵两种，现代汽车上绝大多数采用的都是直接操纵机构。（ ）

3. 起动开关用以控制吸引、保持线圈电路的通断。（ ）

4. 当电动机电路接通时，吸引线圈被短路，固定铁芯只靠保持线圈电流的磁场将活动引铁吸引。（ ）

5. 捷达轿车起动的时候，点火开关转到二挡。（ ）

6. 普通的汽车发动机也可以采用辅助汽油机起动方式。（ ）

7. 电刷由铜粉（10% ~20%）和石墨粉（80% ~90%）压制而成。（ ）

四、简答题

1. 简述起动系统的作用。

2. 简述捷达轿车起动系统的工作过程。

3. 简述发动机起动的几种方式。

项目四　发动机电子控制系统检修

学习目标

完成本项目学习后，你应能：

1. 熟悉发动机电子控制系统的基本组成；
2. 了解发动机电子控制系统各部件在车上的安装位置；
3. 了解发动机电子控制系统的基本控制功能；
4. 认知发动机故障诊断仪的基本功能和操作步骤；
5. 了解发动机电子控制系统的检修方法及注意事项。

建议学时

6 学时。

现代汽车发动机广泛采用了电子控制系统，系统功能主要包括燃油喷射控制、点火控制、怠速控制、ECR(废气再循环控制)控制、配气正时控制、可变进气控制等。发动机电子控制系统工作是否正常，直接关系到发动机的运转是否正常，因此，发动机电子控制系统的故障诊断与维修是发动机维修作业的一项重要内容。

一、发动机电子控制系统的组成及各部件作用

发动机电子控制系统一般由传感器、ECU(电子控制单元，俗称“电脑”，也称为 ECM)、执行器等组成，如图 4-1 所示。

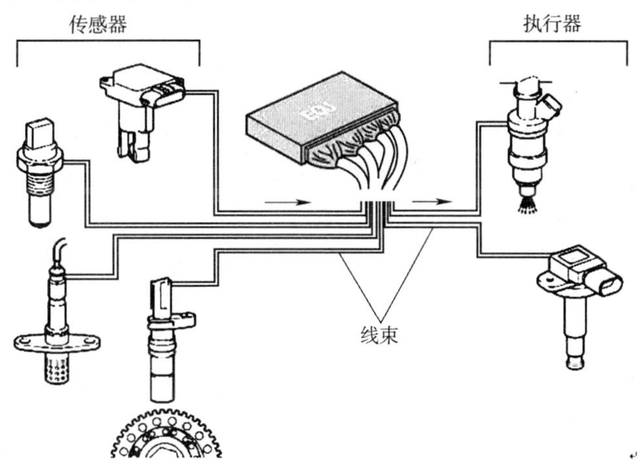

图 4-1　发动机电子控制系统的基本组成

其中,传感器是“情报员”,相当于人的眼睛、鼻子、耳朵,用于收集发动机的各种工况信息;ECU是“司令部”,相当于人的大脑,用于接收、处理传感器送来的各种信息,并作出决定,向执行器发出工作指令,控制执行器的工作;执行器是“工作机构”,相当于人的手臂与腿脚,用于执行“司令部”的决策,在“司令部”的指挥下工作。

(一)传感器及其他输入信号

发动机控制系统的信号输入主要是通过各种传感器或其他输入装置将各种控制信号输入ECU的。发动机控制系统的常见输入信号如图4-2所示。

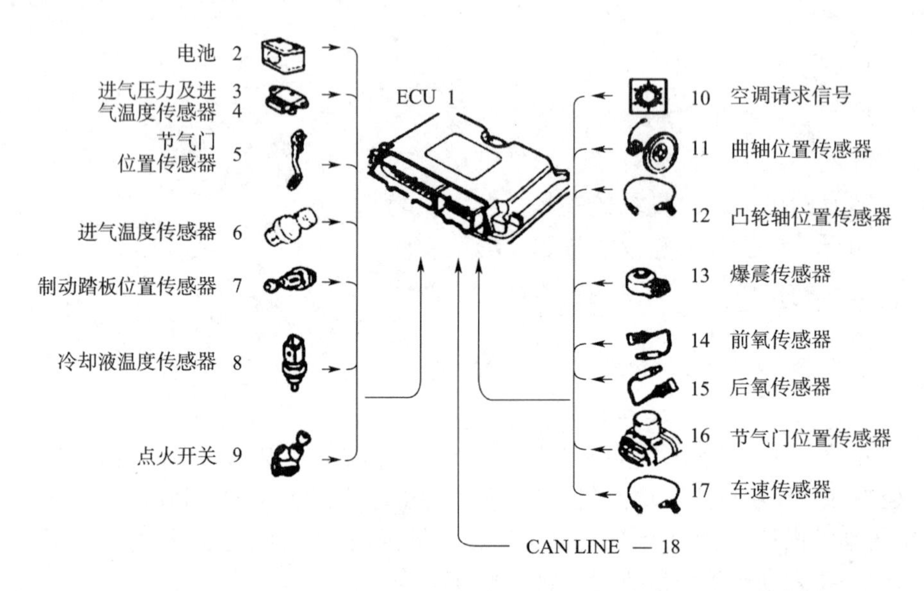

图4-2 发动机控制系统的传感器及输入信号

发动机控制系统的传感器和输入信号主要有以下种类。

1. 空气流量传感器

在L型喷射系统中,由空气流量传感器测量发动机吸入的空气量,并将信号输入ECU,ECU将该信号和发动机转速作为燃油喷射和点火控制的主控信号。

2. 进气压力传感器

在D型喷射系统中,由进气压力传感器测量进气管压力(真空度),并将信号输入ECU,ECU将该信号和发动机转速作为燃油喷射和点火控制的主控信号。

3. 转速和曲轴位置传感器

曲轴位置传感器检测曲轴转角信号(转速信号),并输入ECU,作为点火和燃油喷射的主控制信号。

4. 凸轮轴位置传感器

凸轮轴位置传感器向ECU输入凸轮轴位置传感器信号,是点控制的主控制信号。

5. 上止点位置传感器

上止点位置传感器向ECU提供一缸上止点位置信号,作为点火控制主控制信号。

6. 缸序判别信号

缸序判别传感器向 ECU 提供各缸工作顺序信号,作为点火控制主控制信号。

7. 冷却液温度信号

检测发动机冷却液温度,向 ECU 输入温度信号,作为燃油喷射和点火正时的修正信号,同时也是其他控制系统的控制信号。

8. 进气温度传感器

检测进气温度,向 ECU 输入进气温度信号,作为燃油喷射和点火正时的修正信号,同时也是其他控制系统的控制信号。

9. 节气门位置传感器

节气门位置传感器检测节气门的开度状态及节气门开、闭的速率信号,输入 ECU,控制燃油喷射及其他控制系统。

10. 氧传感器

检测排气中氧的含量,向 ECU 输入空燃比的反馈信号,进行喷油量的闭环控制。

11. 爆震传感器

爆震传感器向 ECU 输入大气压力信号,经 ECU 处理后,控制点火提前角,抑制爆震产生。

12. 大气压力传感器

检测大气压力,向 ECU 输入大气压力信号,修正喷油和点火控制。

13. 车速传感器

检测车速,向 ECU 输入车速信号,控制发动机转速,实现超速断油控制。在发动机和自动变速器共同控制时,也是自动变速器换挡的主控制信号。

14. 起动信号

发动机起动时,由起动系统向 ECU 提供一个起动信号,作为喷油量、点火提前角的修正信号。

15. 发电机负荷信号

当发电机负荷因开启功率较大的电器设备而增大时,向 ECU 输入此信号,作为喷油量与点火提前角的修正信号。

16. 空调作用信号(A/C)

当空调开关打开,空调压缩机进入工作,发动机负荷加大时,由空调开关向 ECU 输入信号,作为对喷油量及点火提前角控制的修正信号。

17. 挡位开关信号和空挡位置开关信号

自动变速器由 P 或 N 挡挂入其他挡位时,发动机负荷将有所增加,挡位开关向 ECU 输入信号,作为对喷油量及点火提前角的修正信号。当挂入 P 挡或 N 挡时,空挡位置开关提供 P 或 N 挡位置信号,在 P 或 N 挡时允许发动机起动。

18. 蓄电池电压信号

当 ECU 检测到蓄电池电压过低时,将对供油量进行修正,以补偿由于电压过低,造成喷油量减少所带来的影响。

19. 离合器开关信号

在离合器接合和分离过程中,同离合器开关向 ECU 输入离合器工作状态信号,作为喷油量及点火提前角控制的修正信号。

20. 制动开关信号

在制动时,由制动开关向 ECU 提供制动信号,作为对喷油量、点火提前角、自动变速器等的控制信号。

21. 动力转向开关信号

采用动力转向装置的汽车,当转向盘中间位置向左右转动时,由于动力和转向油泵工作而使发动机负荷加大,此时动力转向开关向 ECU 输入巡航控制状态信号,由 ECU 对车速进行自动控制。

随着控制功能的扩展,输入信号也将不断增加。从上述所列传感器及输入信号可以看出,发动机集中控制系统中所用的传感器及输入信号有很多是相同的。这就意味着在发动机集中控制系统中,可以减少大量的传感器数目,一个传感器或一个输入信号,可以多次重复使用,作为几个控制系统的输入信号。

(二)电子控制单元(ECU)的功能

ECU 是一种综合控制装置,它所具备的基本功能如下:

(1)接受传感器或其他装置输入的信息,给传感器提供 5V、8V、12V 参考(基准)电压等,将输入的信息转变为计算机所能接受的信号。

(2)存储、计算、分析处理信息。存储计算所用的程序,存储该车型的特点参数,存储运算中的数据(随存随取),存储故障信息。

(3)运算分析。根据信息参数求出执行命令数值,将输出的信息与标准值对比,查出故障。

(4)输出执行命令。输出喷油、点火等控制命令,输出故障信息。

(5)自我修正功能(自适应功能)。

在发动机控制系统中,ECU 不仅用来控制燃油喷射系统,同时还具有点火控制、怠速控制、排放控制,进气控制、自诊断、失效保护和备用控制系统等多项控制功能。

(三)执行器

执行器是受 ECU 控制,具体执行某项控制功能的装置,ECU 控制执行器电磁线圈的搭铁回路,或控制某些电子控制电路,如电子点火控制器等。

在发动机控制系统中,执行器主要有下列各种形式:①电磁式喷油器;②点火控制器(点火控制模块);③怠速控制阀;④EGR 阀;⑤进气控制阀;⑥二次空气喷射阀;⑦活性炭罐排泄电磁阀;⑧车速控制电磁阀;⑨燃油泵继电器;⑩冷却风扇继电器;⑪空调压缩机继电器;⑫自动变速器挡位电磁阀;⑬增压器释压电磁阀;⑭自诊断显示与报警装置;⑮故障备用程序启动装置;⑯仪表显示器。

随着控制功能的增加,执行器也将相应增加。

一汽大众轿车发动机电控系统的组成如图 4-3 所示。

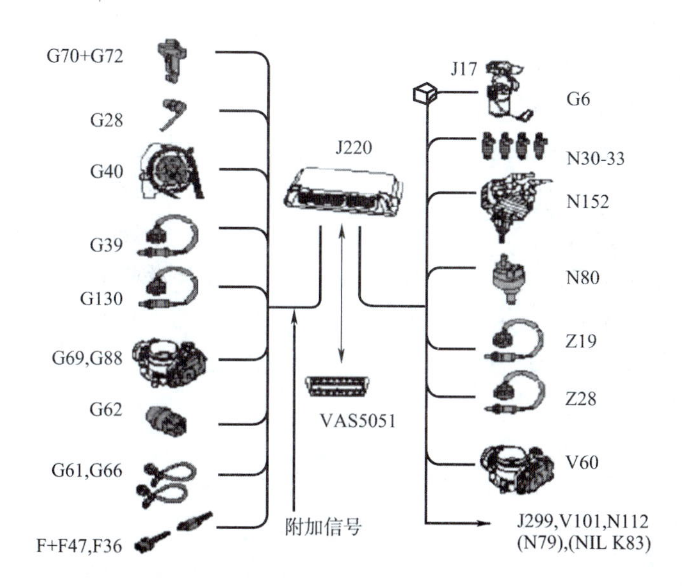

图 4-3　一汽大众轿车发动机电控系统的组成

二、发动机电子控制系统各部件在车上的安装位置

发动机电子控制系统各元件的作用、结构、工作原理在其他项目中介绍，本项目介绍发动机电子控制系统各部件在车上的安装位置。

1. 各传感器的具体安装位置

如图 4-4 所示，各传感器的具体安装位置如下所述：

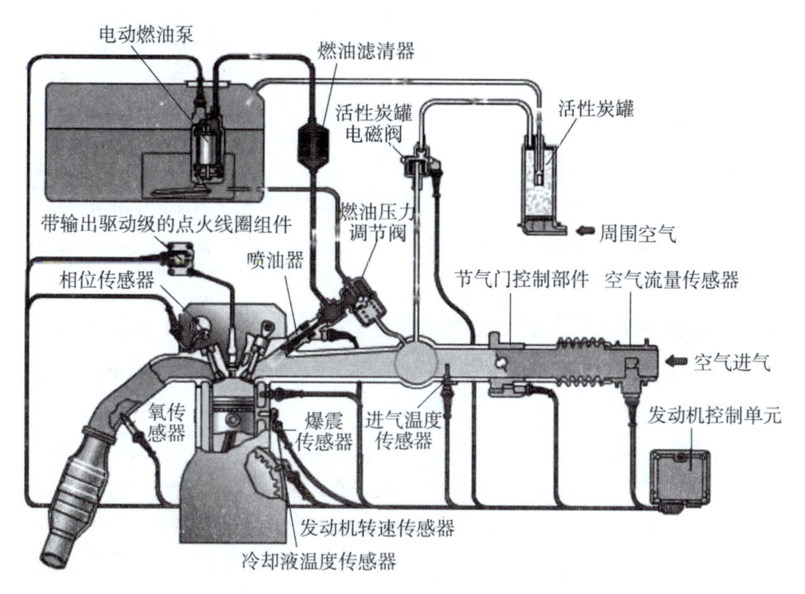

图 4-4　发动机电控系统的组成及安装位置

曲轴位置传感器——曲轴前端、皮带轮后，或曲轴后端、飞轮前。

凸轮轴位置传感器——凸轮轴前端或后端。

空气流量传感器——空气流量滤清器后、节气门前的进气管中。

进气压力传感器——节气门后的进气管上。

节气门位置传感器——节气门轴的一端。

冷却液温度传感器(水温传感器)——缸体或缸盖水套上。

爆震传感器——缸体一侧或缸盖表面。

氧传感器——排气管上。

需要说明的是,空气流量传感器和进气压力传感器可以两者用其一。采用空气流量计的电控称为L型(流量型)电控发动机,采用进气压力传感器的电控发动机称为D型(压力型)电控发动机。东风雪铁龙系列轿车使用进气压力传感器检测发动机进气量,属于D型(压力型)发动机电控系统。

2. 各执行器的安装位置

各执行器的具体安装位置如下所述:

喷油器——各缸进气门前的进气道上,喷嘴正对进气门。

点火模块(或称点火器)——位置灵活,可在发动机舱内某位置独立安装,也可在发动机体上安装,甚至与点火线圈制成一体。

怠速阀(又称怠速控制阀)——一般在节气门体的旁通气道上。

EGR阀——在发动机排气管与进气管之间专设的通道上。

电动燃油泵——一般在燃油箱内部。

各种继电器——包括油泵继电器、电源继电器等,一般位于发动机舱或驾驶室仪表板下方的配电盒(或熔断丝—继电器盒)内。

ECU——一般位于发动机舱或驾驶室仪表板下方。

三、发动机电子控制系统的主要功能

(一)电控燃油喷射系统

1. 喷油量控制

电子控制单元(ECU)将发动机转速和负荷信号作为主控制信号,确定基本喷油量(喷油器开启时间的长短),并根据其他有关输入信号加以修正,最后确定总喷油量。

2. 喷油正时控制

在电控多点喷射系统中,当采用与发动机同步的顺序独立喷射方式时,ECU不仅要控制喷油量,还要根据发动机各缸的点火顺序,将喷射时刻控制在一个最佳的时刻。

3. 减速断油及限速断油控制

(1)减速断油控制。在汽车行驶中,驾驶员快收加速踏板时,ECU将会切断燃油喷射控制电路,停止喷油,以降低减速时HC和CO的排放量。当发动机转速降至一特定转速时,又恢复供油。

(2)限速断油控制。发动机加速时,发动机转速超过安全转速或汽车车速超过设定的最高车速,ECU将会在临界转速时切断喷射控制电路,停止喷油,防止超速。

4. 燃油泵控制

当接通点火开关后,ECU将控制燃油泵工作2~3s,以建立必需的起动油压。此时,若不起动发动机，ECU将切断油泵控制电路，燃油泵停止工作。在发动机起动过程和运转过程中，ECU将控制燃油泵保持正常运转。

(二)电控点火装置(ESA)

电控点火装置的控制主要包括点火提前角、闭合角爆震控制等方面。

1. 点火提前角控制

在ECU中，首先存储记忆发动机在各种工况及运行条件下最理想的点火提前角。发动机运转时，ECU根据发动机的转速和负荷信号，确定基本点火提前角，并根据其他有关信号进行修正，最后确定点火提前角，并向电子点火控制器输出点火指示信号，以控制点火系统的工作。

2. 闭合角与恒流控制

为保证点火线圈初级电路有足够大的断开电流，以产生足够高的次级电压，同时也要防止通电时间长使点火线圈过热而损坏，ECU还可根据蓄电池电压及转速等信号，控制点火线圈初级通电时间。在高能点火装置中，还增加了恒流控制电路，以使初级电流在极短时间内迅速增长到额定值，减少转速对次级电压的影响，改善点火性能。

3. 爆震控制

当ECU根据爆震传感器输出的信号检测到有爆震现象时，立即修正点火提前角，以免爆震的发生。

(三)怠速控制(ISC)

发动机在怠速运行时，如果空调压缩机工作、变速器挂入挡位，发电机负荷加大等怠速运转工况发生变化，由ECU控制怠速电磁阀或电子节气门，使发动机能处在最佳怠速转速下运转。

(四)排放控制

1. EGR废气再循环控制

当发动机温度达到一定时，根据发动机负荷和转速，ECU控制EGR阀，使废气进行再循环，以降低NO_x的排放量。

2. 开环与闭环的控制

在装有氧传感器及三元催化器的发动机中，ECU根据发动机工况及氧传感器反馈的空燃比信号，确定开环控制与闭环控制方式。

3. 二次空气喷射控制

ECU根据发动机的工作温度，控制新鲜空气喷入排气歧管或三元催化转换器中，以减少排气污染。

4. 活性炭罐电磁阀控制

ECU根据发动机的工作温度、转速、负荷等信号，控制活性炭罐电磁阀的工作，以降低燃油蒸汽蒸发污染。

(五)进气控制

1. 可变进气长度控制

ECU根据发动机的负荷和转速信号，控制真空电磁阀，以控制涡流控制阀的开闭，以控制进气管长度来改变进气量,改善发动机大负荷的充气效率,提高输出转矩和动力。

2.增压控制

ECU 根据进气压力传感器(MAP)检测的进气压力信号去控制释压电磁阀,以控制排气通路切换,改变排气通路的走向,从而控制废气涡轮增加器进入工作或停止工作。

(六)警告提示

ECU 控制各种指示和警告装置,显示有关控制系统的工作状况,当控制系统出现故障时能及时发出警告信号,如氧气传感器失效、催化器过热、油箱油温过高等。

(七)故障自诊断与报警系统

当控制系统出现故障时,ECU 将会点亮仪表板的“CHECK ENGINE”灯,能将故障码及有关信息资料调出,供检修用。

(八)失效保护系统

当 ECU 检测到传感器或线路故障时,即会自动按 ECU 预设的程序提供预设定值,以便发动机仍能保持运转,但性能将有所下降。

(九)ECU 故障备用程序

当 ECU 发生故障时,则会自动启用备用系统,使发动机转入强制运转状态,以便驾驶员将车辆开到检修厂进行修理。

四、诊断仪的使用

VAS 505X 是目前应用于大众集团的专用维修检测设备,VAS 505X 号目前有 5051、5051B、5052、5052A、5053、6150、6150A、6160A 等型号。VAS 505X 的主要功能有车辆自诊断、测量工具、引导性故障查询、引导性等。

VAS 5051 诊断仪的外观如图 4-5 所示。

下面以 VAS 5051 诊断仪为例,介绍一汽大众专用诊断仪的主要功能及操作方法、步骤。

系统登录:

(1)双击诊断程序图标,如图 4-6 所示。

图 4-5　VAS 5051 诊断仪

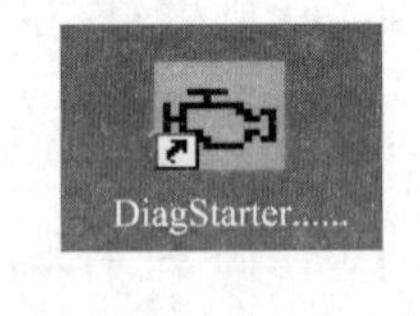

图 4-6　诊断程序图标

(2)选择 ODIS 界面,如图 4-7 所示。

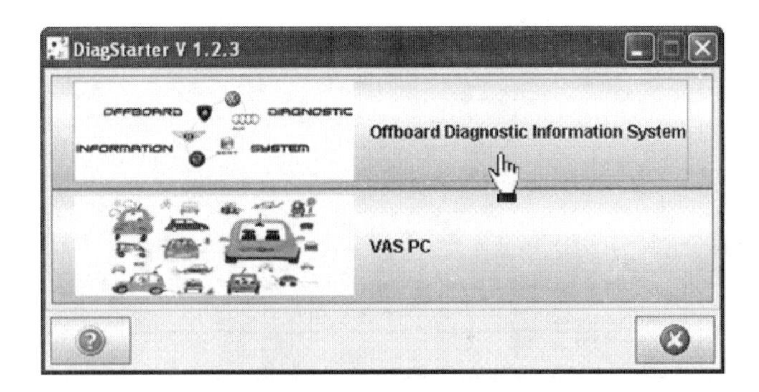

图 4-7　ODIS 界面选择图

(3)单击“取消”按钮更新程序,如图 4-8 所示。

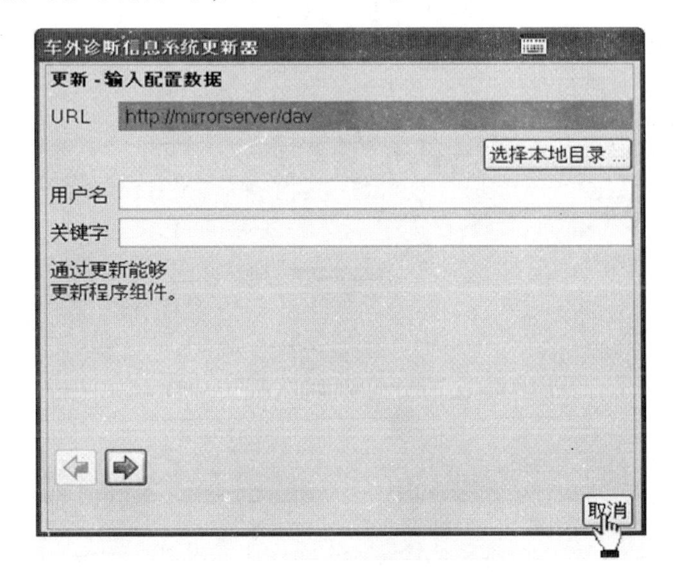

图 4-8　单击“取消”按钮更新程序界面图

(4)将右侧滚动条下拉到底部,单击“确定”按钮,如图 4-9 所示。

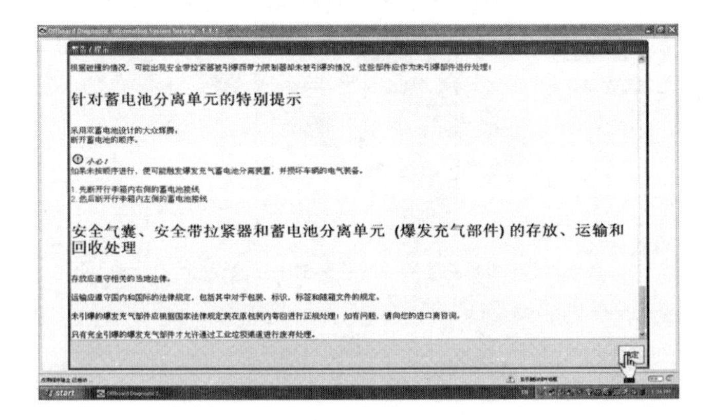

图 4-9　安全提示操作界面图

(5)单击“开始诊断”命令,如图 4-10 所示。

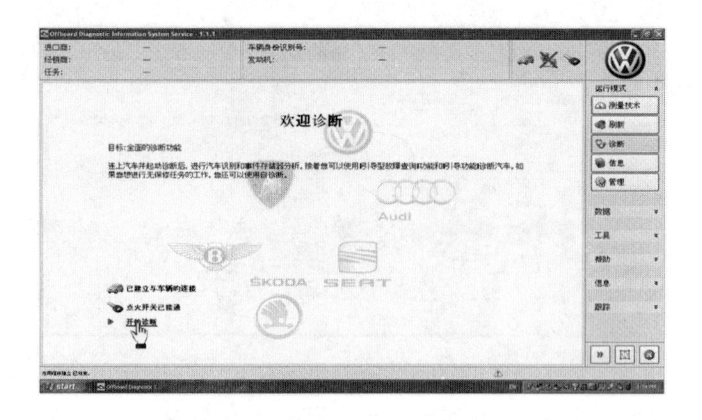

图 4-10　进入“开始诊断”界面

(6)车辆自动识别失败时,会弹出对话框。单击“确定”按钮,进行手动识别,如图 4-11 所示。

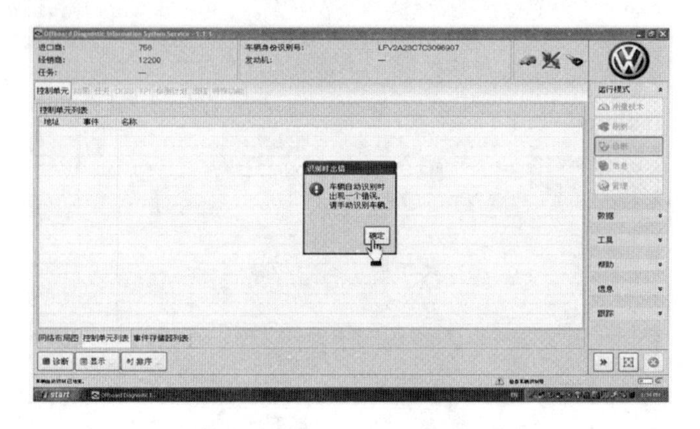

图 4-11　手动识别进入界面图

(7)选择车辆信息,单击“接受”按钮,如图 4-12 所示。

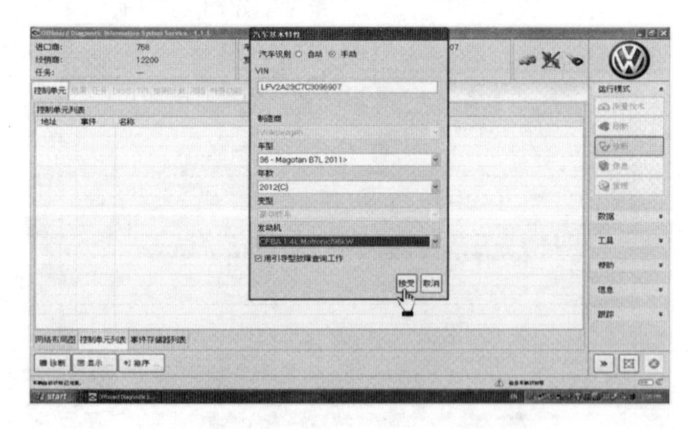

图 4-12　车辆信息确认界面图

(8)离线应用时可取消登录,在线应用时用 GEKO 账户登录,如图 4-13 所示。

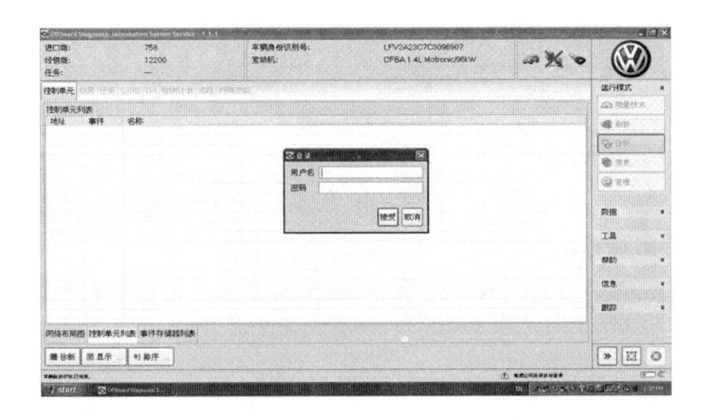

图4-13　登录信息界面图

(9)单击“无任务”命令,开始识别控制单元,如图4-14所示。

图4-14　开始识别控制单元图

(10)单击“确定”按钮,开始引导性故障查询,如图4-15所示。

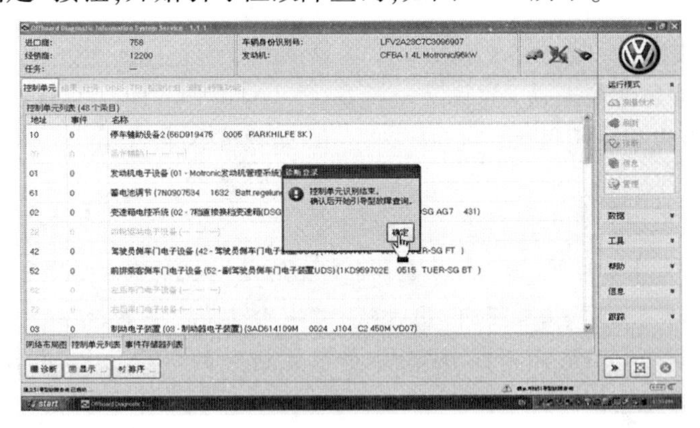

图4-15　引导性故障查询界面图

引导性故障是VAS 5051诊断仪一个独有的功能,它类似于一个专家系统,在分析了车内的故障后,给维修人员提供一个解决方案。目前,德国大众将自诊断的内容全部放在这个功能内,将不再向维修站提供相关资料。

思考与练习

一、填空题

1. 发动机控制系统主要由________、________和________等三部分组成。其中,________用于收集发动机的各种工况信息;________用于接收、处理传感器送来的各种信息,并作出决定,向执行器发出工作指令,控制执行器的工作。

2. 发动机控制系统中,ECU不仅用来控制燃油喷射系统,同时还具有________控制、________控制、________控制,进气控制、自诊断、失效保护和备用控制系统等多项控制功能。

3. 为了规范自诊断系统,目前,各汽车生产商采用标准的OBD-Ⅱ诊断座,该诊断座共有________个插脚。

二、选择题

1. 在发动机电控系统中,(　　)相当于"情报员"。

A. ECU　　B. 传感器　　C. 执行器　　D. 空气滤清器

2. 在发动机控制系统中,(　　)相当于"司令部"。

A. ECU　　B. 传感器　　C. 执行器　　D. 空气滤清器

3. 以下(　　)是燃油喷射发动机的执行器。

A. 曲轴位置传感器　　B. 节气门位置传感器

C. 空气流量传感器　　D. 活性炭罐电磁阀

4. 以下(　　)是发动机信号的输入信号。

A. 空气流量传感器　　B. 点火模块

C. EGR阀　　D. 喷油器

5. 现代轿车电动燃油泵的位置一般在(　　)。

A. 发动机舱内　　B. 驾驶室仪表盘下方

C. 燃油箱内部　　D. 行李舱内

6. 怠速阀(又称怠速控制阀)的位置一般在(　　)。

A. 节气门体的旁通气道上　　B. 驾驶室仪表盘下方

C. 燃油箱内部　　D. 行李舱内

三、判断题

1. 传感器相当于人的眼睛、鼻子、耳朵,用于收集发动机的各种工况信息。(　　)

2. 执行器相当于人的手臂与腿脚,用于执行"司令部"的决策。(　　)

3. ECU相当于人的大脑,用于接收、处理传感器送来的各种信息,并作出决定,向执行器发出工作指令,控制执行器的工作。(　　)

4. 采用空气流量传感器的电控发动机称为D型(压力型)电控发动机。(　　)

5. 采用进气压力传感器的电控发动机称为L型(流量型)电控发动机。(　　)

6. 曲轴位置传感器一般安装在各缸进气门前的进气道上,喷嘴正对进气门。(　　)

7. 凸轮轴位置传感器一般安装在凸轮前端、皮带轮后,工曲轴后端、飞轮前。(　　)

8. 空气流量传感器一般安装在空气滤清器前或节气门后的进气管中。(　　)

9. 冷却液温度传感器(水温传感器)一般安装在缸体或缸盖水套上。 ( )

10. 爆震传感器一般安装在缸体一侧或缸盖表面。 ( )

11. 喷油器一般安装在各缸进气门前的进气道上,喷嘴正对进气门。 ( )

12. 点火模块(或称点火器)的安装位置比较灵活,可在发动机舱内某位置独立安装,也可在发动机体上安装,甚至与点火线圈制成一体。 ( )

四、名词解释

1. D 型喷射系统

2. L 型喷射系统

五、简答题

1. 写出一汽大众诊断仪的操作步骤。

2. 一汽大众诊断仪主要有哪些功能?

项目五　燃油喷射系统主控信号检修

学习目标

完成本项目学习后，你应能：

1. 了解发动机电控系统主控信号的种类；

2. 准确描述及识别空气流量计、进气压力传感器、曲轴转速及位置传感器、节气门位置传感器、加速踏板位置传感器的作用、安装位置；

3. 熟悉空气流量传感器、进气压力传感器、曲轴转速及位置传感器、节气门位置传感器、加速踏板位置传感器的结构及工作原理。

建议学时

6学时。

发动机电子控制系统主要由传感器、ECU、执行器三大部分组成，其中传感器的作用是监测发动机各种运行工况信息装置。传感器的形式和数量因车而异，按其作用基本分为主控制信号和修正信号两类。发动机主控信号主要有空气流量传感器（L型）、进气压力传感器（D型）、曲轴转速及位置传感器、节气门位置传感器。发动机修正传感器主要有水温传感器、氧传感器等。本项目介绍电控发动机主控信号的作用、结构、位置、控制电路及检修方法。

一、空气流量传感器

在L型发动机控制系统中，空气流量传感器安装在发动机进气管中，通常位于空气滤清器后方，节气门的前方。图5-1所示为空气流量传感器在进气管中的安装位置。空气流量传感器用于检测发动机进气量，供ECU计算喷油量和点火正时。空气流量传感器发生故障时，一般会引起喷油量和点火正时失常，从而造成发动机不能正常运转。

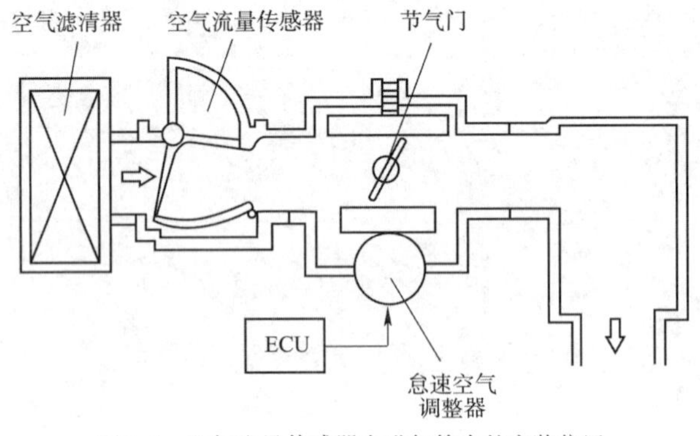

图5-1　空气流量传感器在进气管中的安装位置

(一) 空气流量传感器的类型及工作原理

空气流量传感器有热线式、热膜式、卡门涡式等多种形式,早期还有翼板式。进气温度传感器往往也设置在该传感器的内部。

1. 翼板式空气流量传感器

翼板式空气流量传感器主要有两种:一种是随着空气流量的增加输出信号的电压升高;另一种是当空气流量加大时输出信号电压降低。这两种类型属于模拟电压量输出。翼板式空气流量传感器基于力学原理对发动机进气量进行测量。其结构及工作原理如图 5-2 所示。

2. 热线(热膜)式空气流量传感器

热线(热膜)式空气流量传感器是一种借鉴日常生活使用的电吹风机的工作原理而开发研制的检测吸入空气质量的传感器。热线式空气流量传感器的结构如图 5-3 所示。它们的结构和工作原理基本相同,不同之处在于热线式空气流量传感器采用铂丝制成的热线电阻。

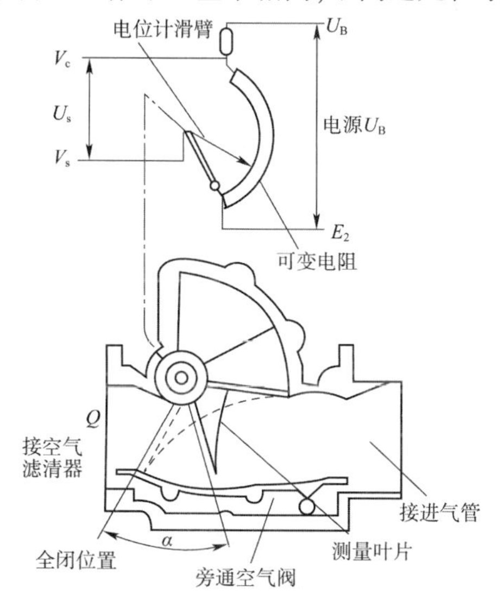

图 5-2　翼板式空气流量传感器的结构及工作原理图

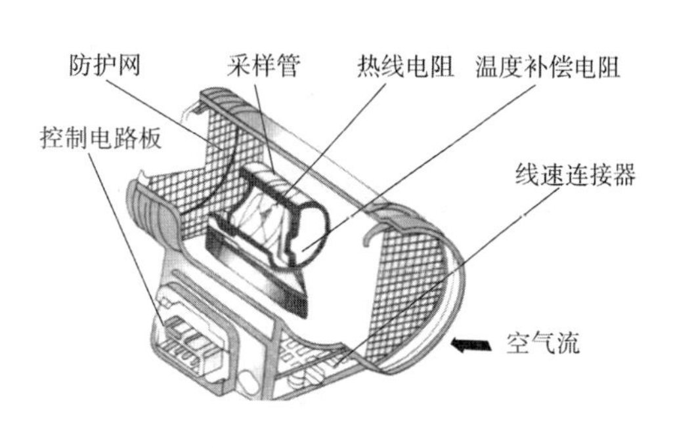

图 5-3　主通道测量方式的热线式空气流量传感器的结构

按其测量元件的安装位置不同,热线式空气流量传感器可分为两种:一种是将热线电阻安装在主进气道中,称为主通道测量方式的热线式空气流量传感器;另一种是将热线安装在旁通气道中,称为旁通测量方式的热线式空气流量传感器。

热膜式空气流量传感器的发热元件是固定在薄树脂上的铂金属膜,其结构如图 5-4 所示。

3. 卡门涡式空气流量传感器

卡门涡式空气流量传感器具有体积小、质量轻、结构简单、进气阻力小等优点,日本丰田凌志 LS400、日本三菱车系和韩国现代车系的多数轿车均采用卡门漩涡式空气流量传感器。其中又分为光学式卡门漩涡空气流量传感器和超声波式卡门漩涡空气流量传感器。

光学式卡门漩涡空气流量传感器的结构如图 5-5 所示。在进气道内设一锥形涡流发生器,当空气流经进气道时,会在涡流发生器的后部产生有规律的卡门漩涡,从而导致涡流发生器周围的空气压力发生变化。光学式卡门漩涡空气流量传感器的工作原理如图 5-6、图 5-7 所示。变化的压力经导压孔引向金属膜制成的反光镜使反光镜产生振动,其振动频率与涡流发生的频率相等,而涡流发生频率与空气流速成正比;反光镜再将发光二极管投射的光反射给光电管(光敏晶体管),通过光电管检测涡流发生的频率,并向 ECU 输送信号,ECU 则根据此信号确定发动机的进气量(体积流量等于流速与流通截面积之积)。

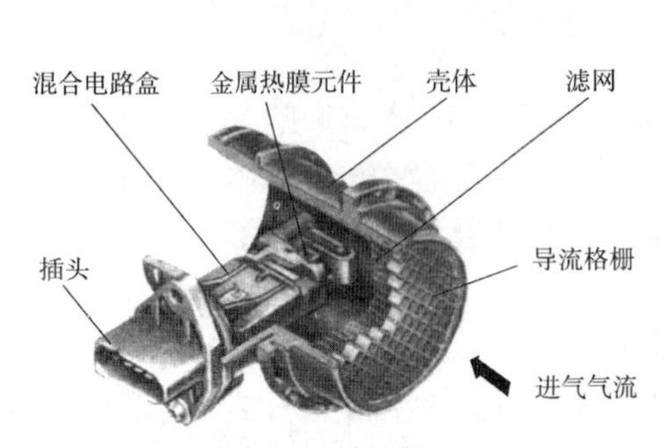

图 5-4　热膜式空气流量传感器的结构

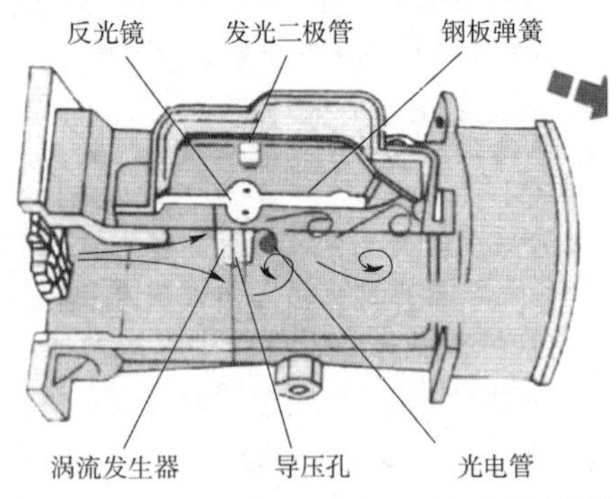

图 5-5　光学式卡门漩涡空气流量传感器的结构

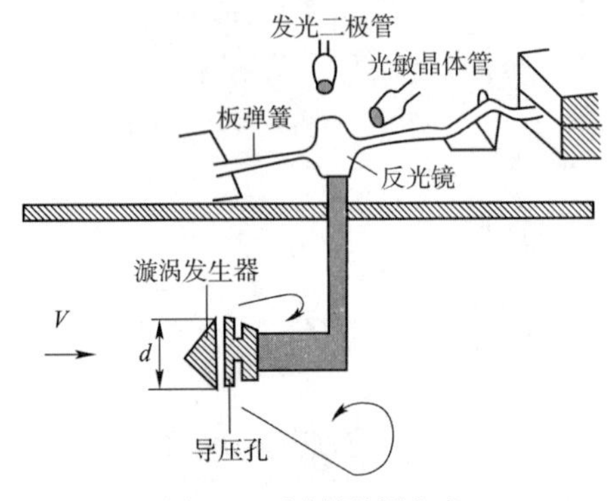

图 5-6　反光镜检测方式

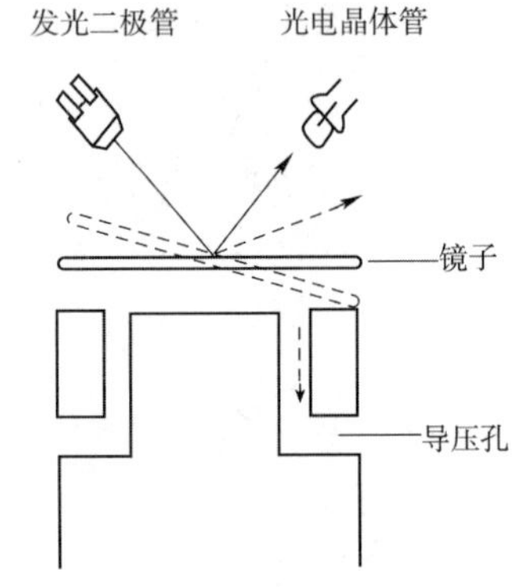

图 5-7　反光镜检测原理

超声波式卡门漩涡空气流量传感器的工作原理如图 5-8 所示。发动机工作中,当空气流经涡流发生器时,在其后部的超声波发射探头与超声波接收探头之间产生有规律的卡门漩涡。超声波发射探头不断地接收超声波信号发生器输送来的超声波信号,并将其转换成机械波。超声波接收探头安装在发射探头正对面,它利用压电效应将接收到的机械波转换成电压信号输送给转换电路。因卡门漩涡对空气密度的影响,就会使机械波从发射探头转换到接收探头的时间产生相位差,转换电路对比相位信号进行处理,就可得到与涡流发生的频率成正比的脉冲信号,即代表空气体积流量的电信号。

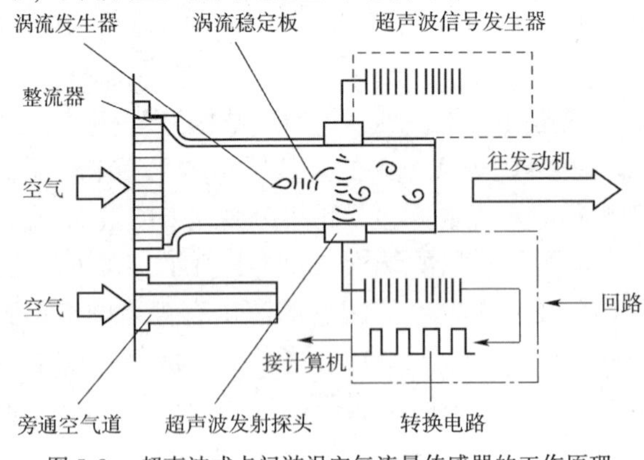

图 5-8　超声波式卡门漩涡空气流量传感器的工作原理

(二)空气流量传感器的检测

空气流量传感器有很多种类,下面主要介绍热膜式空气流量传感器的检测方法。热膜式空气流量传感器制造成本低,寿命长,使用广泛。桑塔纳时代超人、SGM 别克等车均使用这种空气流量传感器。

一汽大众捷达王轿车热膜式空气流量传感器电路如图 5-9 所示。ECU(J220)上的端子 11 为电源线(+5V),端子 12 为信号负极线,端子 13 为信号正极线。

因热膜式空气流量传感器的信号是频率型的,所以用万用表检测输出信号时,应选择频率挡(Hz)。以捷达王轿车为例,热膜式空气流量传感器故障检测步骤如下:

(1)检查附加熔断器(30A)是否良好。然后用发光二极管试灯连接流量传感器端子 2 和搭铁点,起动发动机,检查试灯是否点亮。

(2)若试灯不亮,应检查熔断器至空气流量传感器端子 2 之间的线路是否良好,若正常,应检查燃油泵继电器。

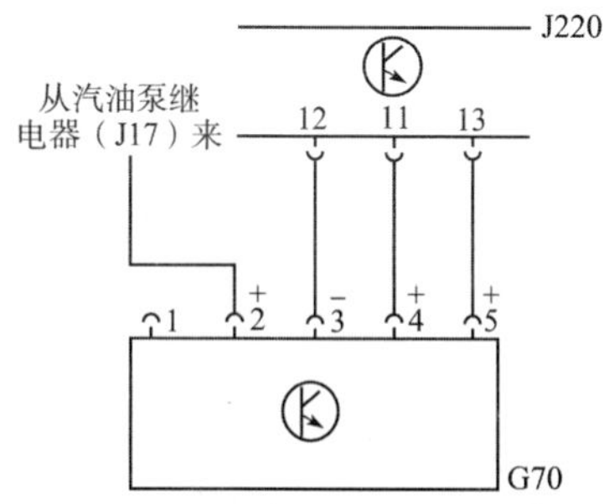

图 5-9　热膜式空气流量传感器电路图

(3)若试灯亮,则检查流量传感器端子 4 在点火开关打开时有无 5V 电压。若没有 5V 电压,则检查流量传感器至 ECU 之间的线路是否正常。若线路正常,则发动机 ECU 有故障,若有 5V 电压,则空气流量传感器有故障,应予以更换。翼片式空气流量传感器标准信号电压值见表 5-1。

翼片式空气流量传感器标准信号电压值　　表 5-1

端　子	电 压 值	条　件	
$FC\text{-}E_1$	12V	测量翼片全关闭	
	0V	测量翼片非全关闭	
$VS\text{-}E_2$	3.7～4.3V	点火开关位于"ON"位	测量翼片全关闭
	0.2～0.5V		测量翼片全开
	2.3～2.8V	怠速	
	0.3～1.0V	3000r/min	
$VC\text{-}E_2$	4～6V	点火开关位于"ON"位	

二、进气压力传感器

进气压力传感器属于间接测量式空气流量传感器,在 D 型发动机电控系统中,ECU 通过该传感器测量发动机进气歧管内的绝对压力,再结合发动机的转速来计算发动机的进气量。一汽大众捷达轿车发动机进气压力传感器的安装位置如图 5-10 所示。

(一)进气压力传感器的结构和原理

进气压力传感器具有工作可靠、尺寸小、成本低等优点,在一汽大众等许多车型上运用广泛。进气压力传感器一般直接安装在节气门下方的进气总管上,有些车型则装在发动机舱内其他位置,通过真空管与发动机的进气管相连。图 5-10 箭头所指为发动机进气压力传感器的安装位置。

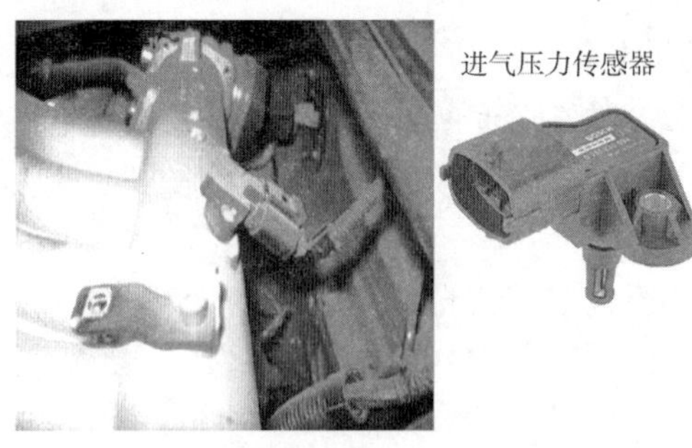

图 5-10　捷达轿车进气压力传感器的安装位置

进气压力传感器种类较多,其信号产生的原理也多种多样,但外形结构却大同小异。图 5-11 为进气压力传感器的外形。进气歧管压力传感器就其信号产生的原理可分为半导体压敏电阻式、电容式、膜盒传动的可变电感式等。其中半导体压敏电阻式进气歧管压力传感器在目前发动机电子控制系统中应用最为广泛,该进气压力传感器利用半导体的压阻效应测量进气歧管绝对压力,主要由外壳、硅膜片、真空室、进气压力室和压敏电阻及 IC 放大器等组成,其结构如图 5-12 所示。

图 5-11　进气压力传感器的外形

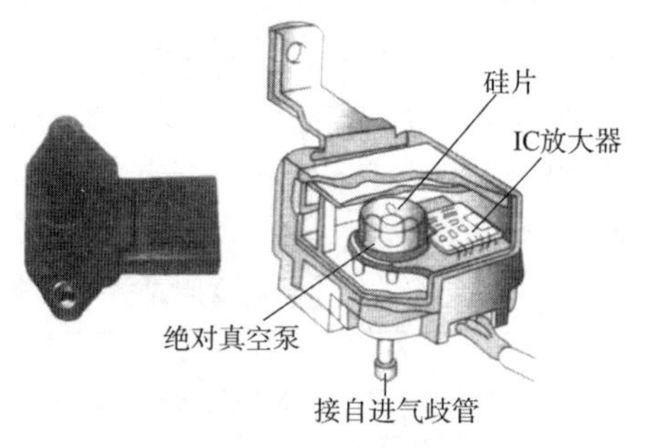

图 5-12　压敏电阻式进气压力传感器结构

(二)压力传感器的检测

进气歧管绝对压力传感器的常见故障有控制系列短路或断路,真空软管连接不当或破裂等,进气歧管压力传感器 ECU 的连接电路如图 5-13 所示。

接通点火开关,端子 V_C 和 E_2 间的电压应当是 4.5 ~ 5.5V。ECU 端子 PIM 与 E_2 之间的信号电压应当是 3.3 ~ 3.9V,发动机怠速时信号电压约 1.5V,随着节气门开度的增加,信号电压应上升,真空度与电压信号关系应符合图 5-14 所示的关系。

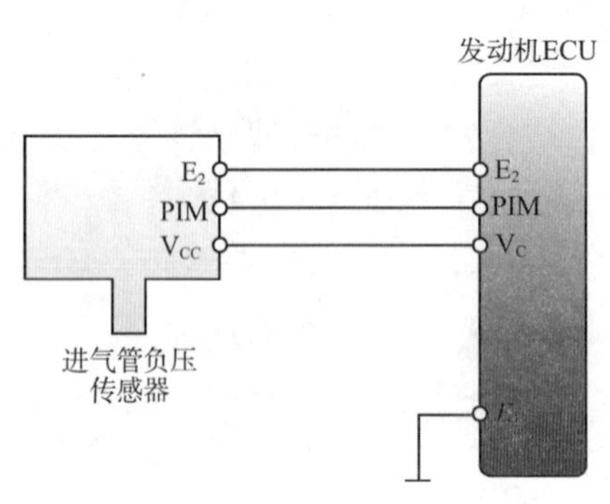

图 5-13　进气歧管压力传感器电路

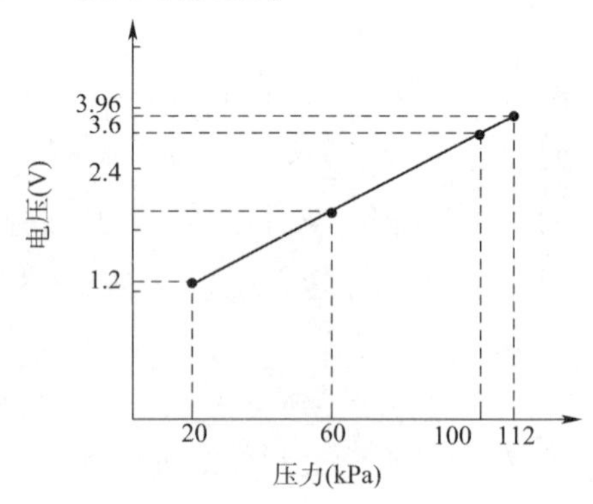

图 5-14　真空度与信号电压关系

拆下进气歧管处的真空软管，并接在真空枪上，接通点火开关，用真空枪对传感器施以13.3～66.7kPa 的负压，端子 PIM 与 E_2 间的信号电压应符合标准值，标准值见表 5-2。

不同真空度下的标准进气压力传感器信号　　表 5-2

真空度(kPa)	13.3	26.7	40.0	53.5	66.7
信号电压(V)	0.3～0.5	0.7～0.9	1.1～1.3	1.5～1.7	1.9～2.2

三、曲轴转速与位置传感器

曲轴位置与转速传感器用于检测曲轴的位置和转速，ECU 利用其信号进行如下控制：①各缸喷油和点火顺序；②各缸喷油位置；③各缸喷油量；④点火正时；⑤怠速等。曲轴位置与转速传感器损坏，发动机将无法起动。

(一)曲轴转速与位置传感器的类型和工作原理

曲轴位置与转速传感器有磁感应式、霍尔效应式、光电效应式、磁阻效应式等多种类型，一般安装于曲轴的前端或后端、凸轮轴的前端或后端，其数量一般不止一个，而是一套。曲轴和凸轮轴转速与位置传感器的安装位置如图 5-15 所示。

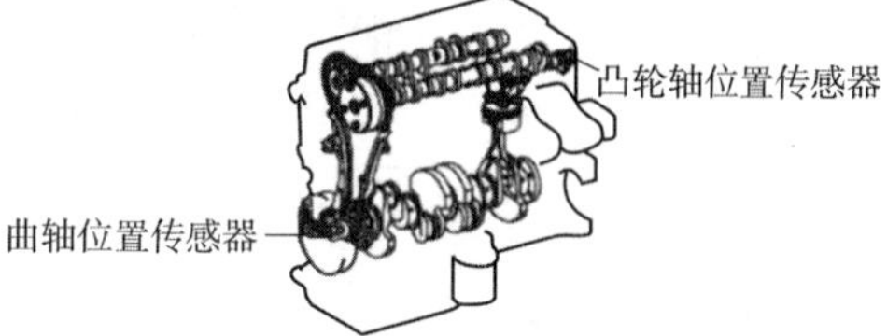

图 5-15　曲轴和凸轮轴转速与位置传感器的安装位置

1. 电磁式曲轴转速与位置传感器

磁感应式曲轴转速与位置传感器是利用电磁感应原理制成的，即当一个线圈中的磁通量发生变化时，在该线圈的两端就会产生感应电动势。电磁式曲轴转速与位置传感器的结构和工作原理如图 5-16 所示。

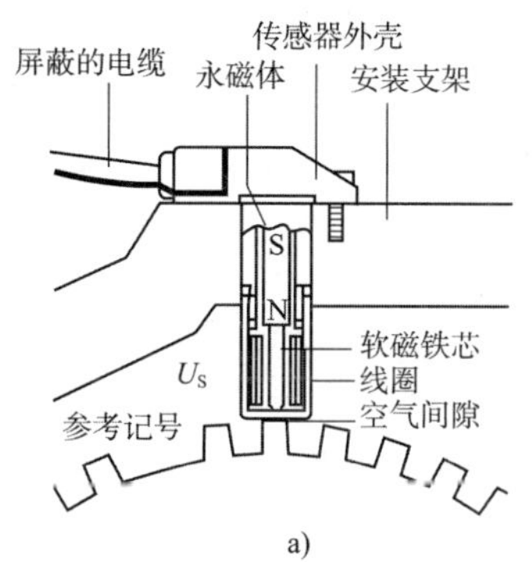

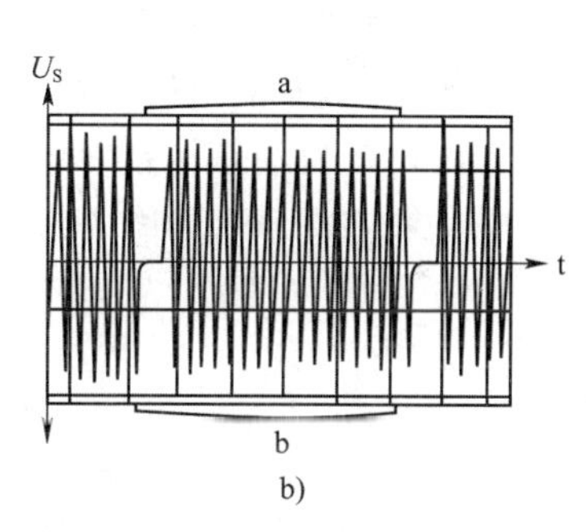

图 5-16　磁感应式曲轴转速与位置传感器的结构和工作原理

a)转速传感器的结构；b)转速传感器的信号

感应线圈绕在永久磁铁上形成传感头，带凸齿的铁质信号轮随发动机曲轴在传感头附近转动，因此，信号轮与传感头之间的间隙发生周期性的变化。由于空气的磁阻远大于铁质材料的磁阻，从而使得线圈中的磁通量发生变化，在该线圈的两端就会产生感应电动势。磁通量变化越快，感应电动势越大，因此，信号轮的转速越高，交变感应电动势的幅值也越大，即传感器的输出信号越强。一般情况下，当发动机的转速在其工作范围内变化时，该传感器输出的信号电压的幅值可在 0.5～100V 范围内变化。

信号轮每转一圈，感应线圈中产生的交变感应电动势的数量等于信号轮上凸齿的数量，即传感器输出信号的数量等于信号轮凸齿的数量，单位时间内输出信号的数量即可反映信号轮及发动机的转速。信号轮上去掉两齿,形成一个“参考标记”,信号轮每转一圈,就会发生一次变异信号,这个变异信号就成为曲轴位置信号。

2. 霍尔式凸轮轴位置传感器

霍尔式凸轮轴位置传感器是利用霍尔效应原理制成的传感器,其结构及工作原理如图 5-17 所示。信号轮随发动机曲轴转动,当信号轮的叶片部分通过霍尔元件与永久磁铁之间的间隙时,磁场被信号轮的叶片旁通,没有磁场通过霍尔元件,因此不产生霍尔电压;当信号轮的缺口部分通过该间隙时,磁场将经过铁芯和霍尔元件形成磁回路,有磁场通过霍尔元件,因而产生霍尔电压。

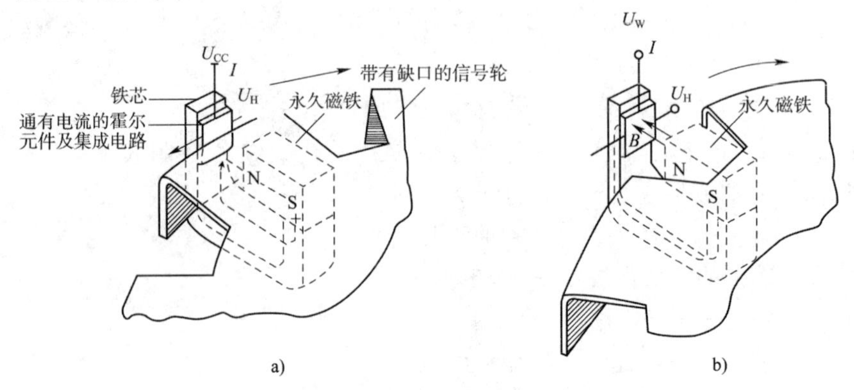

图 5-17　霍尔传感器工作原理图

a)叶片进入间隙,磁场被旁路;b)叶片离开间隙,磁场通过霍尔元件

霍尔效应式传感器有两个突出的优点:一是输出的信号电压为方波,便于数字式 ECU 的处理;二是输出的信号电压的高低与信号轮的转速无关,但该传感器的工作需要外加电源。

霍尔传感器内部的集成电路将霍尔电压的变化转变为方波,即可作为传感器的输出信号。信号轮每转一圈,传感器输出信号的数量等于信号轮上缺口(或叶片)的数量,单位时间内输出信号的数量即可反映信号轮及发动机的转速。一汽大众轿车采用的霍尔效应式凸轮轴位置传感器的结构和工作原理如图 5-18 所示。

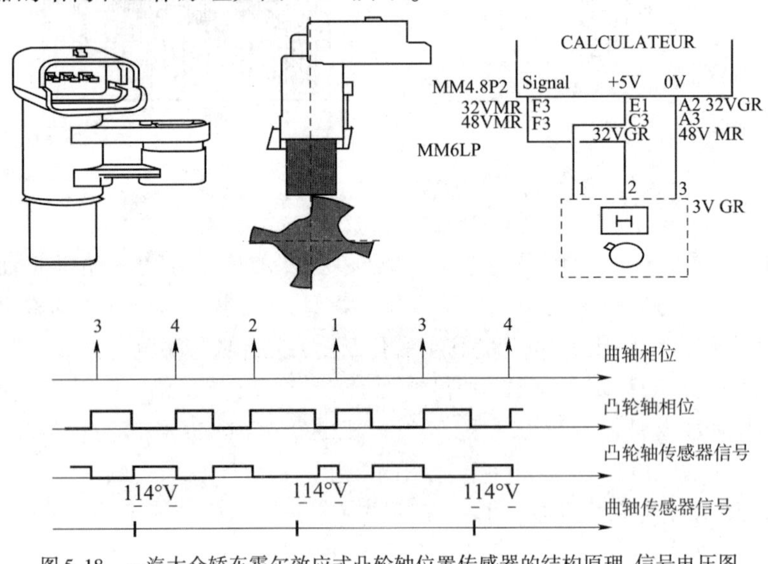

图 5-18　一汽大众轿车霍尔效应式凸轮轴位置传感器的结构原理、信号电压图

3. 光电式转速传感器

光电式转速传感器的发光元件发出的光线射向光敏元件，但该光线受到信号盘的控制，光电式转速位置传感器结构及工作原理如图 5-19 所示。

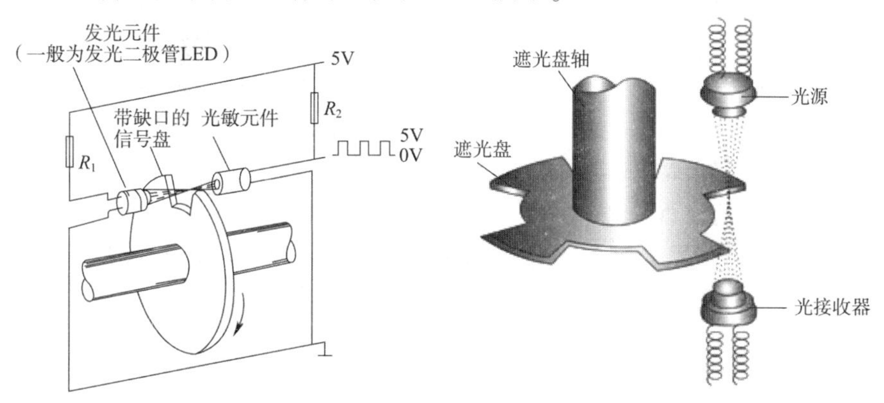

图 5-19　光电式转速位置传感器结构及工作原理

当信号盘的叶片遮住光线时，光敏元件没有受到光线照射，其工作状态不变；当信号盘的缝隙缺口放开光线时，光敏元件受到光线照射，其工作状态发生变化。传感器的集成电路将这种变化转变为方波，方波的数量即可反映信号盘的转速。

光电效应式传感器的优点与霍尔效应式传感器相同，即输出方波信号，且输出的信号电压与信号盘的转速无关。但光电效应式传感器的工作也需要外加电源，且传感器中的光线对污染物比较敏感，需要密封传感器以保持良好的清洁环境。

(二) 曲轴转速与位置传感器的检测

以霍尔效应式为例。霍尔效应传感器信号是频率调制信号，其波形是方波，所以可用直流电压挡检测平均电压，以判别霍尔传感器有无信号输出。

一汽大众轿车的曲轴位置传感器采用霍尔效应式传感器，检测方法如下：

(1) 脱开传感器插头，打开点火开关，检查插头上电源端子与搭铁之间的电压，应为 8V。若无电压，则应检查传感器至发动机控制电脑之间的线路，若线路正常，则应检查或更换发动机电脑。

(2) 插头电源端子与搭铁间有 8V 电压时，将插头插回，起动发动机，测量传感器输出端子信号电压，应为 3～6V，如无信号电压，则为传感器故障。

四、节气门位置传感器

节气门位置传感器安装在节气门轴的一端，用于检测节气门的开度及其变化，ECU 利用其信号对喷油量、点火正时、怠速等进行修正和控制，以实现某些特定的控制功能。例如：加速及大负荷时对混合气进行适度加浓、怠速时维持转速稳定、强制怠速（挂挡下坡、急减速等）时进行断油控制等。可见，该传感器发生故障时，可能会带来发动机加速不良、最大功率不足、怠速不稳等方面的问题。另外，节气门位置传感器还是自动变速器换挡控制的主要传感器之一，对自动换挡影响重大，发生故障时可能会引起不能换挡、换挡冲击等方面的问题。

(一)节气门位置传感器的类型和工作原理

节气门位置传感器按结构大致可分为触点开关式、滑线变阻式、复合式和霍尔效应式四种。其中,触点开关式输出是简单的开关信号,可用于判断发动机的怠速、大负荷等几个简单的工况点;滑线变阻式输出的是连续的电压信号,可用于判断发动机负荷的连续变化情况;复合式则同时输出开关信号和连续的电压信号,既可以判断简单的工况点,又可以判断负荷的连续变化。

1. 触点开关式节气门位置传感器

触点开关式节气门位置传感器主要由节气门轴、怠速触点(IDL)、大负荷触点(又称功率触点 PSW)及随节气门轴转动的凸轮等组成,其结构、电路及所产生的信号如图 5-20 所示。

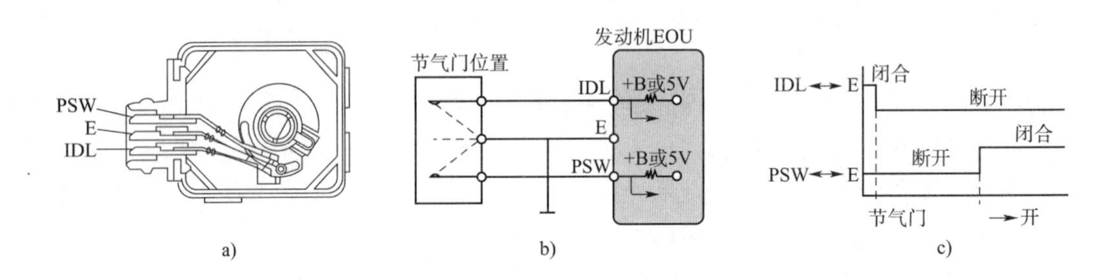

图 5-20 触点开关式节气门位置传感器的结构、电路及信号

a)结构;b)电路图;c)信号

ECU 通过线路分别向这两个触点输出 5V 的信号参考电压,触点闭合时,该线路被搭铁,信号参考电压变为 0V,ECU 接收到低电平信号“0”;触点张开时,线路没有被搭铁,信号参考电压维持 5V,ECU 接收到高电平信号“1”。

另外,还有一种编码式节气门位置传感器,共有 IDL、L_1、L_2、L_3 4 个触点,通过这些触点张开与闭合的不同组合,将节气门的开度分成 8 个开度范围,从而形成电控自动变速器的 8 个换挡区域。

2. 复合式节气门位置传感器

复合式节气门位置传感器包括滑线变阻式传感器和怠速触点两个部分,主要由滑线电阻、滑动触点、节气门轴、怠速触点及传感器壳体等组成,其结构、电路原理及输出的信号如图 5-21a)、图 5-21b)、图 5-21c)所示,其滑线电阻制作在传感器底板上,一端与 ECU 提供 5V 工作电源(VC 脚),另一端通过 ECU 搭铁;滑线电阻的滑臂与信号输出端子 VTA 相连,并随节气门轴一同转动;怠速触点的一端由 ECU 提供 5V(12V)的信号做参考电压(IDL 端子),另一端也通过 ECU 搭铁。

节气门开度变化时,滑臂上的触点在滑线电阻上滑动,从而从滑线电阻上获得分压电压,并作为节气门开度信号输送给 ECU。

由于该传感器可以检测到节气门开度的连续变化情况,因而 ECU 可以实现更多的控制功能,例如:加速加浓控制、空气流量信号替代控制(即空气流量传感器发生故障时,利用节气门位置和发动机转速计算进气量)等。

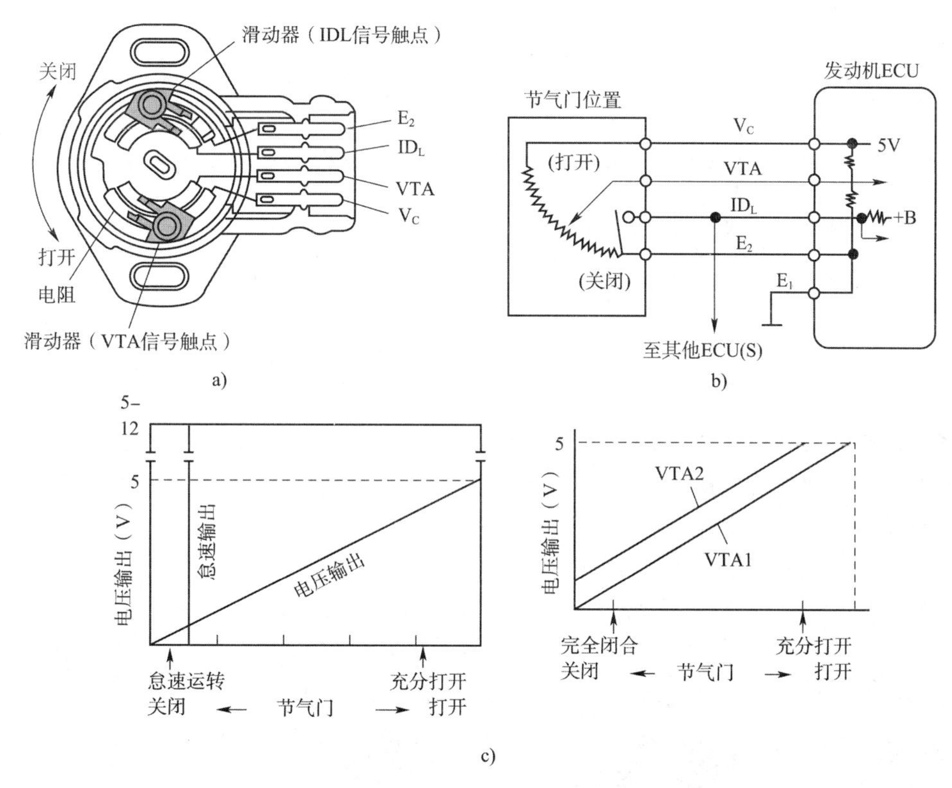

图 5-21　复合式节气门位置传感器的结构、电路及信号

a)结构；b)电路图；c)信号

传感器中的怠速触点专门用于判断发动机的怠速状态，部分汽车则取消了怠速触点，通过滑线变阻式传感器的阈值来判断怠速状态，从而简化了节气门位置传感器的结构。

3. 霍尔效应式节气门位置传感器

霍尔效应式节气门位置传感器由霍尔元件（霍尔 IC）和磁铁组成，其中，磁铁安装在节气门轴上，并可以绕霍尔元件转动，如图 5-22 所示。

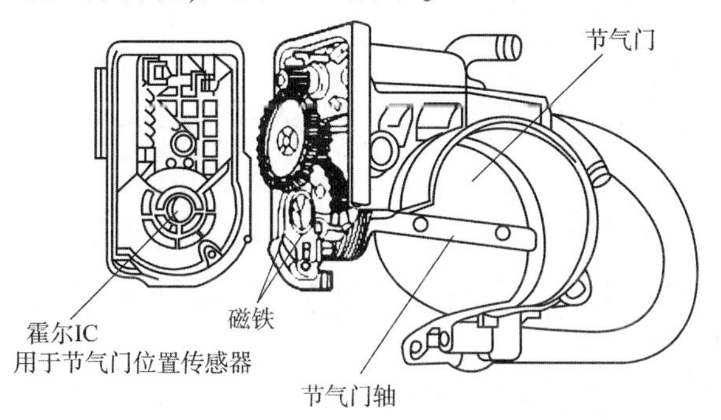

图 5-22　霍尔式节气门位置传感器的结构

当节气门开度变化时，磁铁随之转动，从而改变了与霍尔元件之间的相对位置，因霍尔元件中磁通量发生变化，所产生的霍尔电压也随之变化，IC 电路将霍尔电压放大后即可作为节气门开度信号输送给 ECU。霍尔效应式节气门位置传感器的电路及信号如图 5-23 所示。

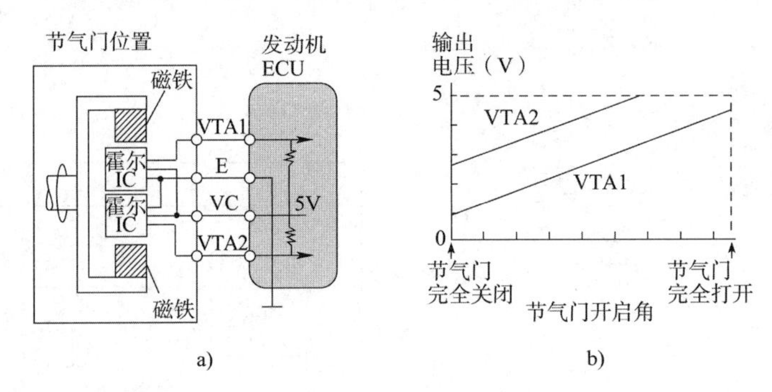

图 5-23　霍尔效应式节气门位置传感器的电路及信号

a）电路；b）信号

该传感器不仅能精确地检测节气门的开度，还采用了无接触方式，并简化了结构，不易发生故障。为了确保其工作的可靠性，一般会输出两套信号：VTA1 和 VTA2，其中 VTA1 用于检测节气门开度，VTA2 用于检测 VTA1 的故障。

一汽大众轿车采用全电子节气门，由节气门控制电机带动节气门的开闭，同时，节气门内部装有一个节气门位置传感器，用于检测节气门的开度，其结构如图 5-24 所示。

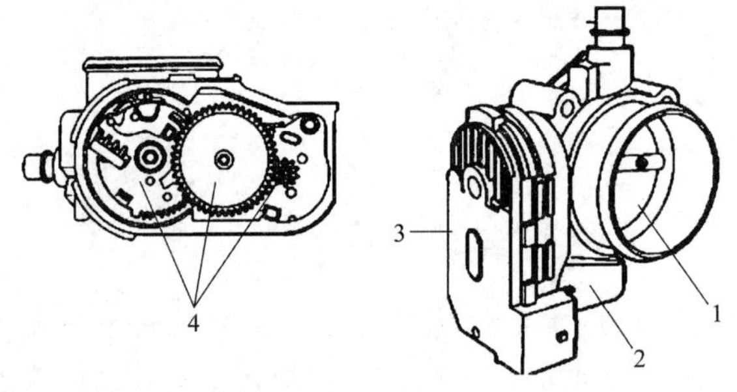

图 5-24　一汽大众轿车的全电子节气门的结构

1-节气门；2-电机；3-节气门位置传感器；4-传动齿轮

ECU 根据加速踏板位置传感器信号控制节气门开启角度。节气门位置传感器能够帮助 ECU（1320）精确地对节气门的开度做出调整。

（二）节气门位置传感器的检测

节气门位置传感器的常见故障有触点接触不良、电位计阻值不准确、电位计活动触电接触不良等。

首先检查节气门拉索运动是否有发卡，回位过于迟缓等现象，如怠速不能调低，可将怠速空气道中的怠速调整螺钉旋入并观察怠速转速；若怠速不降，则应检查节气门是否能全闭，怠速调整螺钉是否有效。

1. 触点开关式节气门位置传感器的检查调整

就车检查端子间的导通性，点火开关置于“OFF”位置，拔下节气门位置传感器连接器，在节气门限位螺钉和限位杆之间插入适当厚度的厚薄规；用万用表 Ω 挡在节气门位置传感器连接器上测量怠速触点和全负荷触点的导通情况。

当节气门全闭时，怠速触点 IDL 应导通；当节气门全开或接近全开时，全负荷触点 PSW 应导通；在其他开度下，两触点均应不导通。否则，应调整或更换节气门位置传感器。

2. 滑线变阻式节气门位置传感器的检查调整

(1) 怠速触点导通性检测点火开关置于“OFF”位置，拔去节气门位置传感器的导线连接器，用万用表 Ω 挡在节气门位置传感器连接器上测量怠速触点 IDL 的导通情况。当节气门全闭时，IDL-E_2 端子间应导通；当节气门打开时，IDL-E_2 端子间应不导通。否则应更换节气门位置传感器。

(2) 测量线性电位计的电阻，点火开关置于 OFF 位置，拔下节气门位置传感器的导线连接器，用万用表的 Ω 挡测量线性电位计的电阻，该电阻应能随节气门开度增大而呈线性增大。

五、加速踏板位置传感器

许多现代汽车发动机都采用了全电子节气门，此时，在驾驶员的脚下还需要另外增设一个加速踏板位置传感器，发动机 ECU 利用该传感器的信号来控制全电子节气门的开度。加速踏板位置传感器有两种，分别为滑线变阻式和霍尔效应式。为了确保其工作的可靠性，此传感器往往有两个不同特性的输出信号。

滑线变阻式加速踏板位置传感器如图 5-25 所示，其结构和工作原理与滑线变阻式节气门位置传感器相同。

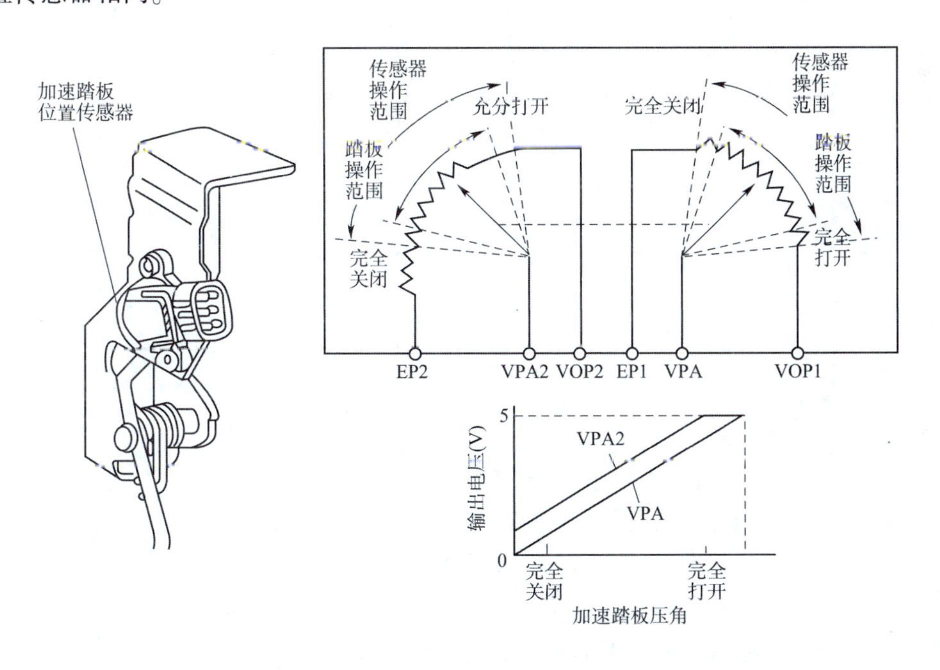

图 5-25　滑线变阻式加速踏板位置传感器

注意：因在安装该传感器时，需要精密的位置调整，所以，不得拆下该传感器。当该传感器出现故障时，须更换加速踏板总成。

霍尔效应式加速踏板位置传感器如图 5-26 所示。其结构和工作原理与霍尔效应式节气门位置传感器相同。为确保较好的工作可靠性，两套信号系统都有各自独立的电路。

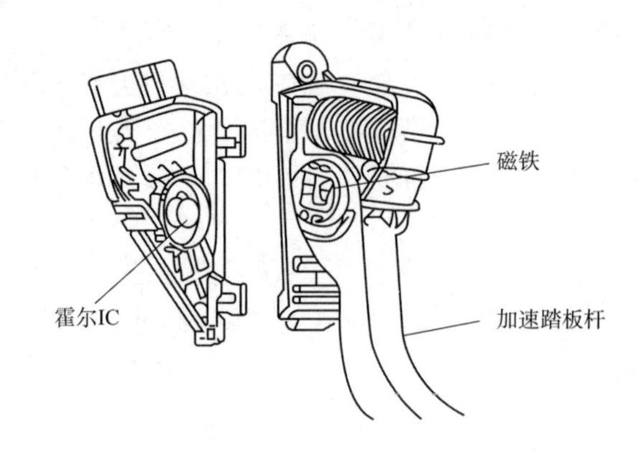

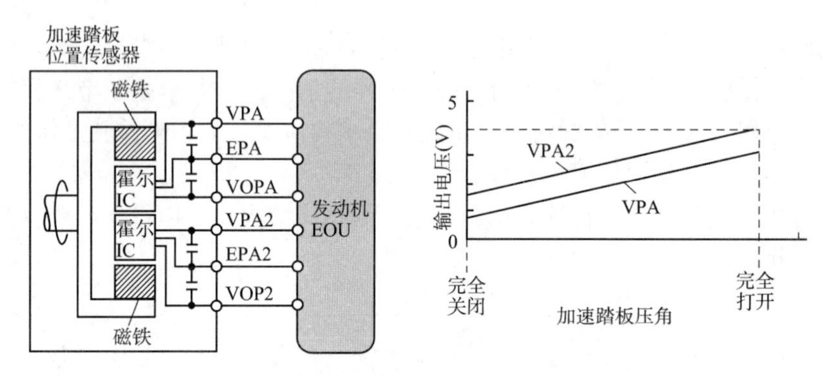

图 5-26　霍尔效应式加速踏板位置传感器

思考与练习

一、填空题

1. 空气流量传感器用于检测发动机________,供 ECU 计算________和________。

2. 空气流量传感器有________、________、________等多种形式。

3. 进气压力传感器属于________空气流量传感器。

4. 进气歧管压力传感器就其信号产生的原理可分为________式、________式、________等。

5. 磁感应式曲轴转速与位置传感器是利用________原理制成的,即当一个线圈中的________发生变化时,在该线圈的两端就会产生________。

6. 霍尔式凸轮轴位置传感器是利用__________________制成的传感器。

7. 霍尔效应式传感器有两个突出的优点:一是__________________,便于数字式 ECU 的处理;二是__________________与信号轮的转速无关。

8. 节气门位置传感器按结构大致可分为________、________、________和霍尔效应式四种。

9. 复合式节气门位置传感器节气门开度变化时,滑臂上的触点在________上滑动,从而从滑线电阻上获得________电压,并作为节气门________输送给 ECU。

10. 霍尔效应式节气门位置传感器由__________________组成。

二、选择题

1. 一汽大众电控发动机使用的曲轴位置与转速传感器类型为( )。
   A. 光电效应式 B. 磁感应式 C. 霍尔效应式 D. 磁阻效应式
2. 产生方波信号的传感器是( )。
   A. 光电效应式 B. 磁感应式 C. 霍尔效应式
3. 可以测量电阻的传感器是( )。
   A. 光电效应式 B. 磁感应式 C. 霍尔效应式
4. 需要测量供电电源的传感器是( )。
   A. 光电效应式 B. 磁感应式 C. 霍尔效应式
5. 在检测节气门位置传感器电源电压时,在接通点火开关的条件下,电压约为( )。
   A. 5V B. 4.5V C. 15V D. 12V
6. 一汽大众电喷系统加速踏板位置传感器的结构属于( )式。
   A. 滑线电阻 B. 霍尔效应 C. 电磁式
7. 检测导线导通性时,若测得其电阻值为∞,说明该导线( )。
   A. 断路 B. 短路 C. 接触不良

三、判断题

1. 空气流量传感器安装在空气滤清器及进气软管之间、节气门体后方。 ( )
2. 进气压力传感器可以直接测出空气流量。 ( )
3. 东风雪铁龙系列轿车使用空气流量传感器检测发动机进气量。 ( )
4. 磁感应式传感器需要工作电源。 ( )
5. 霍尔效应式、光电效应式传感器都需要工作电源。 ( )
6. 如果没有曲轴位置与转速传感器信号,发动机不能起动。 ( )
7. 磁感应式、霍尔效应式、光电效应式输出的是交流信号。 ( )
8. 霍尔效应、光电效应式输出的是方波信号。 ( )
9. 检测导线导通性时,若测得其电阻值≤0.5Ω,说明该导线接触不良。 ( )

四、简答题

1. 简述空气流量传感器的作用及其安装位置。

2. 简述进气压力传感器的作用及其安装位置。

3. 简述加速踏板位置传感器的作用。

项目六　燃油喷射系统修正信号检修

学习目标

完成本项目学习后，你应能：

1. 准确描述燃油喷射系统修正信号有哪些；
2. 掌握冷却液温度与进气温度传感器、氧传感器及 ECU 其他输入信号的作用；
3. 熟悉冷却液温度与进气温度传感器、氧传感器及 ECU 其他输入信号的结构及工作原理；
4. 会分析冷却液温度与进气温度传感器、氧传感器及 ECU 其他输入信号的控制电路。

建议学时

6 学时。

发动机控制系统主要由传感器、ECU、执行器三大部分组成，其中传感器的作用是监测发动机各种运行工况信息装置。传感器的形式和数量因车而异，按其作用基本分为主控制信号和修正信号两类。电控燃油喷射系统的修正信号主要有冷却液温度和进气温度传感器、氧传感器及 ECU 其他输入信号。本项目介绍电控发动机修正信号的作用、结构、位置、控制电路及检修方法。

一、冷却液温度传感器

冷却液温度传感器一般安装在发动机水套或出水管上，用于检测发动机冷却液的温度，ECU 利用其信号对喷油量、点火正时等进行修正控制，以实现某些特定的控制功能，例如：①发动机冷起动时，提供特浓混合气，以确保顺利起动；②冷却液温度较低时，适当提高发动机的怠速，并适当延迟点火，以缩短暖机时间，从而减少磨损，并提供较浓混合气，以维持发动机稳定运转；③冷却液温度较低时，不允许升入超速挡，以避免发动机在冷态下低速大负荷运转而造成过度磨损，同时也不允许锁上离合器结合，以便利用自动变速器油温使发动机快速升温；④冷却液温度较高时，增大冷却风扇的转速；水温过高时，暂时停止空调的工作等。

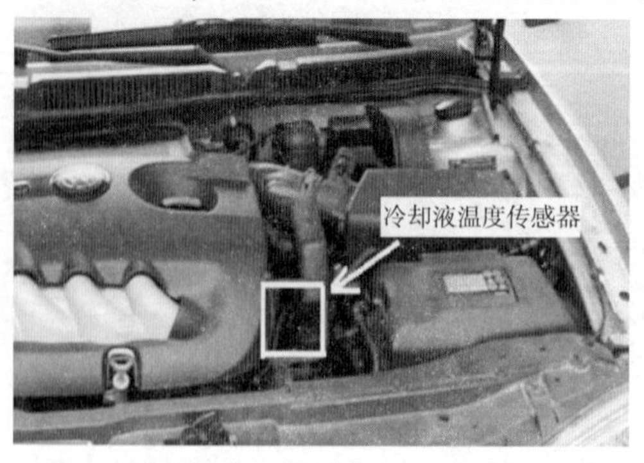

图 6-1　一汽大众发动机冷却液温度传感器安装位置

可见，冷却液温度传感器除了影响发动机的工作状态外，还影响自动变速器、汽车空调等的工作状态，其故障往往会带来发动机起动、怠速、油耗、冷却及自动变速器换挡、空调制冷等诸多方面的问题。

一汽大众轿车发动机冷却液温度传感器安装在发动机出水室上，如图 6-1 中白色箭头所示。

（一）冷却液温度传感器的基本结构及工作原理

冷却液温度传感器的结构如图6-2所示，主要由负温度系数（NTC）的热敏电阻、外壳、电路接头等组成。传感器的壳体上有螺纹，以便在发动机上安装。电路接头有单端子式和双端子式两种，发动机电控系统一般采用双端子式。传感器的主要部件是负温度系数的热敏电阻，位于传感器的金属管壳内，其电阻值与温度的关系如图6-3所示。

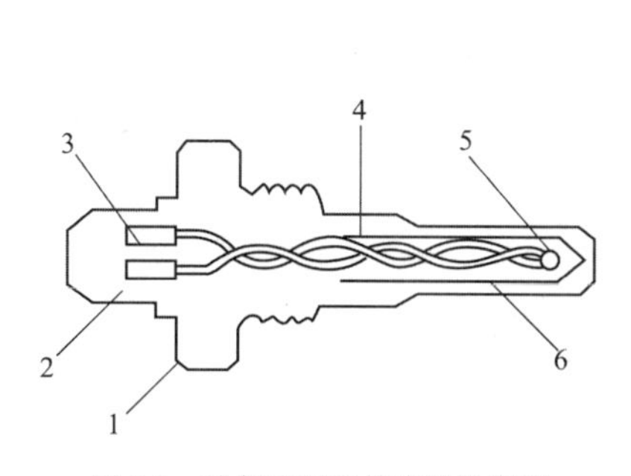

图6-2 冷却液温度传感器结构图

1-壳体；2-填料；3-接线端子；4-引线；5-热敏元件；6-绝缘体

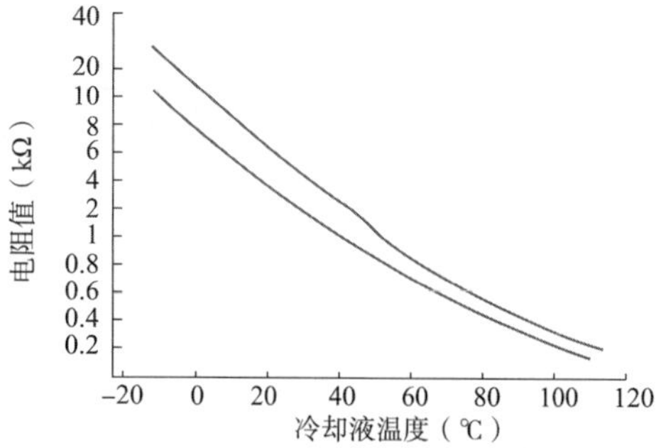

图6-3 负温度系数热敏电阻的特性曲线图

冷却液温度传感器的工作电路如图6-4所示。传感器的热敏电阻通过导线与ECU相连，并与ECU内部的分压电阻串联，形成分压电路。ECU向该分压电路提供稳定的工作电压（一般为5V），热敏电阻所获得的分压值即为测得的温度信号。

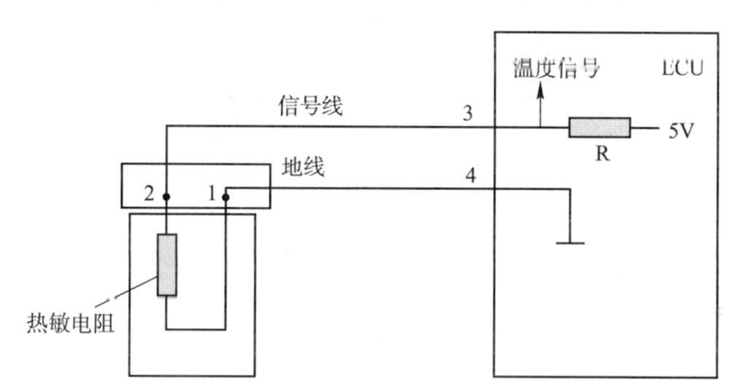

图6-4 冷却液温度传感器的工作电路

冷却液温度低时，热敏电阻的阻值大，ECU检测到高电压的信号，适当增加喷油量，以满足发动机低温浓混合气的要求；冷却液温度高时，热敏电阻的阻值小，ECU检测到低电压的信号，适当减小喷油量，以满足发动机高温稀混合气的要求。

（二）冷却液温度传感器的检测

1. 线路检查

（1）检查线路的通断。

用万用表的电阻挡，分别测量1号端子与4号端子、2号端子与3号端子之间的电阻值，以此来判断外线路是否存在短路及断路故障。

（2）传感器电压值测量。

关闭点火开关，拔下冷却液温度传感器插头，点火开关置于“ON”位置，测量线束侧1

号、2 号端子之间的电压应为 5V。

(3)测量传感器与 ECU 之间的线路是否有虚接或搭铁现象。

2. 传感器检查

(1)打开点火开关,将线束插头插好,此时测量信号线针脚 2 号与地线针脚 1 号端子之间的电压应为 0.2 ~2.5V,如无变化,检查线束连接情况和传感器。

(2)传感器电阻值测量。

拆下冷却液温度传感器,将传感器和温度表放入烧杯或加热容器中,如图 6-5 所示。同时用万用表测传感器两个端子之间的电阻,并将值与图 6-3进行比较,如果偏差较大,则更换传感器。

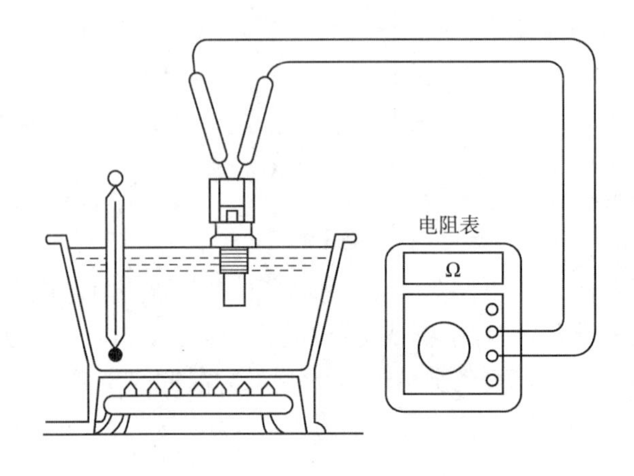

图 6-5　冷却液温度传感器的单独检查

3. 检测时的注意事项

(1)加热测量冷却液温度传感器过程中,应在加热前将连接线与冷却液温度传感器装好,只将传感器头部分放入水中即可。检测过程中不要将传感器从水中取出。

(2)传感器要在不同温度下多次测量,以保证测量的精度。当出现冷却液温度表指示偏高,而通过检测仪测量实际的冷却液温度并不高时,请检查仪表线路连接情况及水温感应塞,冷却液温度传感器的信号只向 ECU 反馈,冷却液温度表采集的是冷却液温度感应塞的信号,不要盲目更换冷却液温度传感器。

图 6-6　捷达发动机进气温度传感器安装位置

二、进气温度传感器

1. 进气温度传感器的作用和结构

进气温度传感器一般安装在发动机进气管上,或与进气压力传感器制成一体,如捷达轿车发动机的进气温度传感器,安装位置如图 6-6所示。

进气温度传感器在电控燃油喷射系统中测量进气温度,并输入到 ECU,用于修正体积型空气流量传感器由于大气温度变化带来的进气质量检测的误差。进气温度传感器的结构如图 6-7 所示。

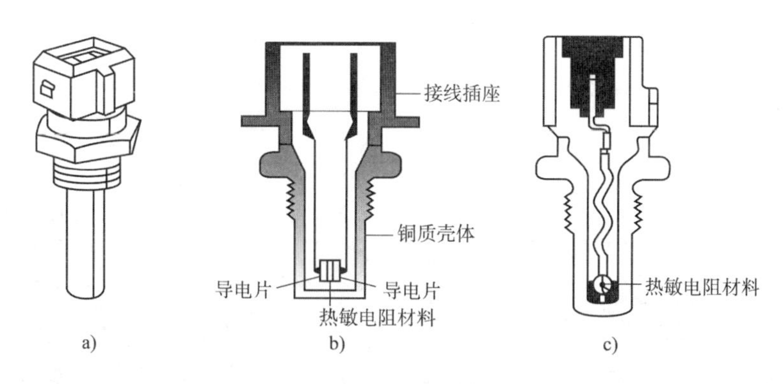

图 6-7 进气温度传感器的结构

2. 进气温度传感器的工作原理

进气温度传感器就是一个负温度系数的热敏电阻,当温度升高时,电阻阻值减小;温度降低时,电阻阻值增大。随着电路中电阻的变化,导致电压发生变化,从而产生不同的电压信号,ECU 根据此信号判断进气温度,完成控制系统的自动操作。

进气温度传感器与 ECU 的连接电路如图 6-8 所示。

ECU 利用其信号还可以实现某些特定的控制功能。例如,进气温度较低时,适当增大喷油量(因低温时汽油的蒸发性较差,不利于形成混合气),以确保发动机能够稳定运转(特别是怠速时)。

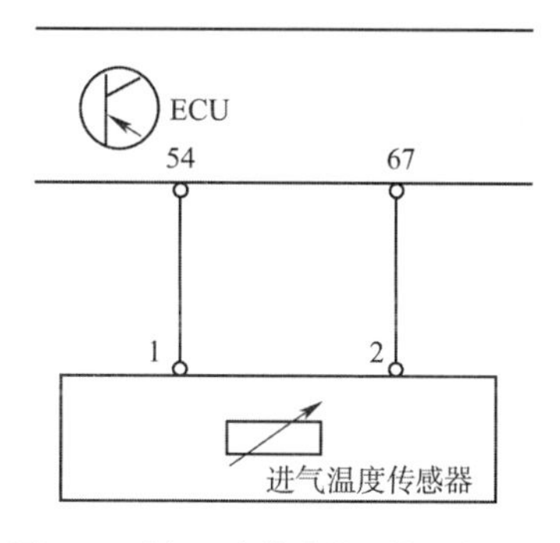

图 6-8 进气温度传感器连接电路图

3. 进气温度传感器的检测

(1)传感器电压值测量。

①关闭点火开关,拔下进气温度传感器插头,点火开关置于“ON”位置,测量线束侧 1 号、2 号端子之间的电压应为 5V。

②测量传感器与 ECU 之间的线路是否有虚接或搭铁的现象。

③打开点火开关,将线束插头插好,此时测量信号线针脚 2 号与地线针脚 1 号端子之间的电压应为 1 ~ 5V,如无变化,检查线束连接情况和传感器。

(2)传感器电阻值测量。

点火开关置于“OFF”位置,拆下进气温度传感器,用电热吹风器、红外线灯或者热水加热进气温度传感器;同时用万用表测传感器两个端子之间的电阻,并将值与标准值进行比较,如果偏差较大,则更换传感器。

三、氧传感器

氧传感器装在发动机的排气管上,通过检测废气中残余氧气含量的方法来判断混合气的浓度,以便 ECU 对喷油量实施“闭环调节”。残余氧气较少时,说明混合气偏浓,ECU 通过减少喷油量使混合气变稀;反之,残余氧气较多时,ECU 又使混合气变浓,周而复始,最终确保混合气的浓度维持在理想值附近。图 6-9 为一汽捷达轿车发动机前氧传感器的安装位置图,图 6-10 为氧传感器的实物图。

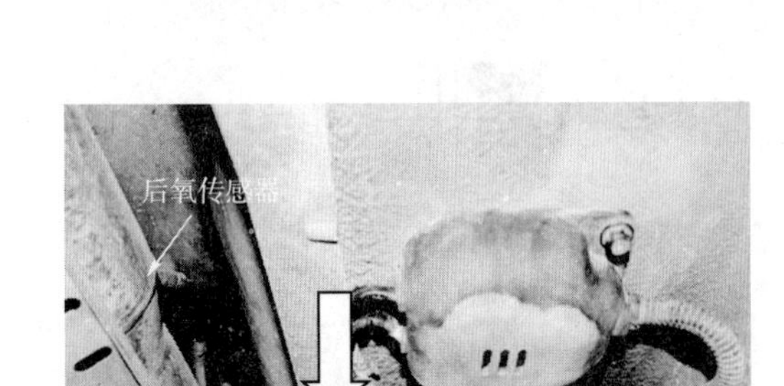

图 6-9 捷达轿车发动机前氧传感器的位置

图 6-10 氧传感器实物

氧传感器发生故障时，该“闭环调节”功能失效，混合气浓度偏离理想值，从而造成发动机的性能恶化，此时，ECU 会储存相应的故障代码，仪表盘上的发动机故障灯也会点亮。

氧传感器一般根据电化学原理工作，有氧化锆（ZrO_2）和氧化钛（TiO_2）式两种。其中氧化锆式又分为加热型与非加热型两种，氧化钛式一般都为加热型。

1. 氧化锆式氧传感器

氧化锆式氧传感器主要由锆管、加热元件、电极引线、铜质护管、钢质壳体、防水护套等组成，其结构如图 6-11 所示。

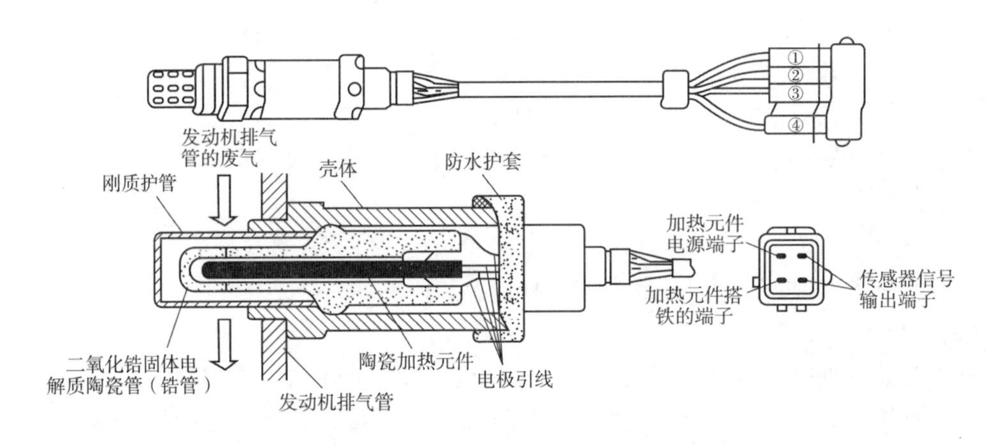

图 6-11 氧化锆式氧传感器的结构

高温下，部分氧分子发生电离，形成氧离子。这些氧离子可以渗过某些固体电解质（二氧化锆、氧化钍等）。当这些电解质两个表面之间的氧离子浓度不同时，浓度高处的氧离子就会向浓度低的一侧扩散，如果在固体电解质两个表面之间设置电极，就可以得到电动势。氧化锆式氧传感器就是根据这一原理制成的，其电解质材料为锆管（即二氧化锆）。如图 6-12所示，锆管内侧与氧离子浓度较高的大气相通，外侧与氧离子浓度较低的废气相通，锆管的内、外侧之间存在氧离子浓度差，因而会产生一定的电动势，该电动势即为传感器的输出信号。

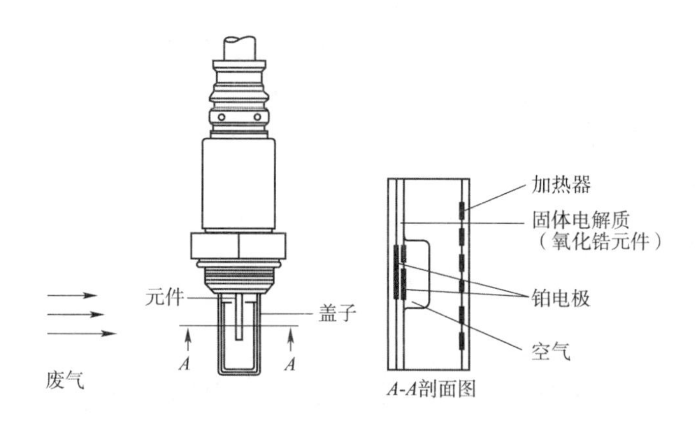

图 6-12　氧化锆式氧传感器的工作原理

氧化锆式氧传感器的工作特性如图 6-13 所示，当供给发动机的可燃混合气较浓时，废气中氧离子含量较少，锆管内、外表面之间的氧离子浓度差较大，两个电极之间的电动势也较大，约为 0.9V；反之，当可燃混合气较稀时，两个电极之间的电动势也较小，约为 0.1V。

在锆管外表面涂有一层金属铂，在其作用下，废气中的 CO（一氧化碳）与氧离子发生反应变为 CO_2（二氧化碳），从而消耗了一部分氧离子，提高了锆管内、外侧之间的氧浓度差，使氧传感器的灵敏度大为提高。如图 6-13 所示，有催化剂铂与没有催化剂铂时，电动势存在着跃变与连续变化两种情况。

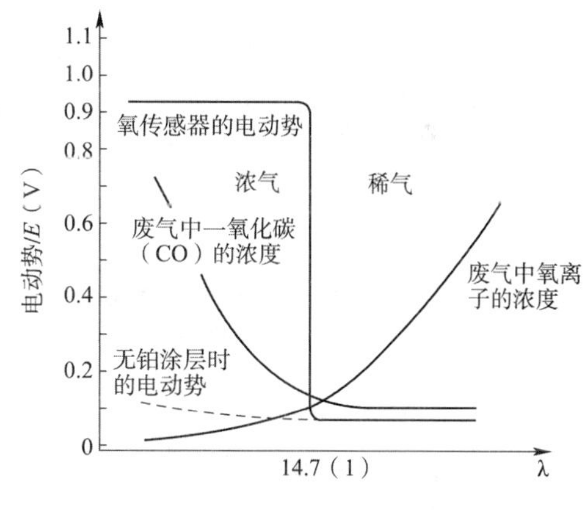

图 6-13　氧化锆式氧传感器的工作特性

另外，氧化锆式氧传感器的温度须达到 300℃以上才能正常工作，为此，有些氧传感器的内部设有加热器。加热器一般用陶瓷加热元件制成，加热温度设定为 300℃，并直接由汽车电源供电。

2. 氧化钛式氧传感器

氧化钛式氧传感器的外形与氧化锆式传感器相似，其结构如图 6-14 所示。主要由二氧化钛传感元件、加热元件、电极引线和钢质壳体等组成。

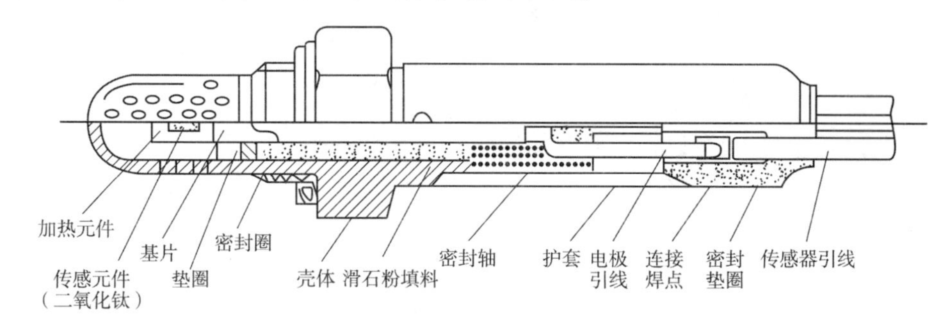

图 6-14　氧化钛式氧传感器结构

与氧化锆式氧传感器不同的是,该传感器不需要与大气压做比较,因此,对传感元件的密封性与防水性要求较低,使用玻璃或滑石粉等材料密封即可达到使用要求。此外,在电极引线与护套之间设置有硅橡胶密封衬垫,以防止水汽浸入传感器内部而腐蚀电极。该传感器传感元件的外表面同样涂有一层金属铂,以提高其工作灵敏度。

二氧化钛属于N型半导体材料,其电阻值随氧离子浓度的变化而变化,因此,氧化钛式氧传感器相当于一个可变电阻,其电阻值与混合气浓度(过量空气系数)的关系如图6-15所示 。混合气过稀时,二氧化钛呈现低阻状态;混合气浓时,二氧化钛呈现高阻状态;在理论混合气附近(过量空气系数 λ 约为1),电阻值产生突变。

氧化钛式氧传感器的工作电路如图6-16所示,ECU内部的稳压电路向氧传感器提供一个稳定的工作电压(一般为5V),分压电阻串接在传感器电路中,氧化钛作为可变电阻,其上的分压即可作为氧传感器的信号电压输入ECU。混合气稀时,二氧化钛阻值小,信号电压也小;混合气浓时,二氧化钛阻值高,信号电压也大。

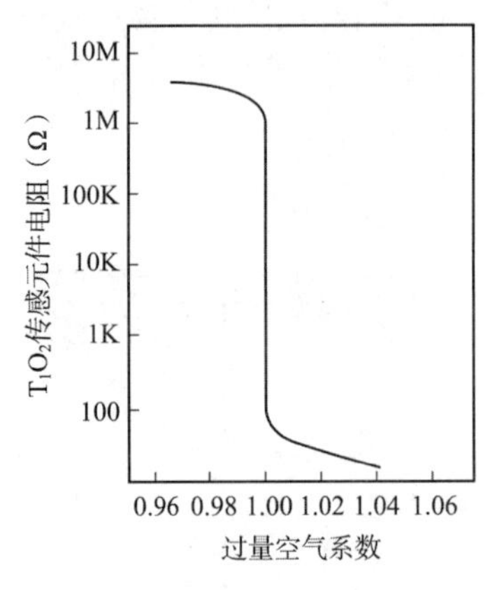

图6-15　氧化钛式氧传感器的特性

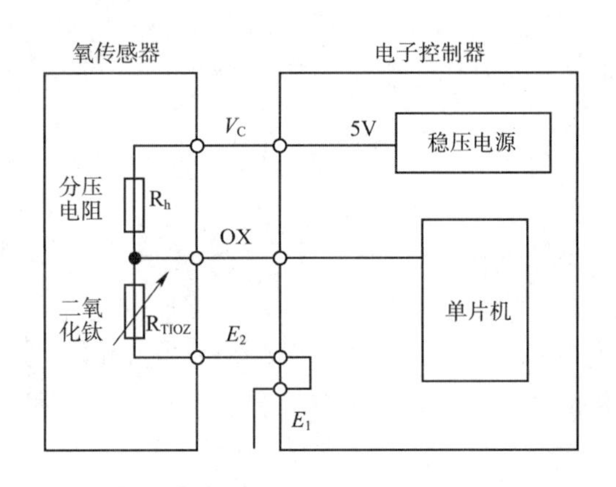

图6-16　氧化钛式氧传感器的工作电路图

氧化钛式氧传感器的温度高于600℃时才能正常工作,因此,该传感器的内部也设有加热器,并由汽车电源直接加热。

3.氧传感器的使用

由于废气中的污物会附着在氧传感器的表面,导致氧传感器逐渐失效,此外,氧传感器线束连接器处用于防水的硅橡胶也会逐渐污染内侧电极,因此,氧传感器需要定期更换,更换周期一般为8万km。另外,当汽油中含铅时,催化剂也会中毒失效,因此,装有氧传感器的汽车禁止使用含铅汽油。

4.喷油量“闭环调节”的条件

喷油量的“闭环调节”可以使混合气的浓度维持在理论混合气附近,但并不是所有的工况都需要理论混合气。例如:在发动机起动、暖机、加速、大负荷时输出较大功率;强制怠速工况(即节气门在怠速位置,但转速远高于怠速工况,例如:汽车急减速、挂挡下坡等)时,需要切断燃料供给。在这些工况下,ECU会暂时终止使用氧传感器的信号,转而选用ECU内部的记忆值或计算值来控制喷油量,即对喷油量实施“开环调节”。

此外,在氧传感器发生故障或未达到工作温度(300℃或600℃)时,以及在电控系统其他部分发生故障,系统被迫进入“应急运转”状态时,ECU 也会对喷油量实施“开环调节”。

只有在水温正常、平稳怠速、中小负荷、氧传感器正常且达到工作温度、系统没有转入“应急运转”状态等条件下,ECU 才对喷油量实施“闭环调节”。此外,在氧传感器信号正常的情况下,汽油蒸汽回收系统才会工作。

5. 三元催化器的故障监测功能

为了减少尾气排放,现代汽车排气管中大多装有三元催化器。所谓三元催化器,就是在排气管中设置一个蜂窝状的废气通道,通道体的表面涂有铂、铑、钯三种稀有金属作为催化剂。当废气中的 CO(一氧化碳)、HC(碳氢化合物)、NO_x(氮氧化合物)等有毒气体经过这些催化剂时,会与废气中的残余氧气进一步发生反应,从而转化为 CO_2(二氧化碳)、H_2O(水)和 N_2(氮气)等无毒气体。

在理论混合气附近,三元催化器的工作效率最高。因此,从确保三元催化器高效工作的角度出发,也要求氧传感器能够正常工作。

随着使用时间的延长,由于表面污染作用及稀有金属的老化作用,三元催化器的工作效率会逐渐下降,汽车尾气排放会在驾驶员不知不觉中逐渐升高,这在汽车尾气排放法规比较严格的国家是不允许的。为解决这一难题,现代汽车的三元催化器前端和后端各装有一个氧传感器,前端的为主氧传感器,用于喷油量的“闭环调节”;后端的为副氧传感器,用于对三元催化器的工作状态进行监测。

监测原理如下:三元催化器在正常工作时,对废气中残余氧气具有一定的“吞吐”作用。残余氧气较多时,三元催化器吸附一定的氧气;残余氧气较少时,三元催化器又释放一定的氧气,因此,三元催化器前端和后端残余氧气浓度的变化存在着一定的差别,前端浓度随着“闭环调节”的作用变化较快(10s 内约变化 8 次以上),后端浓度则变化较慢,因此,ECU 只要对比主、副氧传感器的信号,就可以判断三元催化器的工作状态:当两个氧传感器的信号差别较大时,说明三元催化器工作正常;而当两个氧传感器的信号差别较小时,则说明三元催化器已经失效。三元催化器工作状态正常时,前、后氧传感器的信号波形如图 6-17a)、图 6-17b)所示。

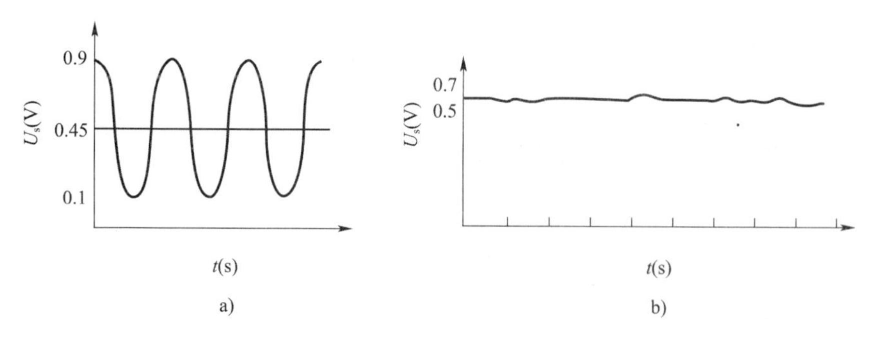

图 6-17 前、后氧传感器的信号波形

a)前氧传感器信号波形;b)后氧传感器信号波形

6. 氧传感器的检测

(1)检测加热元件电阻。

捷达 AT、GTX 型轿车氧传感器连接器插头与插座上各端子的位置如图 6-18 所示。

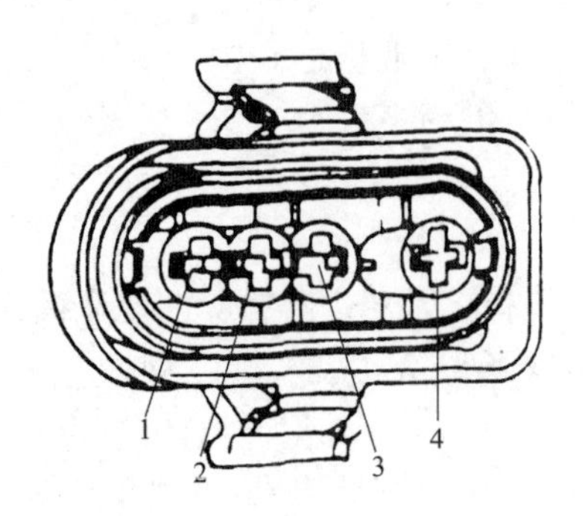

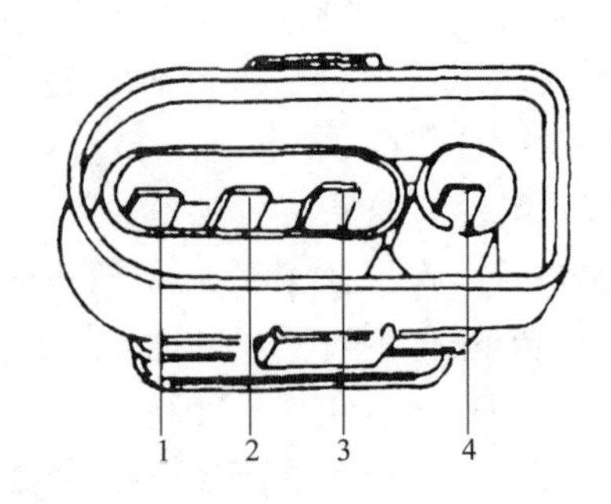

图 6-18　捷达 AT、GTX 型轿车 EGO 插头与插座

1-加热元件正极;2-加热元件负极;3-信号电压负极;4-信号电压正极

加热元件的电阻在常温条件下为 1～5Ω,温度上升很少时,阻值就会显著增大。因此,在室温下,可用万用表进行检测。检测时,拔下氧传感器线束插头,检测插头上端子“1”“2”之间的阻值,常温下为 1～5Ω。如果常温下阻值无穷大,说明加热元件断路,应更换氧传感器。

(2)检测氧传感器电压。

①检测加热元件的电压时,拔下氧传感器插头,起动发动机,检测连接器插座上端子“1”“2”之间的电压不低于 11V。如果电压为零,说明熔断器断路或燃油泵继电器触点接触不良,分别检修即可。

②检测氧传感器信号电压时,插头与插座连接,将数字式万用表连接到氧传感器端子“3”“4”连接的导线上,接通点火开关时,电压应为 0.45～0.55V;当供给发动机浓混合气(节气门踩到底)时,信号电压应为 0.7～1.0V;当供给发动机稀混合气(拔下空气流量传感器至发动机之间的真空管)时,信号电压应为 0.1～0.3V,否则说明氧传感器失效,应予以更换。

四、ECU 其他输入信号

除了前面几个传感器外,还有其他一些信号输入发动机 ECU,例如空调开关信号、起动信号、空挡起动开关信号等,这些信号都为不同的目的而设置,如信号中断,会带来相应功能的丧失,发动机自然会表现出相应的故障现象。

(一)起动信号和空挡起动开关信号

在装有自动变速器(A/T)的汽车中,ECU 利用这个信号区别变速器是处于“P”或“N”(停车或空挡),还是处于“L”“2”“D”或“R”状态(行驶状态),只有自动变速器选挡杆处于“P”位或“N”位的情况下,其空挡起动开关才闭合,起动机电路才可以接通。起动机电路接通的同时,ECU 的 STA 端子也接收到蓄电池电压,ECU 按照起动工作程序,给发动机提供特浓混合气,以确保发动机顺利起动。

发动机起动后,ECU 的 NSW 端子通过空挡起动开关向自己的 STA 端子发送信号参考电压,一旦该信号参考电压中断,则表明空挡起动开关已经断开,即自动变速器选挡杆已经换入前进挡或倒挡,ECU 会立刻提高发动机的怠速,以免换挡后因发动机负载增大而造成怠速下降。

如果自动变速器选挡杆处于非“P”位和非“N”位,则起动机电路不能接通,发动机不能起动。

(二)动力转向开关信号、空调信号

1. 动力转向开关信号

在动力转向高压回路中设置有动力转向开关,该开关的一端接 ECU,一端搭铁。一旦动力转向系统开始工作,其高压回路的压力超过设定值,该开关闭合,接 ECU 的端子被搭铁,ECU 会立即提高发动机的怠速,以免因发动机负载增大而造成怠速下降。

压力开关是一个常开型的开关,当系统压力升高到设定值时,开关闭合,电路接通,传出电位变化信号。如果发动机怠速运行且车速小于 4km/h 转向时,发动机电脑会控制提高发动机怠速,以补偿助力转向系统的动力需求。

2. 空调信号

当空调压缩机离合器通电或空调开关接通时,相应的电压信号输入 ECU,ECU 会立即提高发动机的怠速,以免因发动机负载增大而造成怠速下降。

(三)车速传感器

车速传感器信号主要用来进行强制怠速断油控制,节气门在怠速位置而车速又高时,停止喷油。车速传感器有多种形式,常见的有片簧开关式、光电效应式、磁感应式和霍尔效应式。

1. 片簧开关式

片簧开关式车速传感器安装于模拟组合仪表内,其结构原理和电路如图 6-19 所示。随车速表软轴转动的磁铁吸动片簧开关通、断变化,从而将 ECU 的 SPD 端子送来的信号参考电压,间断搭铁,形成相应的方波信号,ECU 据此可以判断车速的大小。

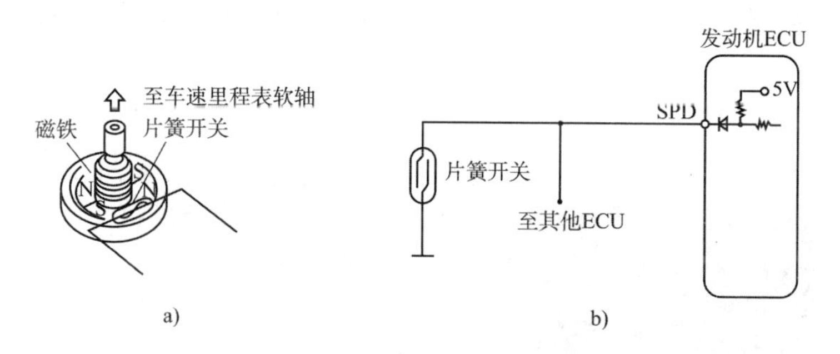

图 6-19　片簧开关式车速传感器及其电路图

a)结构原理;b)电路图

2. 光电效应式

光电效应式车速传感器安装于数字式组合仪表内,其结构和电路如图 6-20 所示。由车速表软轴驱动的、开有缝隙的信号轮装于发光元件与光敏元件之间,通过遮、放光线产生方波信号,ECU 据此即可判断车速的大小。

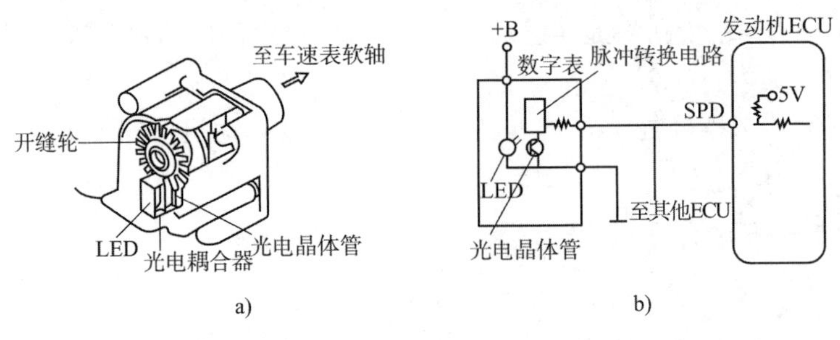

图 6-20 光电效应式车速传感器结构及其电路图

a)结构原理;b)电路图

3. 磁感应式

车速传感器安装于变速器输出轴处,随变速器输出轴转动的信号轮凸齿扫过传感器感应线圈,在感应线圈内产生交变电压信号,ECU 据此即可判断车速的大小。

4. 霍尔效应式

一汽大众轿车使用的霍尔效应式车速传感器的外形及其电路如图 6-21a)、图 6-21b)所示。

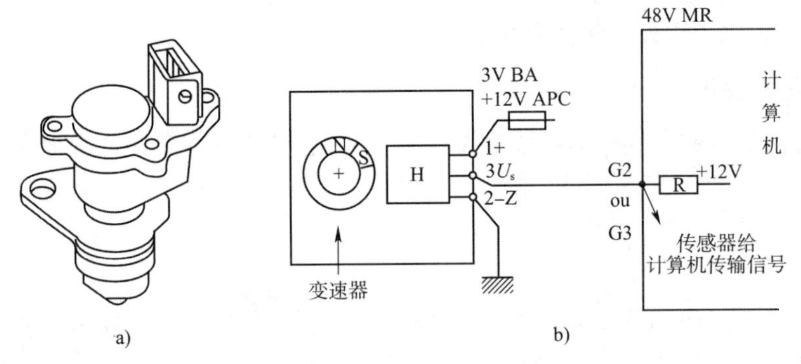

图 6-21 霍尔效应式车速传感器外形和电路图

a)外形;b)电路图

需要说明的是,有些车辆已经取消车速传感器,由 ABS/ESP 系统的轮速传感器提供车速信息。

(四)机油压力开关信号

机油压力开关装于润滑系统主油道上,当机油压力过低时,开关闭合,机油压力报警灯亮,ECU 将适当提高发动机的怠速,以利于提高机油压力,确保发动机的润滑。一汽大众轿车发动机机油压力开关如图 6-22 所示。

图 6-22 一汽大众轿车发动机机油压力开关

(五)海拔高度传感器

当海拔高度发生变化时,空气密度随之变化,对于采用体积流量型空气流量传感器的发动机而言,混合气的浓度将随之发生变化。为了消除这一影响,有些发动机电控系统设置了海拔高度传感器,其结构和工作原理与进气压力传感器相同,只是安装的位置不一样。多数汽车设置于 ECU 内部，个别汽车则单独安装于乘客舱内。

（六）EGR 气体温度传感器信号

EGR 气体温度传感器装在 EGR（废气再循环）阀上，用来检测 EGR 气体的温度，从而实现对 EGR 系统的故障监测。

废气再循环阀应该开启时，该传感器信号显示 EGR 气体的温度低于预定值，ECU 即判定 EGR 系统失灵。

需要说明的是，并非所有的汽车都装有 EGR 阀，也并非所有 EGR 阀都装有 EGR 气体温度传感器。

（七）自动跳合开关（强制降挡开关）信号

自动跳合开关装于加速踏板正下方的地板上。当把加速踏板踩到底（超过节气门全开的限度）时，该开关闭合，发动机 ECU 将增大喷油量，使发动机发出更大的功率。同时，自动变速器也由 4 挡变为 3 挡甚至 2 挡，以便利用抵挡较大的牵引力使汽车进一步提速，从而实现超车。

思考与练习

一、填空题

1. 发动机控制系统中的传感器作用是________________________。

2. 冷却液温度传感器一般安装在发动机________，用于检测发动机________的温度。

3. 进气温度感器在电控燃油喷射系统中________进气温度，并输入到________，用于修正体积型空气流量传感器由于大气温度变化带来的进气质量检测的________。

4. 进气温度传感器就是一个________系数的热敏电阻，当温度________时，电阻阻值________；温度________时，电阻阻值________。

5. ECU 利用进气温度较低时的信号还可以适当________喷油量，以确保发动机能够稳定________，特别是________时。

6. 氧化钛式氧传感器的外形与氧化锆式的相似，主要由二氧化钛________、加热元件和________等组成。

7. 在氧化钛式氧传感器的电极引线与护套之间设置有________，以防止水汽浸入传感器内部而________电极。

8. 点火开关置于________时，只有自动变速器选挡杆处于________或________的情况下，其空挡起动开关才闭合，________电路才可以接通。

二、选择题

1. 冷却液温度传感器信号不但能够影响发动机工作性能，而且还能够影响（　　）等的正常工作。

A. 自动变速器　　B. 汽车空调　　C. 灯光仪表　　D. ABS

2. 以下哪种故障现象可能与冷却液温度传感器信号关系不大？（　　）

A. 起动困难　　B. 油耗过大　　C. 动力不足　　D. 怠速不稳

3. 如果 ECU 检测到冷却液温度或进气温度传感器的信号电压接近 5V，则说明传感器或基电路发生了(　　)故障。

A. 断路　　B. 短路　　C. 接触不良　　D. 元件老化

4. 对于负温度系数的热敏电阻式冷却液温度传感器来说,水温越高,其信号电压(　　)。

A. 越高　　B. 越低

5. 混合气偏浓时,氧传感器输出电压为(　　)V。

A. 0.9　　B. 0.1

三、判断题

1. 冷却液温度传感器发生故障时,只会影响发动机的运转,对自动变速器、空调等工作不会产生影响。(　　)

2. 冷却液温度传感器由发动机ECU提供5V的工作电压,因此工作时的信号电压始终为5V。(　　)

3. 负温度系数热敏电阻的阻值随温度的升高而增大。(　　)

4. 氧传感器是实施喷油量"闭环调节"的专用传感器,其信号不会影响点火正时。(　　)

5. 有些汽车采用主、副两个氧传感器,其副氧传感器为后备氧传感器,目的是提高发动机的工作可靠性。(　　)

6. 自动变速器选挡杆处于"P"位或"N"位时发动机才能起动。(　　)

7. 动力转向开关主要用于调整发动机的怠速。(　　)

8. 发动机ECU接收不到A/C信号,空调压缩机离合器将不能结合。(　　)

9. 装有氧传感器的汽车禁止使用含铅汽油。(　　)

10. 负温度系数热敏电阻的阻值随温度的升高而减小。(　　)

四、简答题

1. 简述冷却液温度传感器的作用和工作性能。

2. 简述二氧化锆式氧传感器的结构及工作原理。

3. 简述前、后氧传感器的功用。

4. 简述三元催化器的功用。

项目七 燃油喷射系统执行器检修

学习目标

完成本项目学习后,你应能:

1. 了解发动机燃油喷射系统执行器的种类;
2. 准确描述电动燃油泵的结构类型、位置、作用及其控制电路;
3. 准确描述喷油器的结构类型、位置、作用及其控制电路;
4. 熟悉电动燃油泵、喷油器的结构及工作原理。

建议学时

6 学时。

发动机计算机控制系统的各种控制功能的实现,都是借助于各自的执行器来完成的。因此,根据发动机计算机控制系统具备的控制功能强弱不同,各种车型上控制发动机的执行器亦有多少。一般来讲,主要的执行器有电动燃油泵、电磁喷油器等。本项目介绍燃油喷射系统的电动燃油泵、喷油器的作用、结构、位置、控制电路及检修方法。

一、电动燃油泵

(一)电动燃油泵的作用及组成

1. 电动燃油泵的作用

电动燃油泵将燃油从油箱中吸出,供给燃油系统足够的具有规定压力的燃油。电控燃油喷射系统压力一般为多点喷射:0.25~0.35MPa;单点喷射:0.1MPa。电动燃油泵的安装位置主要有两种,即安装在供油管路中和安装在燃油箱内,后者应用非常广泛。电动燃油泵通常用固定在油箱上的油泵支架垂直地悬挂在油箱内,如图 7-1 所示。

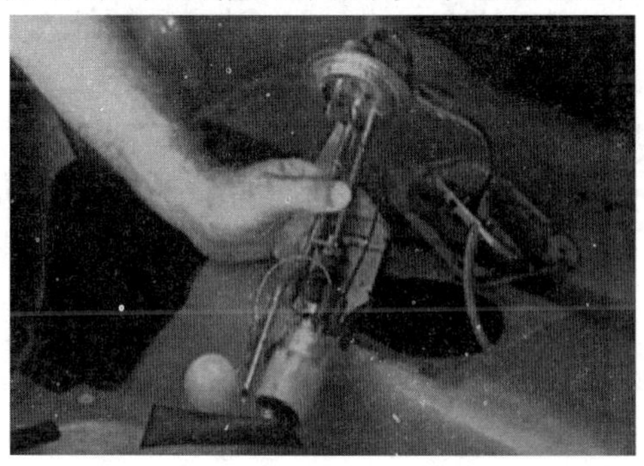

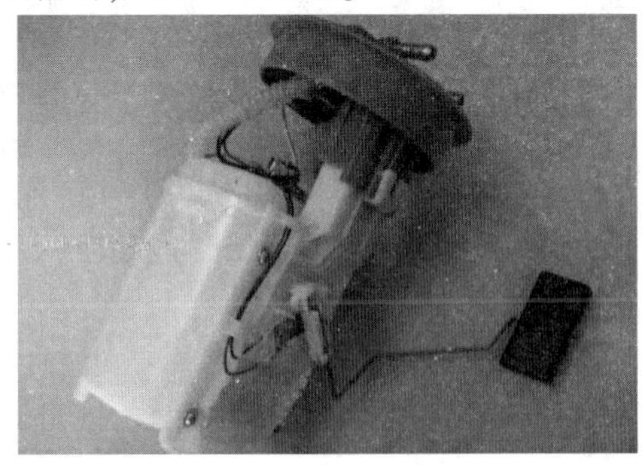

图 7-1 电动燃油泵

2. 电动燃油泵的组成

电动燃油泵主要由泵体、永磁式直流电动机和壳体三部分组成。另外还装有安全阀和单向阀,如图 7-2 所示。

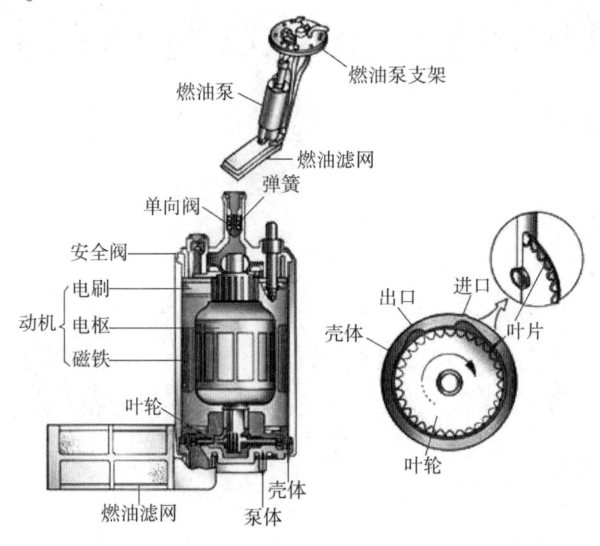

图 7-2　电动燃油泵的结构

安全阀也称为限压阀(或溢流阀),主要由阀座、密封钢球及弹簧等组成。

单向阀安装在电动燃油泵的出油口处。泵体是电动燃油泵的主体,根据其结构的不同可分为滚柱式、涡轮式、齿轮式等。

(二)电动燃油泵的类型及特点

1. 滚柱式电动燃油泵

滚柱式电动燃油泵由壳体、圆柱形滚柱和转子等组成,如图 7-3 所示。5 个滚柱在转子的槽内可径向滑动,转子与壳体存在一定的偏心。转子在直流电动机的驱动下旋转,在离心力的作用下,滚柱紧压在泵体的内圆表面上,形成 5 个相对独立的密封腔。旋转时,每个密封腔的容积不断发生变化。在进油口时,容积增大,形成一定的真空,将经过过滤的燃油吸入泵内;在出油口处,容积变小,压力升高,燃油穿过直流电动机推开单向阀输出。

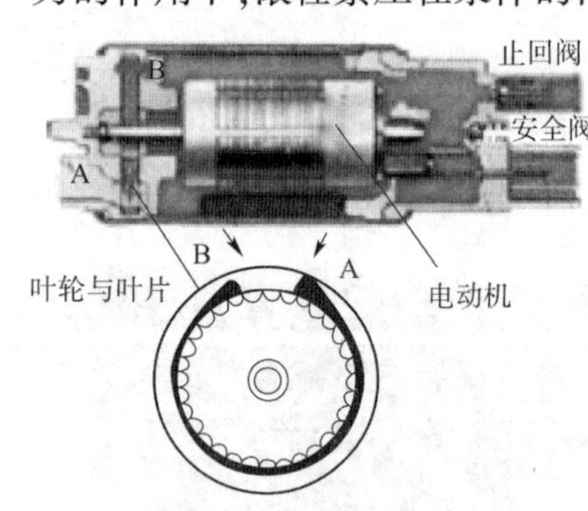

图 7-3　滚柱式电动燃油泵

当输油管路发生堵塞或燃油滤清器堵塞时,燃油压力超过规定值,限压阀打开,燃油流回进油侧。

发动机熄火后,单向阀关闭,避免输油管路中的燃油倒流,保持油路中有一定的残余压力,以便于发动机再起动。

2. 涡轮式电动燃油泵

涡轮式电动燃油泵由涡轮、壳体和泵盖等组成。涡轮由电动机驱动,在离心力的作用下,涡轮紧贴壳体,将燃油经窄小缝隙由进油侧驱至出油侧从而加压,燃油通过电动机的内部起到冷却电动机的作用,如图 7-4 所示。

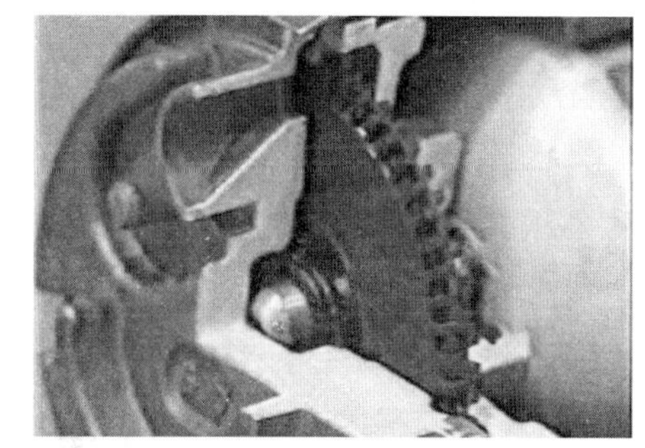

图 7-4 涡轮式电动燃油泵

3. 双级电动燃油泵

由于燃油极易挥发,加上泵工作时温度升高和吸油时产生局部真空,使燃油汽化,泵油量减少,导致输出油压波动。因此,在现代汽车上广泛采用双级电动燃油泵,即由两个电动燃油泵串联,使供油能力提高,如图 7-5 所示。

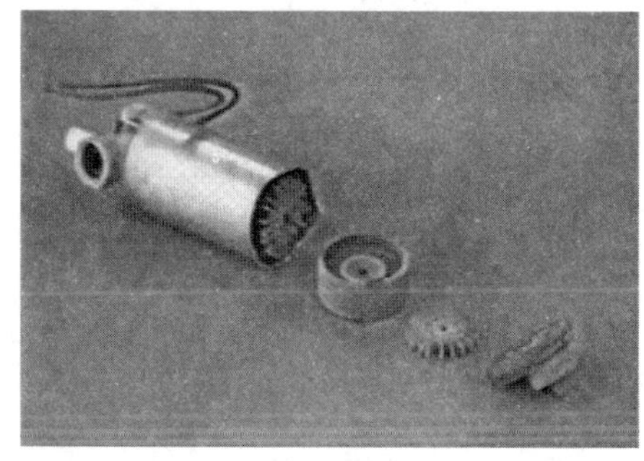
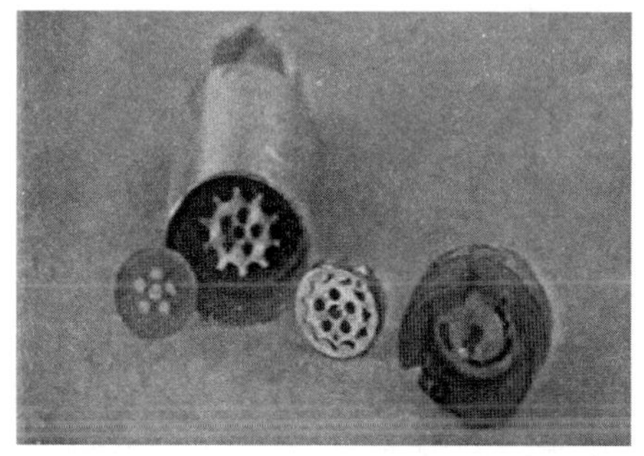

图 7-5 双级电动燃油泵

(三)燃油泵控制电路

采用 ECU 控制的油泵控制电路,如图 7-6 所示。

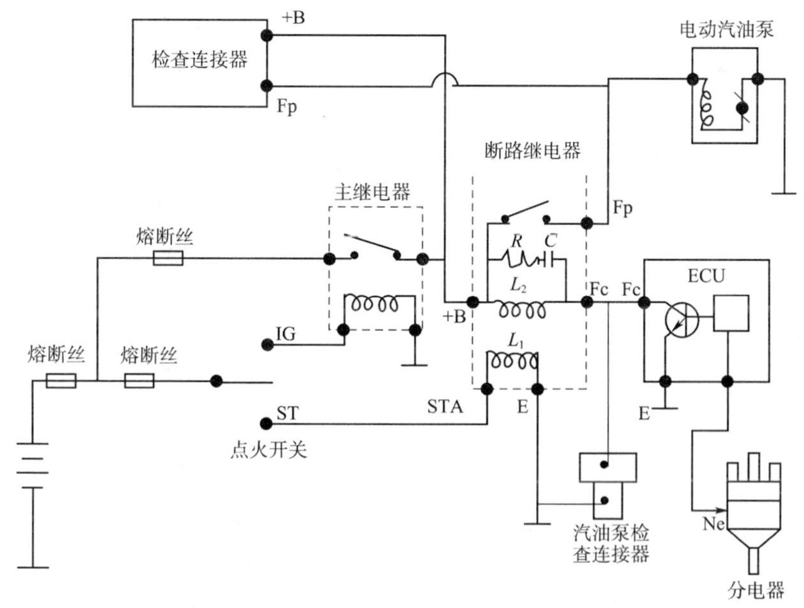

图 7-6 采用 ECU 控制的油泵控制电路

电路分析：

(1)当汽车起动时,电路如图 7-7 所示。

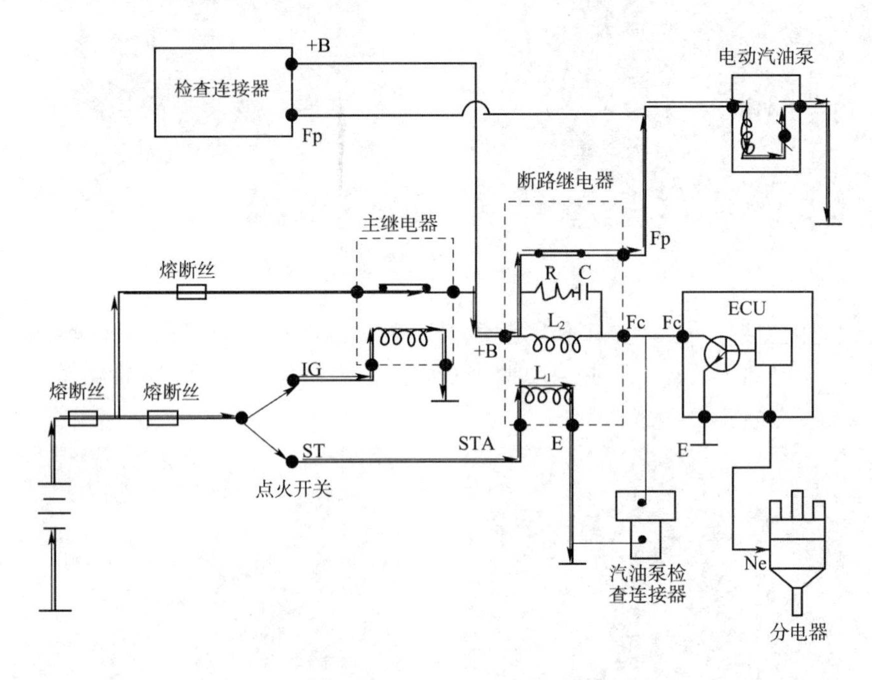

图 7-7　汽车起动时的燃油泵控制电路

(2)当汽车运转时,电路如图 7-8 所示。

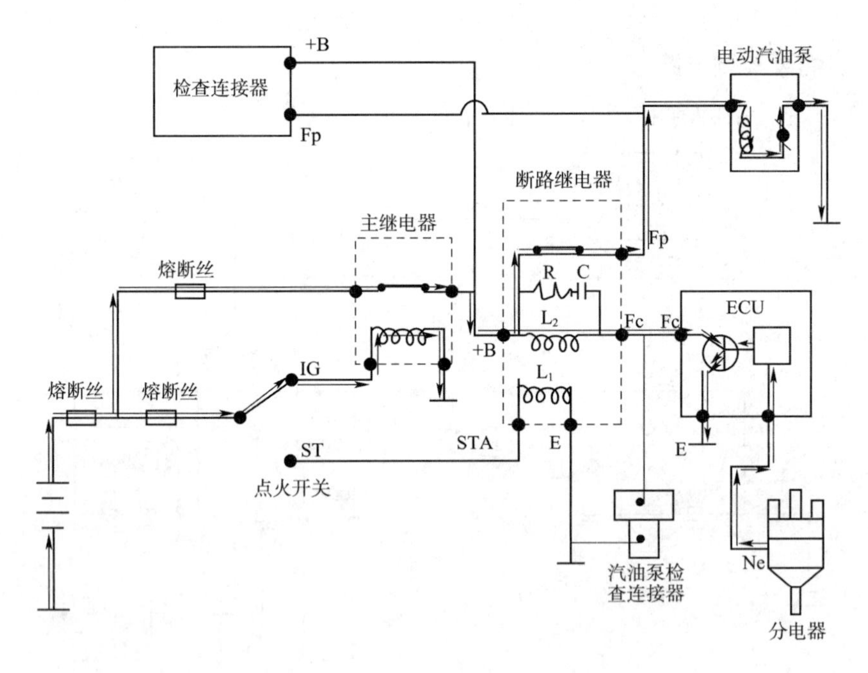

图 7-8　汽车运转时的燃油泵控制电路

(3)发动机低转速、小负荷时,油泵低速运转(B 闭合),如图 7-9 所示。

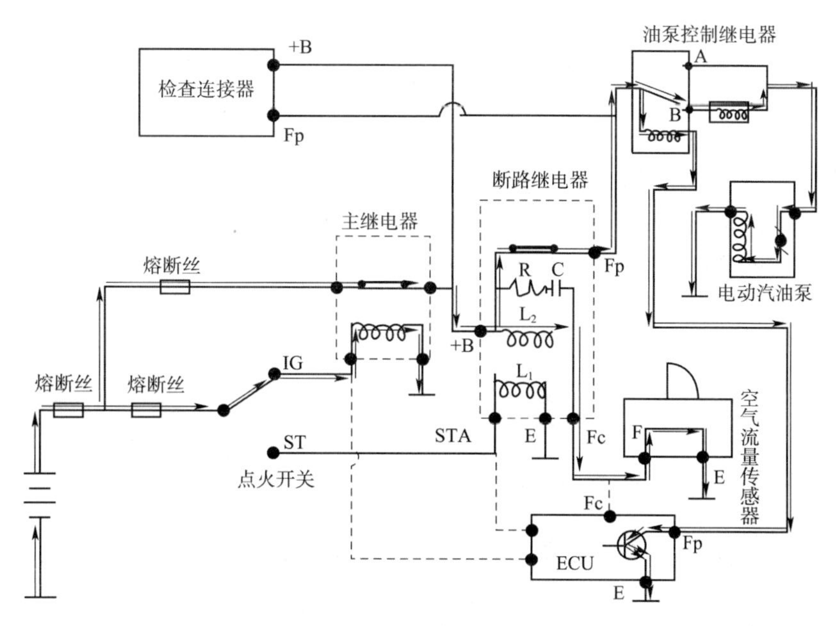

图 7-9 发动机低转速、小负荷时燃油泵控制电路

(4)发动机高转速、大负荷时,油泵高速运转(A 闭合),如图 7-10 所示。

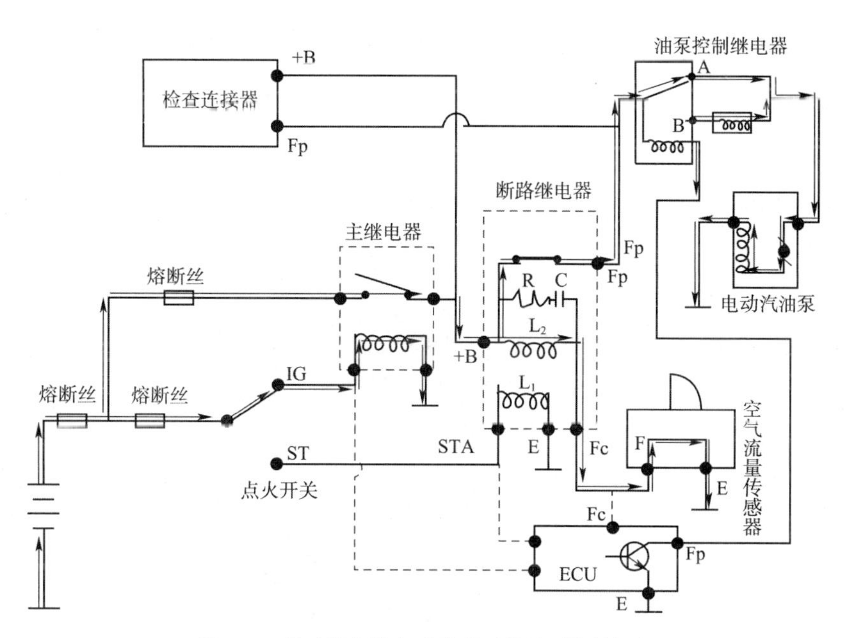

图 7-10 发动机高转速、大负荷时燃油泵控制电路

(四)电动燃油泵的检测

电动燃油泵不工作或工作不良是造成发动机不能起动或起动后随即熄火、运行不良的常见原因。

电动燃油泵最常见的故障是控制电路损坏、电动机故障、泵内阀泄漏,油泵磨损而使泵油压力不足也偶有发生。

1. 油泵工作与否的判断

(1)耳听:细听有无电动燃油泵运转的声音(若听不清,也可打开油箱盖)。

(2)手试:试查进油软管有无压力或看油管是否有油喷出。

2. 检查燃油泵的运转情况

(1)燃油压力的检查,接上燃油压力表,将出油口塞住。

最大压力:打开点火开关,将诊断器中的 Fp 端子和 +B 端子短接 10s 左右;燃油压力应比发动机运转时高 200~300kPa,达 490~640kPa。

保持油压:关闭点火开关 5min 后,油压值应大于 340kPa。

(2)供油量的检查。

捷达轿车,30s,供油量应为 0.49~0.67L。

3. 检查燃油泵线圈的电阻

测量诊断器的 Fp 端子与 E_1 之间的电阻,应为 0.5~3Ω,否则更换燃油泵。

4. 控制电路的检查

用一导线将燃油泵检查插头 +B 与 Fp 短接,接通点火开关,听燃油泵是否工作。

若燃油泵工作,可判定为断路继电器至 ECU(或油泵开关)之间线路有故障,或电喷 ECU 与燃油泵控制 ECU 间有故障;也可能是转速信号不正常,应检查转速传感器及线路。

若燃油泵仍不工作,可用万用表依次测量检查插孔 Fp 及 +B 的对地电压,正常应为蓄电池电压,否则可判定为燃油泵电源电路(或继电器)有故障,或电动燃油泵故障。

二、电磁式喷油器

电磁式喷油器的作用是在 ECU 的控制下,把雾化良好的燃油喷入进气管或进气道。对于电控多点燃油喷射系统和单点燃油喷射系统,由于喷射位置和要求的不同,喷油器的结构存在一些差异。

(一)喷油器的类型

(1)按喷油器安装方式分类,分为多点喷射喷油器和单点喷射喷油器。多点喷射喷油器又分为轴针式、球阀式和片阀式。单点喷射喷油器又分为轴针式和球阀式。它们的结构如图 7-11、图 7-12、图 7-13 所示。

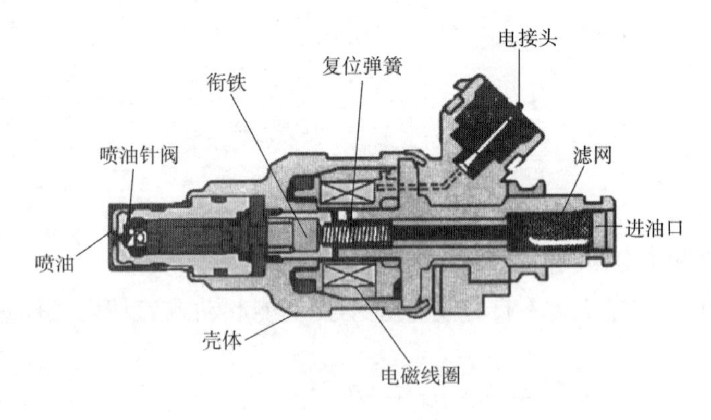

图 7-11　轴针式喷油器结构

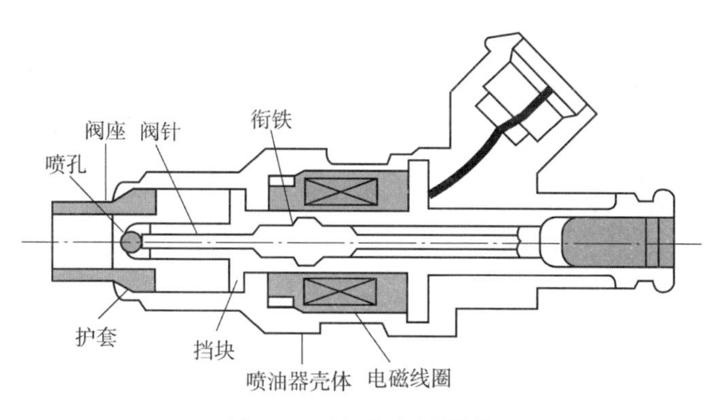

图 7-12 球阀式喷油器结构

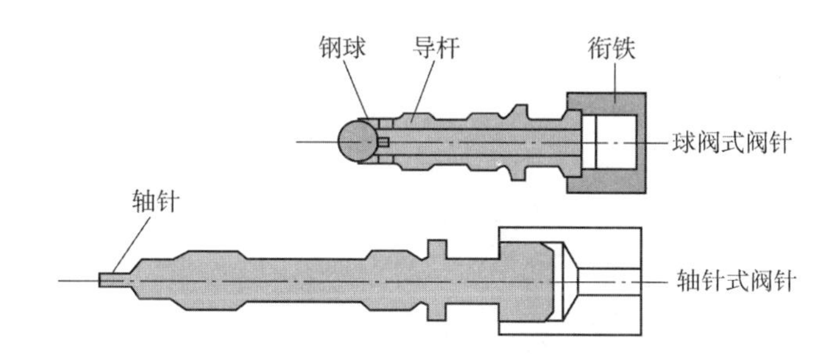

图 7-13 同等级的球阀式阀针与轴针式阀针的比较

多点喷射系统装有与发动机汽缸数相等的喷油器,喷油器在 ECU 的控制下形成多点喷射。按喷射位置不同,又可分为缸内喷射(直接喷射到汽缸内)和进气管喷射(直接喷射到进气管内)。

单点喷射系统是在节气门体(进气总管处)上设置一只或两只喷油器,对发动机所有各缸集中喷射供油(又称节气门体集中喷射系统),喷射出的燃油再经各进气歧管分配到各个汽缸。

对于单点喷射系统,采用逐缸脉冲式喷油方式。喷射开始时间由曲轴位置传感器向 ECU 提供电信号,由 ECU 发出指令开始喷射。喷射脉冲宽度由进入发动机的空气量和曲轴转速两个主要参数决定,再根据发动机的其他工况参数进行修正。

(2)按喷油器电磁线圈的电阻值,可分为低电阻喷油器(电磁线圈电阻为 2～3Ω)和高电阻喷油器(电磁线圈电阻为 12～17Ω)。

(二)喷油器的工作原理

喷油器体内有一个电磁线圈,喷油器头部的针阀与衔铁结合成一体。电控单元以电脉冲的形式向喷油器输出控制电流。当电控单元送来电流信号时,电磁线圈通电,产生电磁力,吸起铁芯与针阀,将燃油通过精确设计的轴针头部环形间隙喷出,如图 7-14 所示。

(三)喷油器的安装位置

捷达轿车喷油器的安装位置如图 7-15 所示。

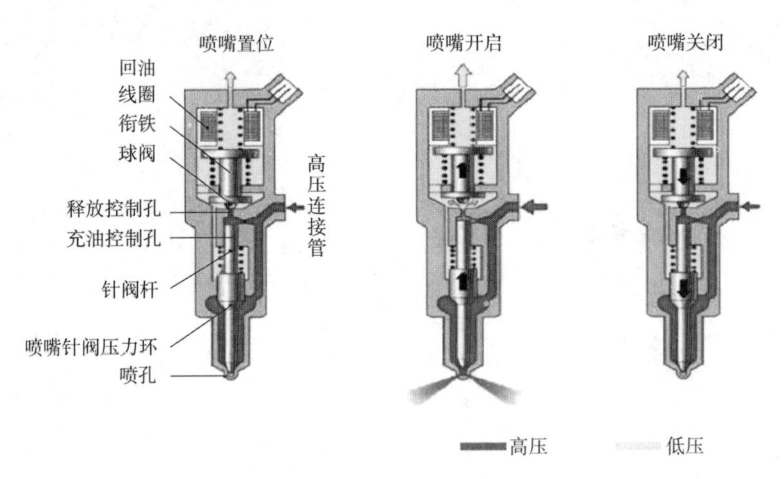

图 7-14　喷油器工作原理图

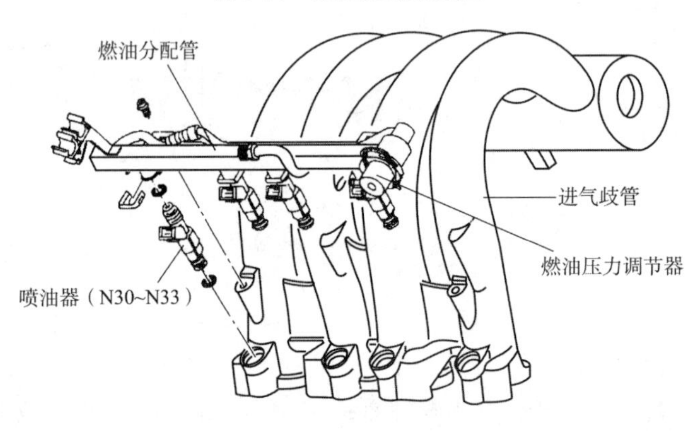

图 7-15　捷达轿车喷油器安装位置

(四)喷油器电路

一汽大众捷达轿车喷油器的连接电路如图 7-16 所示。

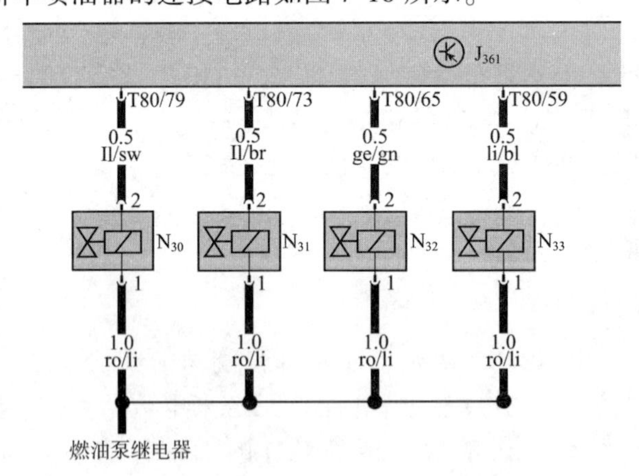

图 7-16　一汽大众捷达轿车喷油器电路图

J_{361}-发动机控制单元;N_{30}-汽缸 1 喷油器;N_{31}-汽缸 2 喷油器 ;N_{32}-汽缸 3 喷油器;N_{33}-汽缸 4 喷油器

J_{361}控制 4 个喷油器顺序开启(与点火顺序相对应:1-3-4-2)。喷油器的供电来自燃油泵继电器，当 J_{361} 接通喷油器的搭铁线后，喷油器开启喷油。喷油量只取决于 J_{361} 控制的喷油器开启时间的长短。

(五)喷油器的检修

当喷油器发生堵塞、滴漏等故障时，发动机 ECU 检测不到，使用故障阅读仪也读取不到喷油器的故障信息。检修喷油器可以检测其电阻和电压进行判断。

1. 检测电磁喷油器的电阻

用万用表 OHM $\times 200\Omega$ 或 $R \times 1\Omega$ 挡检测喷油器电磁线圈的阻值。检测时，拔下每只喷油器上的两端子线束插头，检测喷油器插座上两端子之间的电磁线圈标准阻值，捷达轿车为 $13 \sim 18\Omega$。如阻值为无穷大，说明电磁线圈断路，应更换喷油器。

2. 检测电磁喷油器的电压

喷油器电源电压可用数字式或指针式万用表检测。检测时，分别拔下各喷油器上的两端子插头，接通点火开关，发动机不起动，检测插头上两个端子与发动机缸体间的电压，高电平应为 12V 以上(喷油器电源电压为整车电源电压)，低电平为零。如电压均为零，说明电源电路不通，应检修燃油泵继电器和燃油喷射熔断器。

3. 检测电磁喷油器的控制脉冲

检测喷油器喷油脉冲电压时，分别拔下喷油器线束插头，并在该插头的两个端子之间串接两只发光二极管(两只二极管并联，且一只的正极接另一只的负极)和一只 510Ω/0.25W 电阻(电阻与二极管串联)组成的调节器。起动发动机时，发光二极管应当闪烁。如二极管不闪烁或不发光，说明喷油器电源线路、燃油泵继电器或控制 ECU 故障，必要时更换 ECU。

思考与练习

一、填空题

1. 电动燃油泵的作用是将________从油箱中吸出，供给燃油系统________的具有规定________的燃油。

2. 电磁式喷油器的作用是在________下，把雾化良好的________喷入进气管或进气道。

3. 电动燃油泵的安装位置主要有两种，即安装在________和安装在________。

4. 电动燃油泵主要由________、________、________三部分组成。

5. 电动燃油泵最常见的故障是________、________、________，油泵磨损也偶有发生。

6. 电动燃油泵根据其结构的不同，又可分为________式、________式、________式等形式。

7. 按喷油器电磁线圈的电阻值，可分为________喷油器和________喷油器。

8. 涡轮式电动燃油泵由________、________、________等组成。

二、判断题

1. 当输油管路发生堵塞时，燃油压力超过规定值，限压阀打开，燃油流回出/进油侧。　(　　)

2. 发动机熄火后，单向阀关闭，避免输油管路中的燃油倒流。　(　　)

3. 现代汽车上采用双级电动燃油泵，即由两个电动燃油泵并联，使供油能力提高。　(　　)

4. 电动燃油泵不工作或工作不良是造成发动机不能起动或起动后随即熄火、运行不良的常见原因。 (　　)

5. 现代发动机一般采用多点缸外顺序喷射系统。 (　　)

6. 当喷油器发生堵塞、滴漏等故障时,发动机 ECU 也能检测到这些故障。 (　　)

7. 可以使用发光二极管检测喷油器喷油脉冲电压。 (　　)

三、简答题

1. 简述滚柱式电动燃油泵的工作过程。

2. 简述喷油器的工作原理。

项目八　电子点火系统检修

学习目标

完成本项目学习后，你应能：

1. 准确描述出电子点火系统的类型和组成；
2. 叙述计算机控制点火系统的组成、分类和控制内容；
3. 会分析一汽大众捷达 CIX 轿车电子点火系统原理图；
4. 会分析一汽大众高尔夫 6 轿车电子点火系统原理图；
5. 叙述一汽大众高尔夫 6 轿车点火线圈的拆装；
6. 对一汽大众捷达 CIX 和高尔夫 6 轿车电子点火系统进行检测。

建议学时

6 学时。

电子技术的应用已经深入到汽车的所有系统，使汽车的技术性能、经济性和舒适性都有了很大提高，而电子点火系统的应用能更好地提高汽车的动力性、燃油经济性、降低废气排放。本项目介绍了现代电子点火系统的分类、构造、工作原理，系统分析了电子点火系统的常见故障，并结合实际分析了典型故障产生的原因，给出了具体的故障排除方法。

一、电子点火系统的基本组成

电子点火系统又称为半导体点火系统或晶体管点火系统，它主要由点火电子组件、分电器及位于分电器内的点火信号发生器、点火线圈、火花塞等组成，如图 8-1 所示。

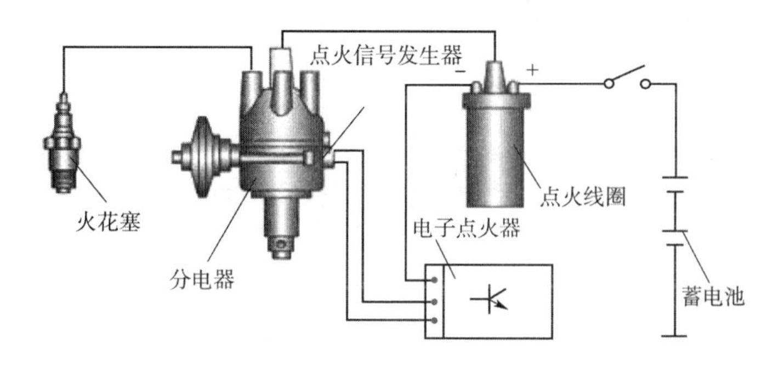

图 8-1　电子点火系统结构

点火电子组件也称电子点火器(简称点火器),它是由半导体元器件(如三极管、可控硅等)组成的电子开关电路,其主要作用是根据点火信号发生器产生的点火脉冲信号,接通和断开点火线圈初级电路,起着与传统点火系统中断电器触点同样的作用。

点火信号发生器装在分电器内,它可根据各缸的点火时刻产生相应的点火脉冲信号,控制点火器接通和断开点火线圈初级电路的具体时刻。

二、电子点火系统的工作原理和分类

电子点火系统与传统点火系统一样均采用点火线圈储能和升压。它是利用互感原理,先由点火线圈将低压电源转化为高压电源,然后再由配电器分配给各缸火花塞,其工作原理如图 8-2 所示。

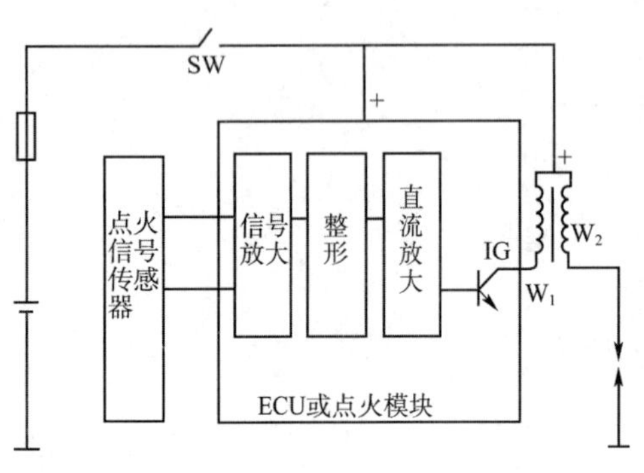

图 8-2 电子点火系统工作原理图

信号发生器的转子在配气凸轮的驱动下旋转,信号发生器内部就会产生信号电压,并输入点火控制器控制大功率三极管导通和截止。

当 SW 接通,VT 导通时,有初级电流流过;当三极管 VT 截止时,初级电流突然被切断,铁芯中的磁通量迅速变化,在初级绕组 W_1 和次级绕组 W_2 中都会感应产生电动势。由于次级绕组匝数多,因此,能够感应产生足够击穿火花塞间隙的高压电,一般可达 20000 ~ 25000V。

发动机工作时,信号发生器转子在发动机凸轮轴的驱动下连续旋转,并不断产生点火信号控制三极管的导通与截止,点火线圈就不断产生高压电并由配电器按点火顺序分配到各缸火花塞产生电火花点燃混合气,保证发动机正常工作。

由于发动机点火时刻和初级线圈电流的不同控制方法,产生了不同的点火系统。按电子点火系统的不同发展阶段可分为无触点电子点火系统和计算机控制电子点火系统。无触点电子点火系统中,按点火信号发生器产生点火信号原理的不同,可分为以下几种形式:磁感应式(磁脉冲式)、霍尔效应式和光电式。由于电子技术的不断提高和 ECU 的应用,现在轿车多采用计算机控制电子点火系统。本项目重点介绍计算机控制点火系统。

三、计算机控制电子点火系统及检测

机械式点火提前装置不能保证点火时刻处于最佳值,因此,逐渐被计算机控制的电子点火装置而取代。计算机控制电子点火系统按照是否保留分电器(实质上是配电器)分为有分电器式和无分电器式两种。

(一)计算机控制点火系统的组成

计算机控制的电子点火系统主要由与点火有关的各种传感器、电子控制单元(电子控制器)(ECU)、点火器、点火线圈、配电器、火花塞等组成,如图 8-3 所示。

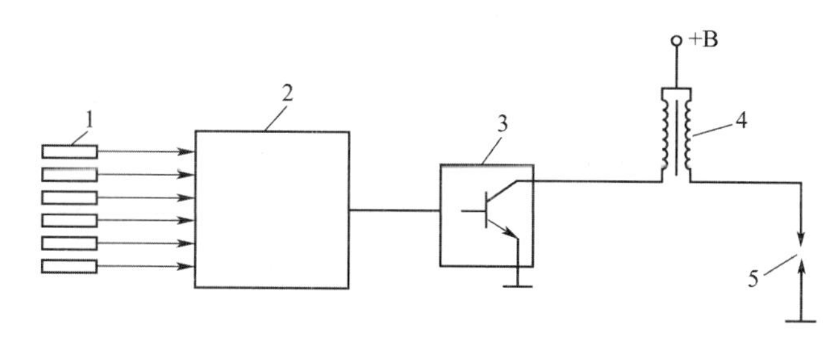

图 8-3　计算机控制的电子点火系统组成

1-各种传感器;2-ECU;3-点火器;4-点火线圈;5-火花塞

1. 传感器

传感器用来不断地检测与点火有关的发动机工作状况信息,并将检测结果输入电子控制器,作为运算和控制点火时刻的依据。各车型使用的传感器类型、数量、结构及安装位置不同,但其作用大同小异。计算机控制的电子点火系统中所用的传感器主要有以下几种:

(1)曲轴位置传感器:检测两个信号。

①曲轴转角(或发动机转速):检测发动机转速信号。

②曲轴基准位置(点火基准传感器,活塞上止点位置):检测基准缸活塞上止点位置信号(凸轮轴位置传感器)。

(2)空气流量传感器(进气管负压传感器):检测进气量信号。

(3)冷却液温度传感器:检测水温信号。

(4)氧传感器:检测空燃比浓稀信号。

(5)节气门位置传感器:检测节气门的开度和加速信号。

(6)车速传感器:检测车速信号。

(7)空挡开关:检测变速器空挡信号。

(8)点火开关:检测点火状态还是起动状态信号。

(9)空调开关:检测空调是开还是关信号。

(10)蓄电池:检测电池电压信号。

(11)进气温度传感器:检测进气温度信号。

(12)爆震传感器:检测爆震信号。

2. 电子控制单元(ECU)

控制电脑一般被称为ECU,英文为(Electronic Control Unit)。它是点火控制系统和喷油控制系统的中枢,作用是接收上述各有关传感器信号,并按照特定的程序进行判断、运算后,给点火电子组件输出最佳点火提前角和初级电路导通时间的控制信号。在现代发动机集中控制系统中,点火系统仅是电子控制器的一个子系统。

电子控制器(ECU 电脑板)主要有中央处理器(CPU)、存储器(RAM、ROM)、输入/输出接口(I/O)、总线及电源供给电路等部分组成,如图 8-4 所示。

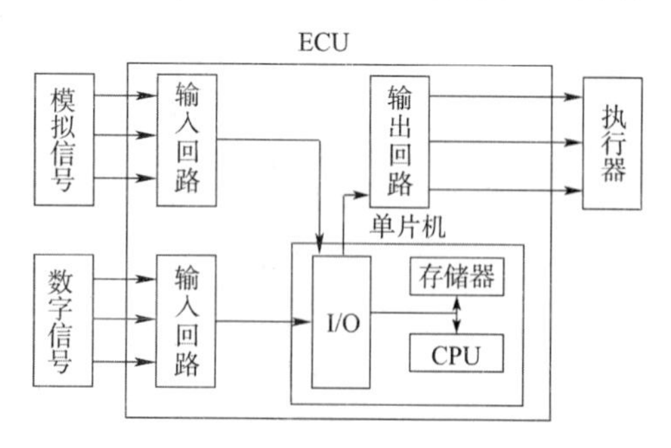

图 8-4　电子控制单元(ECU)的组成

3. 点火器

点火器是综合控制的执行器之一,点火器的作用是根据 ECU 的指令,通过内部的大功率三极管的导通和截止,控制初级电流的通断,完成点火工作。

各种发动机的点火器结构各不相同,有的点火器除接通、切断初级电路的功能外,还有恒流控制、闭合角控制、汽缸判别、点火监视等功能。也有的发动机不设点火器,控制初级电路的大功率三极管设在控制器(ECU)内部。

4. 点火线圈

与计算机控制电子点火系统所匹配的点火线圈为专用高能点火线圈,一般采用闭磁路,能量损失小,对外电磁干扰小。

5. 分电器

计算机控制点火系统的分电器结构随发动机型号的不同有较大差异,由配电器和凸轮轴位置传感器组成。现在,不少汽车发动机取消了分电器,称无分电器计算机控制点火系统。

(二)计算机控制点火系统的控制内容

1. 点火提前角的控制

实际点火提前角 = 初始点火提前角 + 基本点火提前角 + 修正点火提前角,如图 8-5 所示。

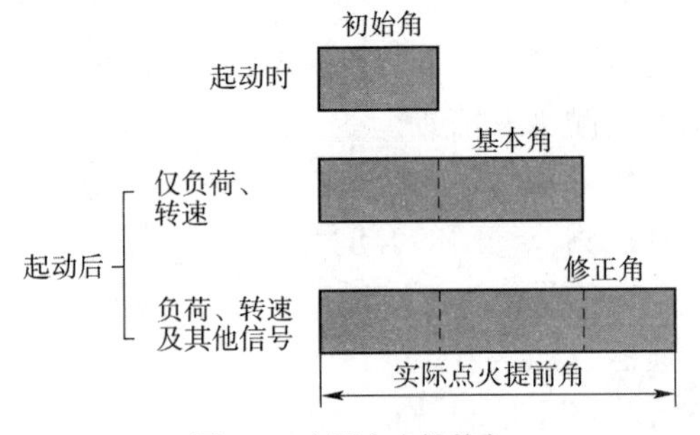

图 8-5 实际点火提前角

2. 通电时间的控制

为了防止初级电流过大烧坏点火线圈,在点火控制电路中,必须控制一个最佳通电时间,保证在任何转速下初级电流都能达到规定值 7A。这样既能改善点火性能,又能防止初级电流过大而烧坏点火线圈,如图 8-6 所示。

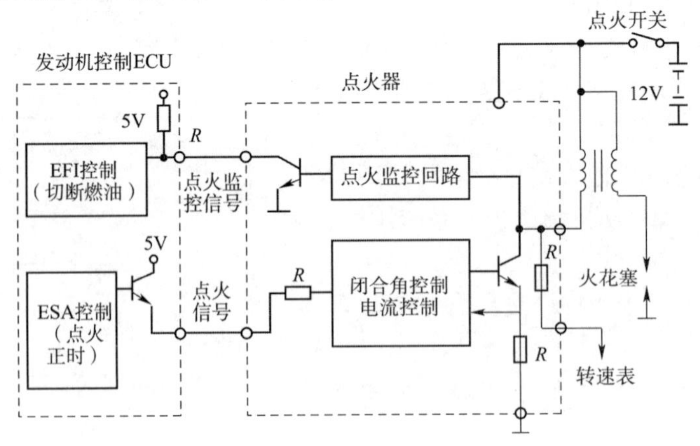

图 8-6 通电时间控制原理框图

3. 爆燃控制

有爆燃时，则逐渐减小点火提前角（推迟点火），直到爆燃消失为止。无爆燃时，则逐渐增大点火提前角（提前点火）。当再次出现爆燃时，ECU 又开始逐渐减小点火提前角。爆燃控制过程就是对点火提前角进行反复调整的过程，如图 8-7 所示。

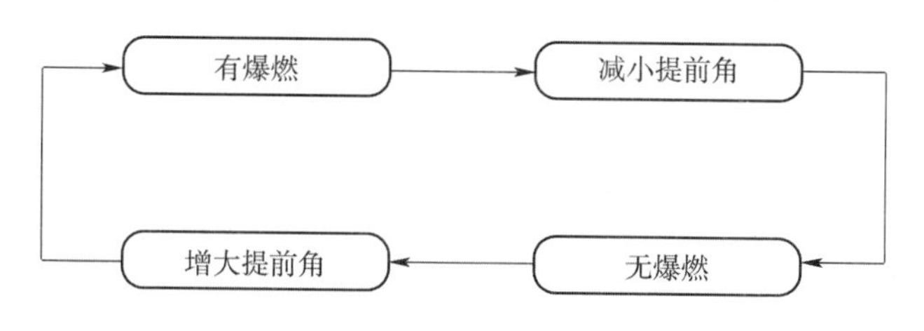

图 8-7　爆燃控制过程

（三）计算机控制点火系统的分类

计算机控制点火系统，按照是否保留传统的分电器（实质上指配电器），可分为两大类：有分电器点火系统和无分电器点火系统。

1. 有分电器点火系统（非直接点火系统）

仍保留分电器的计算机控制点火系统称为非直接点火系统。

该系统中，点火线圈的高压电是经配电器进行分配的，即由分火头和分电器盖组成的配电器，依照点火顺序适时地将高压电分配至各汽缸，使各缸火花塞依次点火。

2. 无分电器点火系统（直接点火系统）

该系统中点火线圈上的高压线直接与火花塞相连，工作时，点火线圈产生的高压电直接送到各火花塞、由计算机根据各传感器输入的信息，依照发动机的点火顺序，适时地控制各缸火花塞点火。

无分电器点火系统按照目前常见的形式大致可分为两种类型：同时点火方式点火系统和单独点火方式点火系统。

（1）同时点火方式如图 8-8 所示。

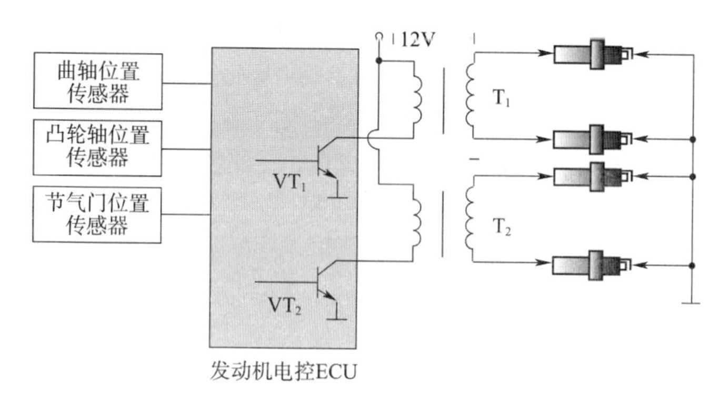

图 8-8　两缸同时点火方式

在一汽大众捷达 CIX 轿车上使用的电子点火系统就属于两缸同时点火方式，捷达轿车的电子点火系统电路图，如图 8-9 所示。

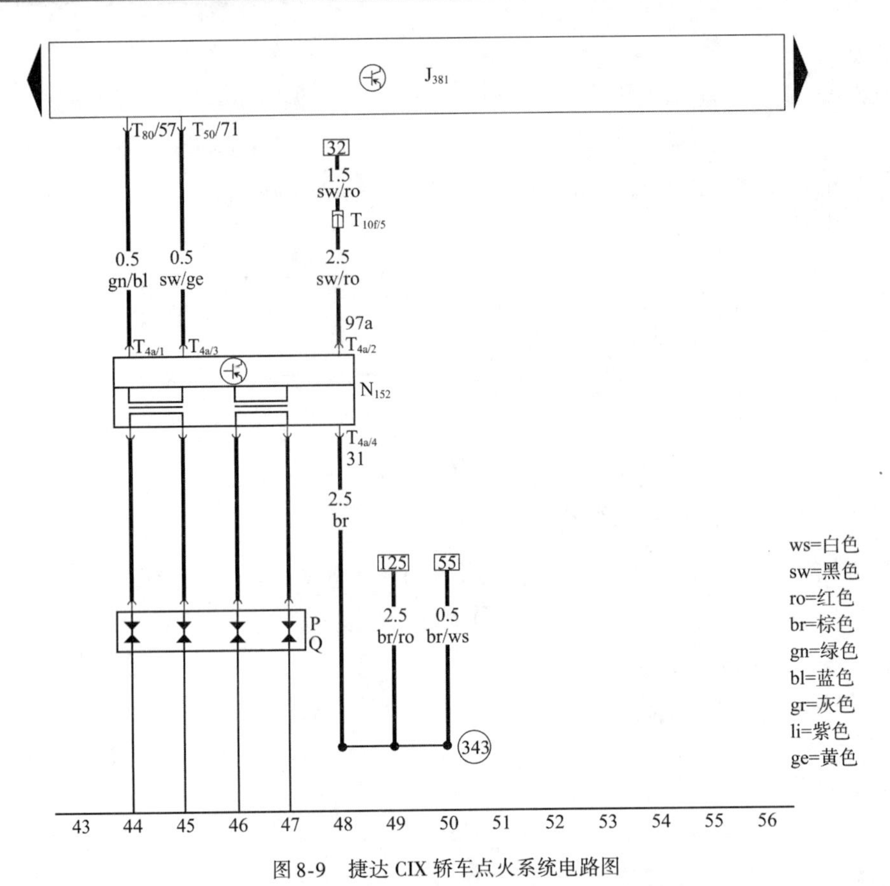

图 8-9　捷达 CIX 轿车点火系统电路图

J_{381}-发动机控制单元；N_{152}-点火线圈；P-火花塞插头；Q-火花塞；T_{4a}-4 芯黑色插头连接；T_{10f}-10 芯灰色插头连接；T_{80}-80 芯黑色插头连接

①工作原理分析。

捷达 CIX 轿车为 4 缸发动机电控双缸同时点火系统，当接通点火开关后，电源通过主继电器向点火线圈 N_{152} 初级绕组和点火控制器供电，发动机控制单元 J_{361} 根据点火要求控制点火线圈初级绕组中的电流的通断。按照发动机的点火顺序：1-3-4-2，当 1 缸或者 4 缸点火时，发动机控制单元 J_{361} 控制 1 缸和 4 缸对应的初级绕组，1 缸和 4 缸对应的次级绕组中感应出 20000V 的高压电，此高压电同时击穿 1 缸、4 缸的火花塞电极间的气体，产生高压火花，火花塞跳火，此时火线圈 N_{152} 与 1 缸、4 缸火花塞构成回路，形成的电流为次级绕组→点火高压线→火花塞插头 P→1 缸火花塞 Q→搭铁→4 缸火花塞 Q→火花塞插头 P→点火高压线→次级绕组。对于 1 缸和 4 缸，处于排气行程末期的汽缸由于汽缸内的废气压力低，接近大气压力，电离程度高，火花塞电极间气体的电阻少，击穿火花塞电极间的气体放电较为容易，火花塞容易跳火，能量损失较少，约占总能量的 10%。同时由于该缸内此时没有可燃混合气，所以该缸的点火不会产生气体的爆炸做功，是无效点火。而处于压缩行程末期的汽缸内的气体压力很高，气体分子密度大，电离程度低，火花塞电极间气体的电阻大，击穿火花塞电极间的气体放电较为困难，必须有足够的点火电压，点火所需要的能量也较大，约占总能量的 90%，同时由于该缸内此时已有足够的可燃混合气，具备气体爆炸做功的条件，所以该缸的点火为有效点火。所以在两缸同时点火的过程中，实际加在压缩行程汽缸火花塞的电压远高于加在排气行程汽缸火花塞的电压，保证了压缩行程汽缸火花塞的正常有效跳火，而排气行程的火花塞的火花只是一次电压较低的、能量较少的无效火花，不会造成大的能量损失。2缸和3缸也一样。

②捷达CIX轿车的点火线圈结构如图8-10所示，安装位置如图8-11所示。

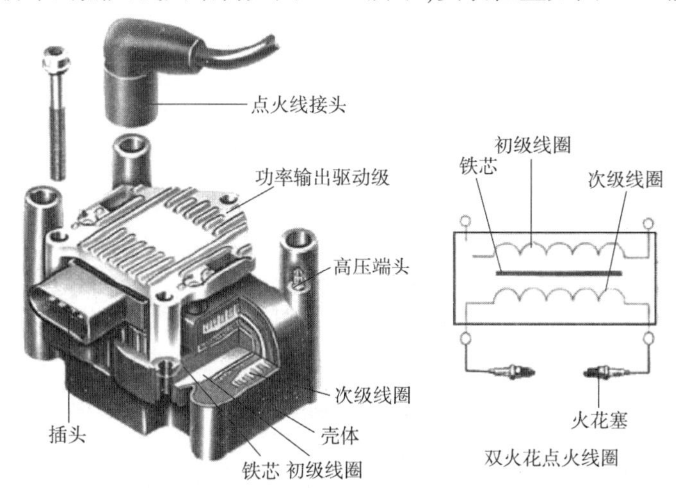

图8-10　捷达CIX轿车点火线圈结构

图8-11　捷达CIX轿车点火线圈安装位置

③捷达CIX轿车点火系统的检测。

检测过程：从点火线圈上拔下4孔插头，如图8-12所示。

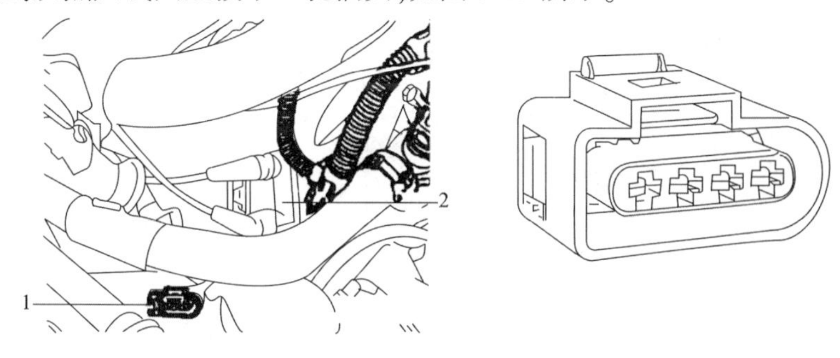

图8-12　从点火线圈上拔下4孔插头示意图

1-4孔插头；2-点火线圈

a. 检查电压供给。

接通点火开关,使用万用表及辅助导线测量已拔下的插头 2 和 4 触点之间的电压。规定值至少为 11.5V。如果有关闭点火开关。如果没有电压,按照电路图检查 4 孔插头触点 4 与地之间有无断路点,测量的导线电阻最大 1.5Ω;按照电路图检查 4 孔插头触点 2 与中央接线盒之间的导线有无断路点,测量导线电阻最大 1.5Ω。

b. 检查控制功能。

拔下给点火线圈供电的熔断丝,用辅助导线将二极管测试笔接到已拔下的插头的触点 1 和 4、3 和 4 上,开起动机,检查发动机控制单元的点火信号,二极管必须闪亮。如果发光二极管闪亮且触点 2 和 4 之间有电压,则需要更换点火线圈。如果发光二极管不闪亮,按照电路图检查 4 孔插头之间的导线有无断路。

检查方法:触点 1 和插孔 T80/57,触点 2 和插孔 T80/71,它们之间导线的电阻最大为 1.5Ω。另外检查导线相互间是否短路,触点 3 和插孔 T80/57,阻值应为无穷大。

c. 检查次级绕组。

在连接器 4 上检查 1 缸和 4 缸,2 缸和 3 缸之间的次级绕组电阻,规定值为 4 ~ 6kΩ(20℃时)。如果没有达到规定值,应更换点火线圈。

(2)单独点火方式点火系统如图 8-13 所示,在每个汽缸上安装一个点火线圈。

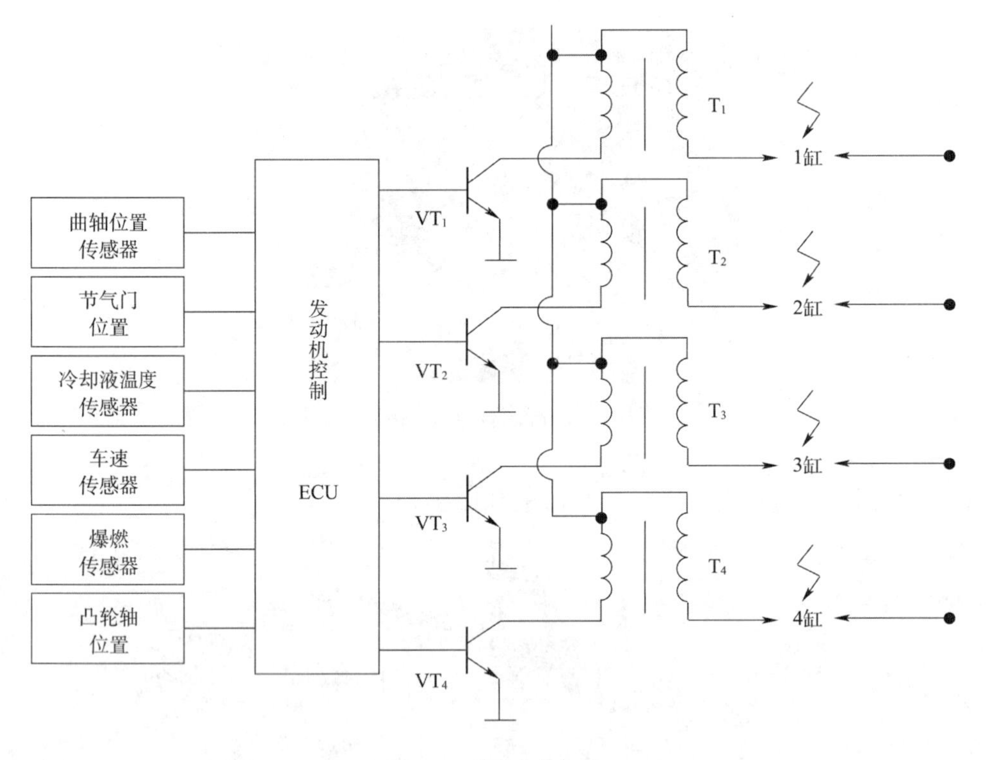

图 8-13 单独点火方式

①在一汽大众高尔夫 6 轿车上使用的电子点火系统就属于单独点火方式,高尔夫 6 点火线圈安装位置如图 8-14 所示,点火线圈外形如图 8-15 所示。

②高尔夫 6 轿车的电子点火系统电路如图 8-16 所示。

图 8-14　高尔夫 6 点火线圈安装位置图

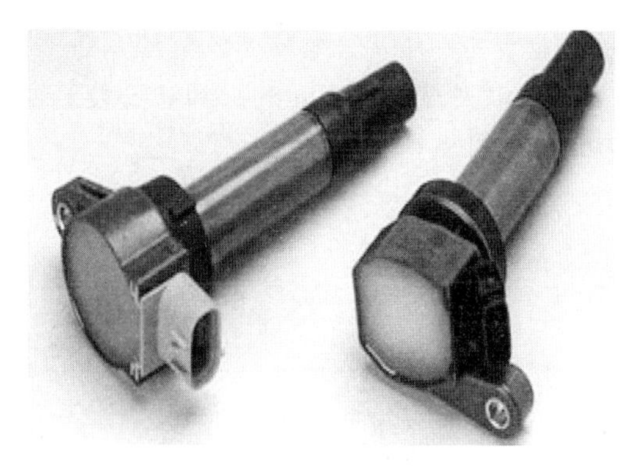

图 8-15　高尔夫 6 点火线圈外形图

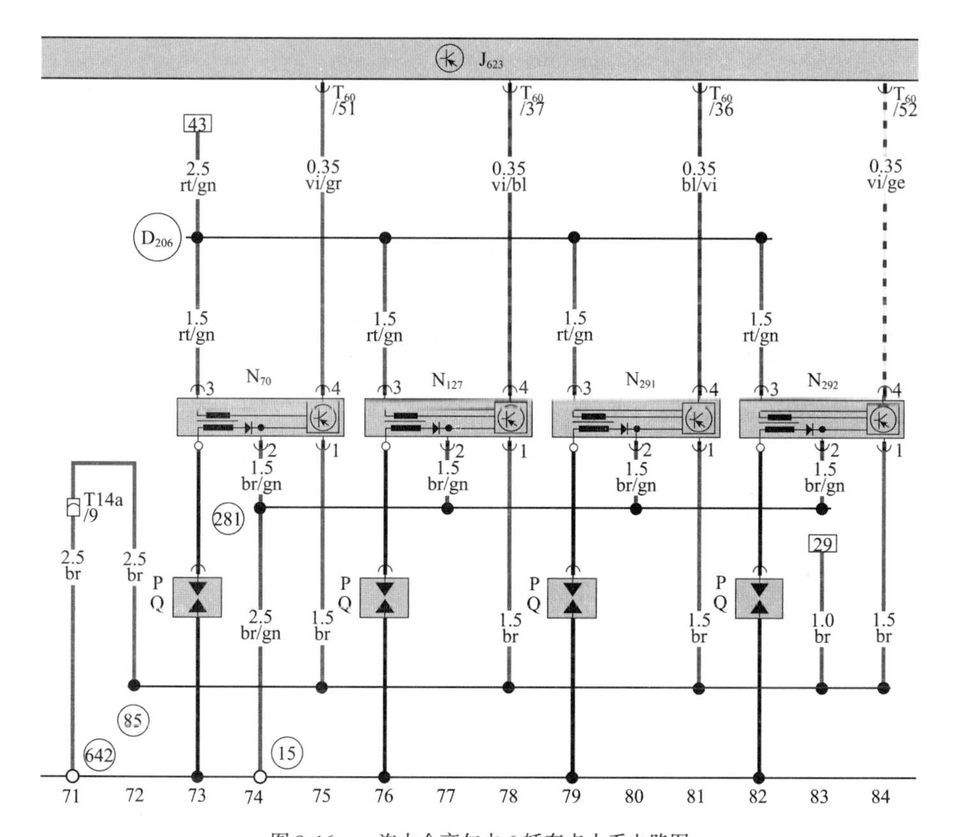

图 8-16　一汽大众高尔夫 6 轿车点火系电路图

J_{623}-发动机控制单元；N_{70}-带功率输出级的点火线圈 1；N_{127}-带功率输出级的点火线圈 2；N_{291}-带功率输出级的点火线圈 3；N_{292}-带功率输出级的点火线圈 4；P-火花塞插头；Q-火花塞

高尔夫 6 点火系统直接由发动机控制单元 J_{623} 直接控制。每一个汽缸分配一个带功率输出级的点火线圈，点火线圈直接安装在火花塞顶上，而不用通过分电器或高压点火线。点火方式通过凸轮轴传感器或通过监测汽缸压缩来实现精确点火，每个线圈有个低阻抗，可让初级电压达 40000V，以使火花塞产生火花。因为火花塞点火线圈组合可安装在双顶置凸轮轴（DOHC）的中间，充分利用了间隙空间。由于取消分电器和高压线，能量传导损失及漏电损失极小，没有机械磨损，而且各缸的点火线圈和火花塞装配在一起，外用金属包裹，大幅减少了电磁干扰,可以保障发动机电控系统的正常工作。

③高尔夫 6 点火线圈的拆卸和安装。所需要的专用工具为起拔器 T10094A 和装配工具 T10118,如图 8-17 所示。

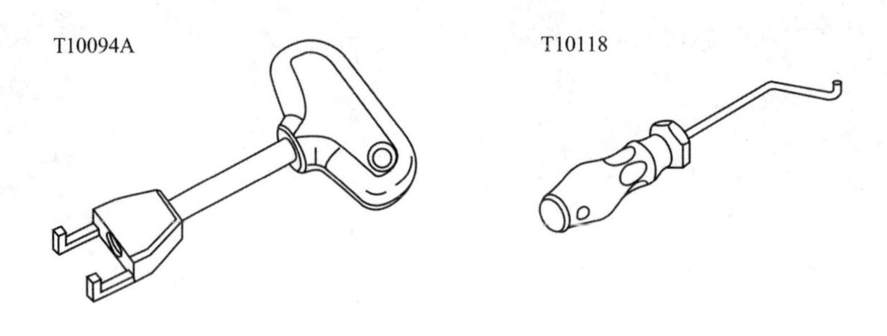

图 8-17　高尔夫 6 点火线圈的拆卸和安装工具

拆卸步骤:

a. 拆卸发动机罩盖 1,按压固定卡(如图 8-18 所示箭头 A 所指),沿箭头 B 方向翻转取下发动机罩盖。

b. 沿图 8-19 箭头方向将起拔器 T10094A 安装到带功率输出级的点火线圈上。

图 8-18　发动机罩盖的拆卸

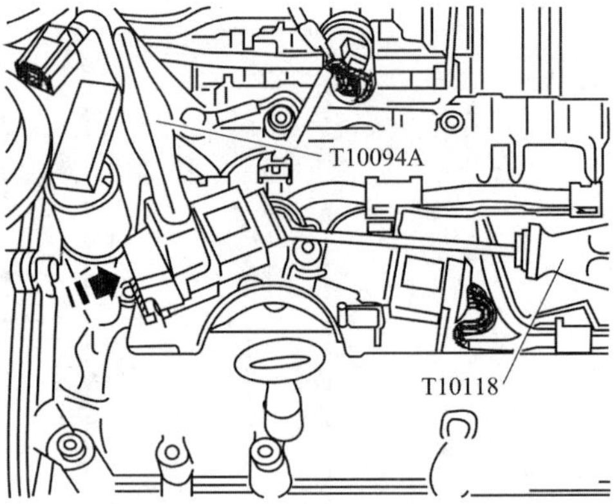

图 8-19　点火线圈的拆卸

c. 略微向上拉出带功率输出级的点火线圈。

d. 按图 8-19 所示安装装配工具 T10118。

e. 小心地松开插头锁并拔下插头。

安装步骤:

a. 将起拔器 T10094A 安装到带功率输出级的点火线圈上,如图 8-21 所示。

b. 将插头推到带功率输出级的点火线圈上,直至听到卡止声。

c. 沿图 8-20 箭头方向将带功率输出级的点火线圈压入汽缸盖内。

d. 安装发动机舱盖。

④高尔夫 6 点火系统的检测。

检测过程:从点火线圈 N_{70}上拔下 4 孔插头,如图 8-21 所示。

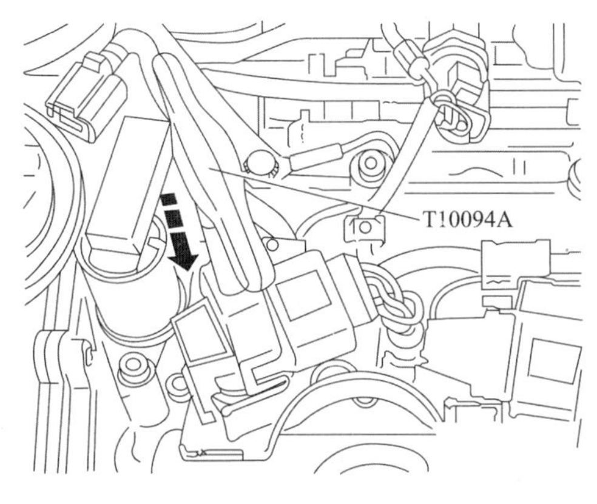

图 8-20　点火线圈的安装

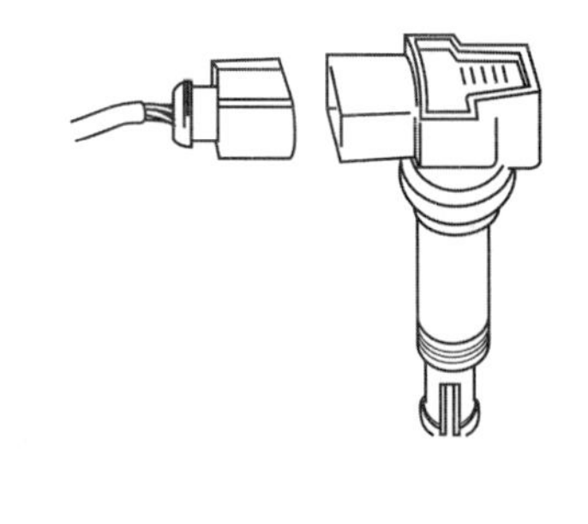

图 8-21　拔下点火线圈插头

a. 检查电压供给。

接通点火开关，使用万用表及辅助导线测量已拔下的插头 3 和 1 触点之间的电压。规定值至少 11.5V。

如果有，关闭点火开关。

如果没有电压，按照电路图检查 4 孔插头触点 1 与地之间有无断路点，测量的导线电阻最大为 1.5Ω；按照电路图检查 4 孔插头触点 3 与熔断丝之间的导线有无断路点，测量导线电阻最大为 1.5Ω。

b. 检查控制功能。

拔下给点火线圈供电的熔断丝，用辅助导线将二极管测试笔接到已拔下的插头的触点 4 和 1 上，开起动机，检查发动机控制单元的点火信号，二极管必须闪亮。

如果发光二极管不闪亮，按照电路图检查 4 孔插头触点 4 与 J_{623} 的 T_{60}/T_{51} 之间的导线有无断路。

c. 检测火花塞。

拆卸：将火花塞上的高压分线依次拆下，并在原始位置做上标记，以免安装错位。在拆卸中注意事先清除火花塞孔处的灰尘及杂物，以防止杂物落入汽缸。拆卸时用火花塞筒套牢火花塞，转动套筒将其卸下，并依次排好。

检查：火花塞的电极正常颜色为灰白色，如电极烧黑并附有积炭，则说明存在故障。检查时可将火花塞与缸体导通，用中央高压线触接火花塞的接线柱，然后打开点火开关，观察高压电跳火位置。如跳火位置在火花塞间隙，则说明火花塞作用良好，否则，即需换新。

火花塞电极间隙的调整：各种车型的火花塞间隙均有差异，一般应在 0.7 ~ 0.9mm 之间。检查间隙大小，可用火花塞量规或薄的金属片进行。如间隙过大，可用起子柄轻轻敲打外电极，使其间隙正常；间隙过小时，则可利用起子或金属片插入电极向外扳动。

火花塞的更换：火花塞属易消耗件，一般行驶 20000 ~ 30000km 即应更换。火花塞更换的标志是不跳火，或电极放电部分因烧蚀而成圆形。另外，如在使用中发现火花塞经常积炭、断火，一般是因为火花塞太冷，需换用热型火花塞；若有炽热点火现象或汽缸中发出冲击声，则需选用冷型火花塞。

火花塞存有油污或积炭应及时予以清洗，但不要用火焰烧烤。如果瓷芯损坏、破裂，则应进行更换。

思考与练习

一、填空题

1. 电子点火系统主要由点火________、________及位于分电器内的________、________、________等组成。

2. 按电子点火系统的不同发展阶段可分为__________和__________。

3. 无触点电子点火系统按点火信号发生器产生点火信号原理的不同，可分为________、________、________三种。

4. 计算机控制电子点火系统分为________、________两种。

5. 点火器的作用是根据 ECU 的指令，通过内部的大功率三极管的导通和截止，控制________的通断，完成点火工作。

6. 计算机控制点火系的控制内容有________、________、________。

7. 无分电器点火系统分为________和________两种。

8. 电子点火系统的点火线圈是利用________原理制成的。

9. 氧传感器是检测________信号的。

10. 在现代发动机集中控制系统中，________系统仅是电子控制器的一个子系统。

二、选择题

1. 爆震与(　　)有密切关系。

A. 混合气浓度　　B. 点火时刻　　C. 转速　　D. 功率

2. 确定发动机点火顺序的部件是(　　)。

A. 配电器　　B. 断电器　　C. 火花塞　　D. 蓄电池

3. 信号传感器的主要类型有(　　)。

A. 电磁感应式　　B. 霍尔效应式　　C. 光电式　　D. 上述三种

4. 无分电器电子点火系统中，点火提前角由(　　)来确定。

A. 发动机控制单元(ECU)　　B. 点火模块

C. 真空提前装置　　D. 离心提前装置

5. 下面不是计算机控制的电子点火系统中所用的传感器的是(　　)。

A. 空气流量传感器　　B. 高度传感器　　C. 车速传感器　　D. 点火开关

6. 点火器不能控制的功能是(　　)。

A. 恒流控制　　B. 闭合角控制　　C. 汽缸判别　　D. 轮胎胎压

7. 一汽大众捷达 CIX 轿车采用的点火系统是(　　)。

A. 传统点火系统　　B. 霍尔式点火系统　　C. 同时点火　　D. 单独点火

三、判断题

1. 电子点火系统又称为半导体点火系统或晶体管点火系统。(　　)

2. 点火信号发生器装在点火线圈内。(　　)

3. 电子点火系统与传统点火系统一样，均采用点火线圈储能和升压。(　　)

4. 机械式点火提前装置不能保证点火时刻处于最佳值，因此逐渐被计算机控制的电子点火装置而取代。 ( )

5. 所有的发动机都设有点火器。 ( )

6. 有爆燃时，计算机控制逐渐减小点火提前角。 ( )

7. 同时点火就是两缸都跳火，并都同时点燃混合气。 ( )

8. 火花塞积炭后，次级电压会增强。 ( )

四、简答题

1. 计算机控制的实际点火提前角由哪几部分组成？

2. 简述点火器的作用。

3. 简述电子点火系统的工作原理。

4. 电子控制器(ECU)主要有哪几部分组成？

项目九　自动空调及制动防抱死系统检修

学习目标

完成本项目学习后,你应能:

1. 正确叙述汽车空调的作用;
2. 看图指出自动空调、ABS各部件的安装位置;
3. 准确描述CC轿车空调、捷达ABS轿车主要部件的结构和工作原理;
4. 会看CC空调系统原理图,会看捷达ABS的工作过程图;
5. 准确描述CC轿车空调系统的保养和维护方法;
6. 对CC轿车空调系统、捷达轿车ABS的常见故障进行诊断及排除。

建议学时

7学时。

一、自动空调

空调是空气调节器的简称,它的作用是对室内空气进行调节,使空气的温度、湿度、流速和洁净度达到人体所需要的舒适范围。汽车空调系统是实现对车厢内空气进行制冷、加热、换气和空气净化的装置。它可以为乘车人员提供舒适的乘车环境,降低驾驶员的疲劳强度,提高行车安全。空调装置已成为衡量汽车功能是否齐全的标志之一。本项目以CC轿车空调原理、故障分析及检修等,对该汽车空调系统的熟知,以达到对该汽车空调系统的了解。

(一)汽车空调系统的组成及作用

汽车空调系统作为影响汽车舒适性的主要总成之一,为汽车提供制冷、取暖、除霜、除雾、空气过滤和湿度控制功能,汽车空调系统已成为汽车市场竞争的主要手段之一,如图9-1所示。

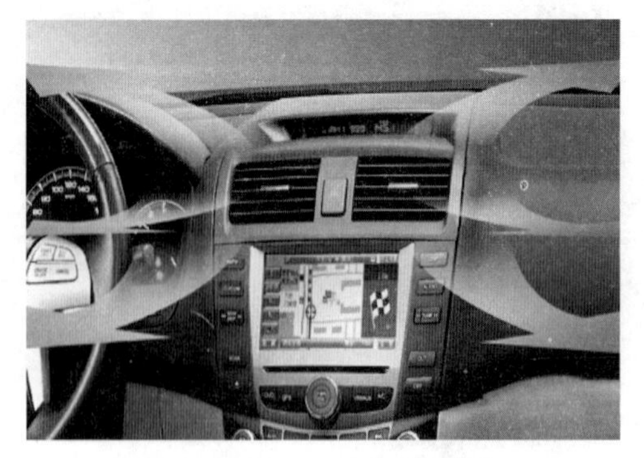

图9-1　汽车空调

现代汽车空调系统的组成及其作用如下。

1. 制冷系统

用于对车内空气或车外进入车内的新鲜空气进行冷却、除湿,使车内达到凉爽、舒适程度,如图9-2所示。

2. 取暖系统

用于对车内空气或车外进入车内的新鲜空气进行加热、除湿,使车内达到温暖、舒适程度,如图9-3所示。

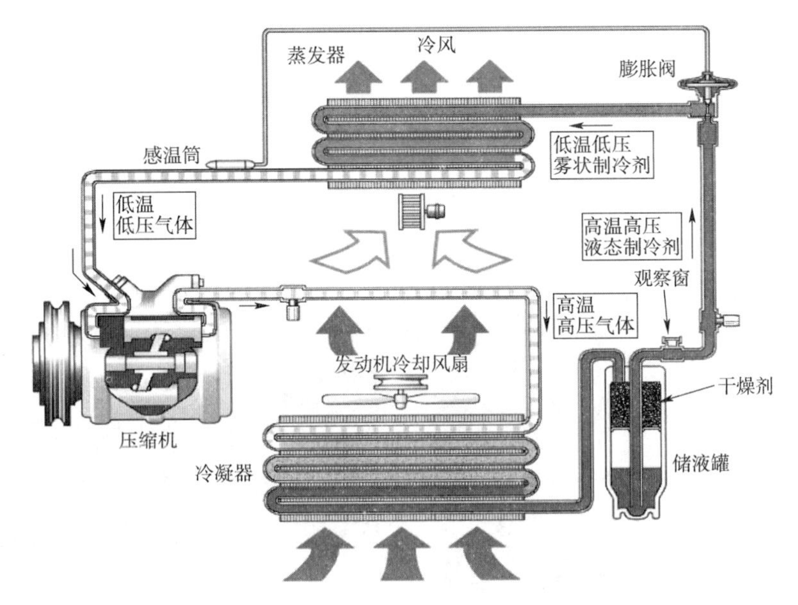

图 9-2　制冷系统图

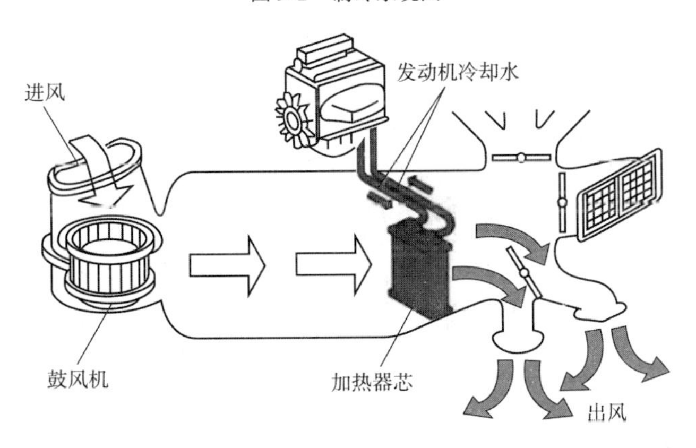

图 9-3　暖风系统图

3. 通风系统

用于将车外的新鲜空气引进车内，达到通风、换气之目的，如图 9-4 所示。

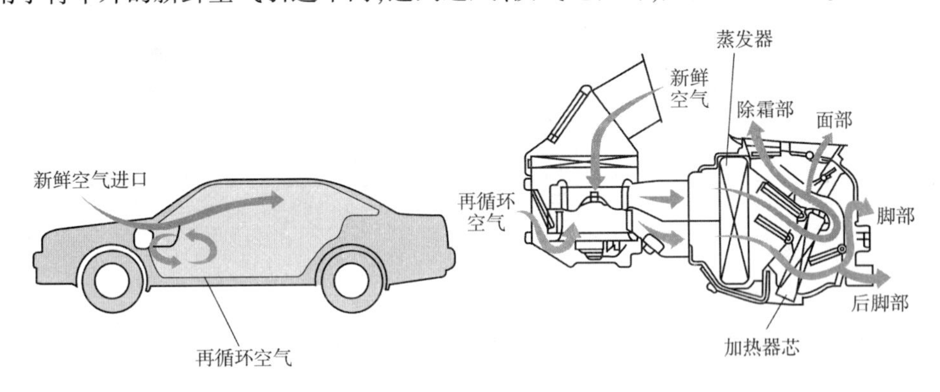

图 9-4　通风系统图

4. 空气净化装置

用于除去车内空气中的尘埃、异味，使车内空气变得清洁。目前只用于高级轿车和豪华客车上，如图9-5所示。

5. 控制系统

用于将制冷、采暖、新鲜空气有机地组合，形成冷暖适宜的气流，并自动对车内环境进行全季节、全方位、多功能的最佳控制，如图9-6所示。

图9-5 空调滤芯

图9-6 自动空调控制板

(二)汽车空调系统的分类

1. 按空调机驱动方式分类

按空调机驱动方式分类，汽车空调系统可分为独立式空调和非独立式空调。

(1)独立式空调。独立式汽车空调由专用空调发动机来驱动制冷压缩机。独立式空调系统的制冷量大，工作稳定，但成本高，体积及质量大。独立式汽车空调多用于大、中型客车上。

(2)非独立式空调。非独立式汽车空调由汽车发动机直接驱动制冷压缩机。这种空调的缺点是制冷性能受汽车发动机工作的影响，工作稳定性较差。非独立式汽车空调多用于小型客车和轿车上，如图9-7所示。

图9-7 非独立空调

2. 按空调的功能分类

按空调的功能分类，汽车空调系统可分为单一功能型空调和冷暖一体型空调。

(1)单一功能型空调。单一功能型汽车空调是将制冷系统、取暖系统、强制通风系统各自安装、单独操作，互不干涉，多用于大型客车和载货汽车上。

(2)冷暖一体型汽车空调的制冷。取暖和通风共用一台风机及一个风道，冷风、暖风和通风在同一控制板上进行控制。冷暖一体型汽车空调结构紧凑，操作方便，多用于轿车上。

3. 按空调系统的调节方式分类

按空调系统的调节方式分类，汽车空调系统可分为手动调节空调和自动调节空调

(1)手动调节空调。手动调节汽车空调由汽车驾驶员拨动控制板的功能键和转动调节旋钮完成对温度、通风机构和风向、风速的调节，如图9-8所示。

(2)自动控制空调。自动控制空调可由电子控制器根据各相关传感器的电信号,自动对温度、风量及风向等进行调节,能够对车内空气环境进行全季节、全方位、多功能的最佳调节和控制。

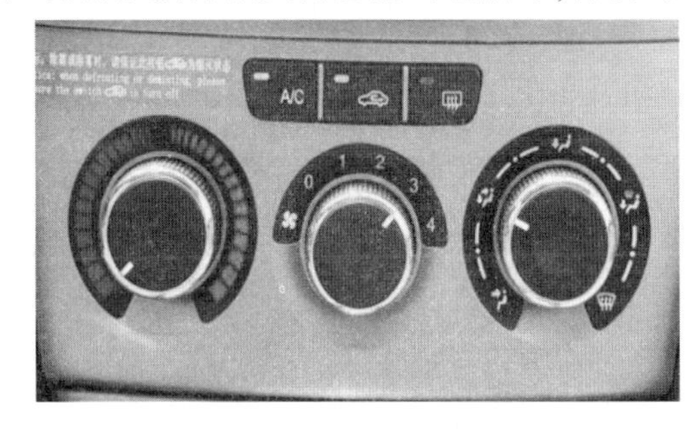

图9-8 手动空调控制板

(三)CC 轿车自动空调系统的结构

一汽大众 CC 轿车空调主要由压缩机、空调管路、冷凝器、水箱、冷却风扇、暖风芯体、控制器、蒸发器芯体、空调箱总成、空调风道等组成,如图9-9所示。

1. 压缩机

压缩机的外形如图9-10所示,它的作用是使制冷剂完成从气态到液态的转变过程,达到制冷剂散热凝露的目的。同时在整个空调系统,压缩机还是管路内介质运转的动力来源,没有它,系统不仅不制冷,而且还失去了运行的动力。

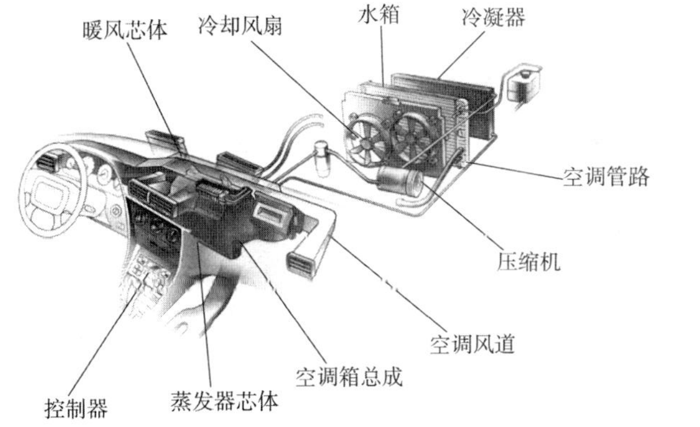

图9-9 CC 轿车自动空调结构图

图9-10 压缩机

2. 冷凝器和蒸发器

冷凝器和蒸发器的结构如图9-11所示,它们虽然叫法不一样,但结构类似,都是在一排弯绕的管道上布满散热用的金属薄片,以此实现外界空气与管道内物质的热交换的装置。冷凝器的冷凝指的是其管道内的制冷剂散热从气态凝成液态。其原理与发动机的散热水箱

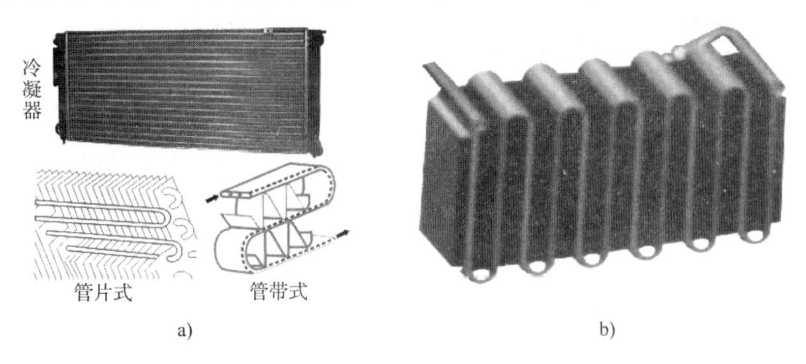

图9-11 冷凝器和蒸发器

a)冷凝器;b)蒸发器

相近(区别在于水箱的水一直是液态而已),所以它经常被安装在车头,与水箱一起,共同享受来自前方的习习凉风。总之冷凝器是哪里凉快哪里去,以便其散热冷凝。蒸发器与冷凝器正好相反,它是制冷剂由液态变成气态(即蒸发)吸收热量的场所。

3. 水箱

CC 轿车的水箱多用钢板($\delta = 3 \sim 5$mm)制作,外形为方形。

CC 水箱的作用如下:①收集因水加热体积膨胀而增加的水容积,防止系统损坏;②有利于排除水系统中的空气;③稳定系统中压力。由于膨胀水箱与系统的连接处为定压点,因此,膨胀水箱接于系统内的不同位置,将直接改变水系统内的压力分布,特别是对高层建筑水系统的压力影响尤为重要。

4. 控制器

自动空调控制器的结构如图 9-12 所示。当发动机运转时,可使用集成控制面板上的 AUTO 开关、Front climate 上的 AUTO 软键菜单来启动标准气候控制系统。如果后气候控制面板已解锁,按下后集成控制面板上的 AUTO 开关也将启动系统。

5. 空调管路(结构)

空调管路如图 9-13 所示,主要由连接蒸发器上温度控制膨胀阀到压缩机和冷凝器的刚性管和软管组成。内部换热器可提高蒸发器的效率,确保低压管中的所有残留液体在到达压缩机前都挥发掉。低压和高压维修接管集成到制冷剂管路中,便于系统维护。高压管路中还包括气候控制系统的制冷剂压力传感器。在带辅助气候控制的车辆上,发动机舱的左后角的制冷管路上还配有辅助系统。

图 9-12　集成控制面板

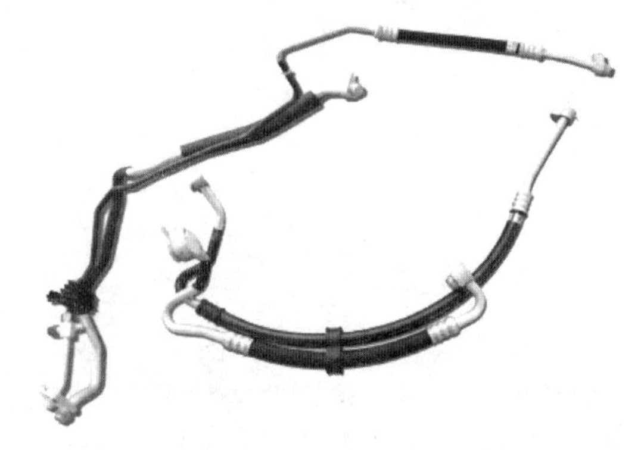

图 9-13　空调管路

(四)CC 轿车自动空调系统的工作原理

空调压缩机通过压缩来自蒸发器的低压、低温蒸汽制冷剂在系统中循环制冷,并将形成的高压、高温制冷剂蒸汽排放到冷凝器。在冷凝器中,制冷剂蒸汽被转换成液体,然后通过接收器干燥器流出冷凝器进入温度控制膨胀阀。通过温度控制膨胀阀时,液体制冷剂变成低压细流,喷射入蒸发器中。在蒸发器中,制冷剂回到低压、低温蒸汽状态,吸收乘客舱中空气中的热量后,又返回到空调压缩机开始下一次循环,如图 9-14 所示。

空调系统的运行由 ATC 模块来控制。该模块调整压缩机的电子控制阀,让系统周围的制冷剂流量与蒸发器的热载荷相匹配。通过匹配制冷剂流量与蒸发器的热载荷 ATC 模块可维持乘客舱中所需的温度,同时提高燃油经济性。

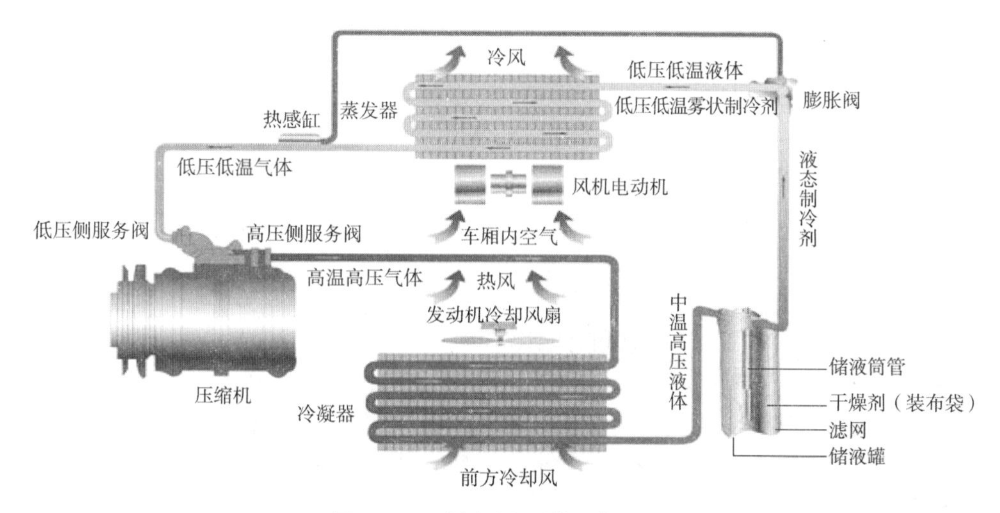

图 9-14　CC 轿车空调系统工作原理图

(五)CC 轿车自动空调系统操作机构介绍

CC 轿车自动空调系统可分别调节车内左右两部分的空气状态。其操作机构如图 9-15 所示。

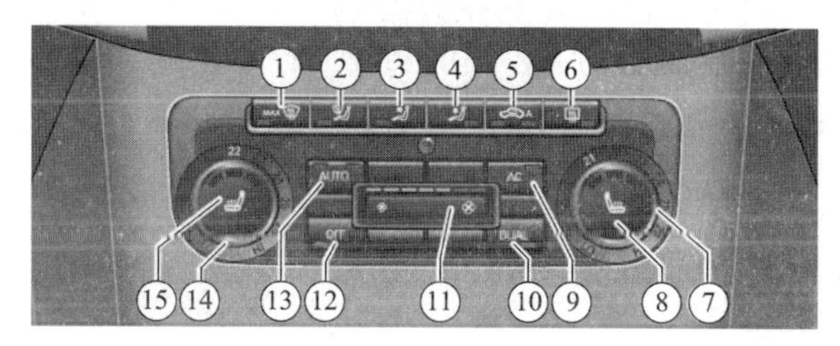

图 9-15　CC 轿车全自动空调系统操作机构图

发动机处于运转状态,并且空调鼓风机打开空调系统(压缩机)方能工作。

各按钮的功能如下:

(1)按压图中 1 至 6 的某个按钮即可起动相应功能,相应按钮里的指示灯点亮;再按下该按钮即可关闭该功能,按钮里的指示灯随之熄灭。

车内驾驶员侧和前排乘员侧的温度可分别进行调节。旋钮开关和按钮里的发光二极管点亮表示某项功能已被激活。同时,收音机 50(或收音机—导航系统 50) 显示屏显示空调系统状态的相关信息。

按钮 1:该按钮用于起动空调前风窗除霜功能。起动该功能后系统自车外吸入的空气直接吹向前风窗和侧窗。如空气内循环运转模式不能有效去除前风窗上的霜雾,系统自动关闭内循环运转模式。温度高于 +10℃(+34℉)时,制冷系统(压缩机)自动起动(如原处于关闭状态),同时鼓风机以最高转速运转,迅速干燥车内空气,去除前风窗和侧窗上的雾气及其上的冰雪。

按钮 2:向上送风按钮。

按钮 3:乘员上身送风按钮。

按钮 4: 脚坑送风按钮。

按钮 5:打开或关闭空气内循环模式,自动空气内循环模式。

按钮6：打开或关闭后风窗加热器。发动机运转时后风窗加热器方起作用。按压按钮即可启动后风窗加热器，同时按钮内的指示灯点亮。约10min后后风窗加热器自动关闭，也可按压该按钮提前关闭加热器。

(2)用温度旋钮开关(图中14)和(图中7)可分别调节车内左右两部分的温度。

按钮7：车内右侧温度选择旋钮。

按钮8：右前座椅加热器按钮开关。

按钮9：打开或关闭空调制冷系统(压缩机)。打开空调系统后，按钮内的指示灯随之点亮。同时请注意空调系统自动运行模式的有关说明。

按钮10：若按钮内的指示灯点亮，表示可对车内左右侧的空气状态做不同设定。如按下按钮，按钮里的指示灯熄灭，此时，驾驶员侧的温度设定也适用前排乘员侧。如再按一下按钮或正在用右侧温度选择旋钮7设定温度，则车内左右两侧的温度又可分别调整，按钮内的指示灯重新点亮。

按钮11：鼓风机转速调节旋钮。

按钮12：打开或关闭空调系统，关闭空调系统后，按钮里的指示灯点亮。

按钮13：自动调节车内温度、鼓风机转速及空气分配。

按钮14：车内左侧温度选择旋钮。

按钮15：左前座椅加热器按钮开关。

(六)CC轿车空调系统的保养与维护

汽车空调系统在使用过程中，空气会在鼓风机、制冷系统蒸发箱、暖风系统的小水箱以及风道中流动。只要打开空调系统鼓风机或将进气模式选择在室内循环，不管是否使用制冷装置，空气都将进入上述系统。日积月累，上述装置的表面会积累许多尘埃、水分、细菌及其他污垢物，并会对人体呼吸系统及皮肤造成损害和过敏反应，直接影响乘员的健康，并且空调系统本身还会出现造成制冷效果差及出风量小等故障。

CC轿车空调系统的日常保养与维护内容有：

(1)保持冷凝器和蒸发器的清洁。因为它们的清洁程度与其换热状况有很大关系，所以应经常检查表面有无污物、散热片是否弯曲或被阻塞等现象。如发现表面脏污，应及时用压缩空气吹净或用压力清水清洗干净，以保持良好的散热条件。防止因散热不良而造成冷凝压力和温度过高、制冷能力下降。在清洗冷凝器的过程中，应注意不要把散热片碰倒，更不能损伤制冷管道。

(2)保持送风通道空气进口过滤器的清洁。送入车厢内的空气都要经过空气进口过滤器的过滤，如果滤网堵塞会使风量减少。因此，应经常检查过滤器是否被灰尘杂物所堵塞并进行清洁，以保证进风量充足。一般每星期应检查一次。如发现堵塞，可打开蒸发器检查门，卸下滤网。然后用压缩空气或带有中性洗涤剂的温水洗净。也可将滤网浸在水中，用毛刷刷净污物。

(3)经常检查制冷剂是否充足。可低速运转空调，从观察窗上查看是否有气泡出现。如出现气泡，说明制冷剂不足，应及时进行检查修理或补充。

(4)应定期检查制冷压缩机驱动皮带的使用情况和松紧程度。皮带过紧会增加磨损，导致轴承损坏。过松则易使转速降低，造成制冷不足，甚至发出异常声响。如皮带过紧或过松应及时调整，如发现皮带裂口或损坏应采用汽车空调专用皮带进行更换。另外，新装冷气皮带在使用36～48h后会有所伸长，应重新张紧。

(5)在春秋或冬季不使用空调的季节里，应每半个月起动空调压缩机一次，每次5～10min。这样制冷剂在循环中可把冷冻油带至系统内的各个部分，从而可防止系统管路中各密封胶圈，压缩机轴封等因缺油干燥而引起密封不良和制冷剂泄漏，并使压缩机、膨胀阀及系统内各活动部件动作，不致结胶黏滞或生锈。还要注意的是，在进行这项维护时，应在环境温度高于4℃时进行，否则，环境温度过低会因冷冻油黏度过大而流动性变差，当压缩机起动后不能立即将油带到需要润滑的部位而造成压缩机磨损加剧甚至损坏。

(6)经常检查制冷系统各管路接头和连接部位、螺栓、螺钉有无松动现象，是否有与周围机件相摩擦碰撞的现象，传动机构的工作是否正常，胶管有无老化，在进出叶子板孔处的隔震胶垫是否脱落或损坏。

(7)由于有些辅助发动机有单独供油系统，所以还需经常注意空调油箱的储油情况，并要检查辅助发动机的水温、水位、油压等情况，及时补充到规定的位置。

(8)检查电路连接导线，插头是否有损坏和松动现象。

(9)注意空调在运行中有无不正常的噪声、异响、振动和异常气味，如有，应立即停止使用并送专业修理部门及时检查和修理。

(七)CC轿车空调系统的常见故障与维修

1. CC轿车空调系统的基本维修方法

(1)制冷剂泄漏。制冷剂泄漏时压缩机不吸合，空调系统不工作，系统无压力，表明系统的制冷剂有漏掉。有多种检测漏点的方法，其中，外观检漏、压力检漏、真空检漏和充制冷剂检漏是比较常见的几种检测方法。检漏后进行抽真空、保压、加注标准的制冷剂后，故障即可排除。

(2)压缩机继电器故障。压缩机继电器出现故障通常表现为打开空调后风口不出冷风，压缩机不工作。维修方法如下：

①起动车辆，检查车辆确实是出风口不出冷风，在空调开启的状态下，检查发现空调泵不工作。

②分析可能原因。

a. 给空调泵离合器供电电量缺失，可能是熔断丝烧断、继电器故障或者线路断路；b. 离合器磁力线圈断路；c. 控制部分出现故障；d. 制冷剂不足或泄漏。

(3)鼓风机有异响。空调系统运行正常，出风口风量不足、鼓风机有异响，应该是空调箱通道中有脏物，应更换鼓风机，即可排除故障。

2. CC空调系统的常见故障

CC空调系统常见的故障有以下几种：

(1)制冷剂泄漏。

(2)压缩机继电器故障。

(3)鼓风机有异响。

(4)制冷剂或冷冻机油加注过量。

(5)膨胀阀结冰。

二、制动防抱死系统检修

(一)捷达轿车 ABS 的结构

ABS 系统主要由液压传动系统、车轮转速传感器、控制器等组成。它是采用液压对角线回路制动系统,制动主缸的前腔与通右前轮、左后轮的制动回路相通,制动主缸的后腔与通左前轮、右后轮的制动回路相通,两个制动回路呈交叉型对角线布置,这种液压对导线回路制动系统能保证在某个回路出现故障时,仍能达到制动效果的 50%。它的布置如图 9-16 所示。

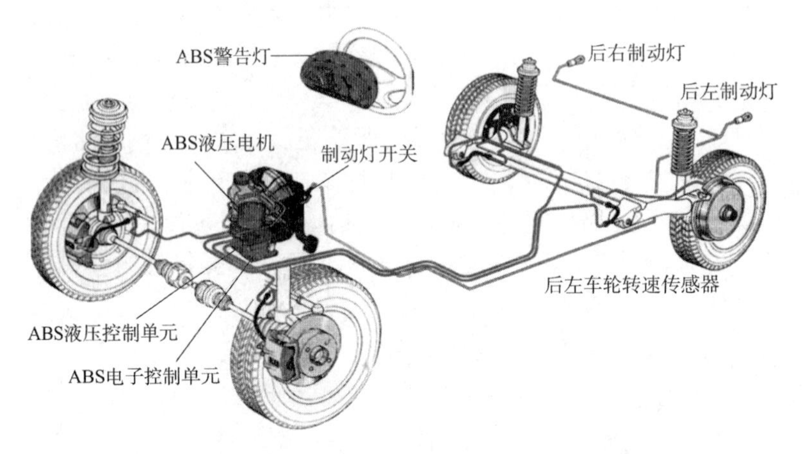

图 9-16　ABS 布置示意图

捷达轿车装备的 MK20-I/E 型 ABS,硬件为四通道调节回路,软件为三通道调节回路,即前轮单独调节,后轮以两轮中地面附着系数低的一侧为依据进行统一调节,附带 EBV 功能。

ABS 控制系统的组成如图 9-17 所示。

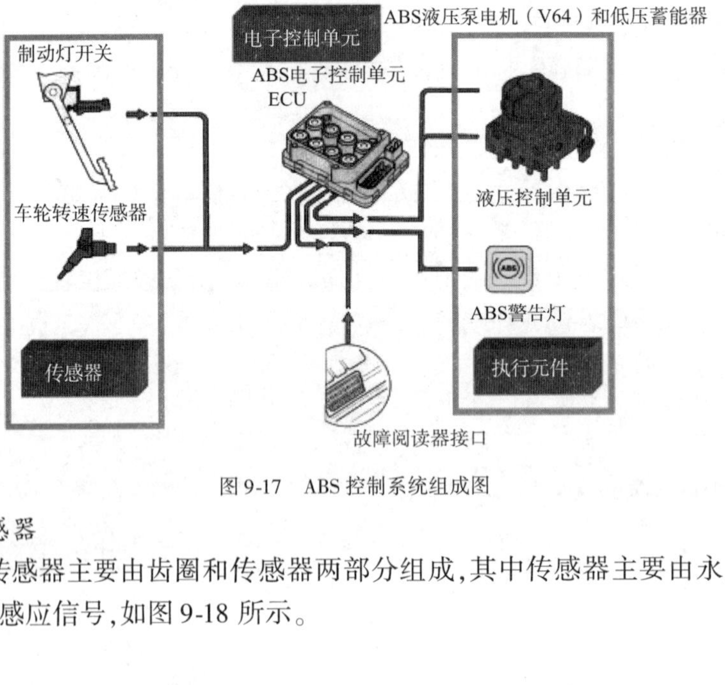

图 9-17　ABS 控制系统组成图

1. 车速传感器

车轮速度传感器主要由齿圈和传感器两部分组成,其中传感器主要由永久磁铁和感应线圈构成,产生感应信号,如图 9-18 所示。

车轮速度传感器主要用来监测车轮运动状态，当一个车轮显示出抱死信号时，车轮的减速和滑移率急剧增加，这时该传感器把所感受到的信息传输给电子控制单元。如果减速度和滑移率的数值超过确定的临界值时，电子控制单元将给执行机构的电磁阀发出指令，会迅速减少或停止车轮压力的增长，以免抱死，达到防抱死的目的。安装位置如图9-19所示。

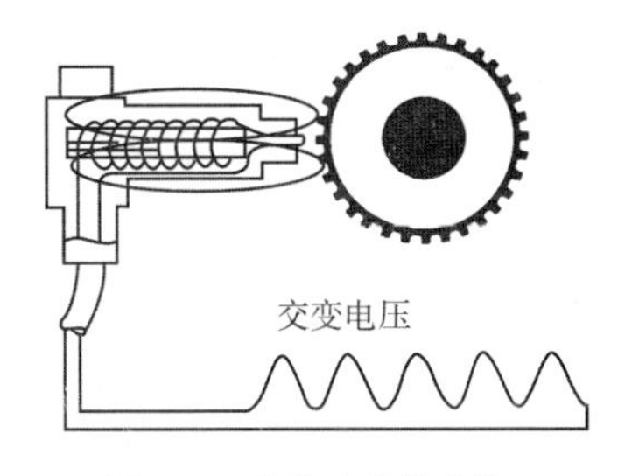

图9-18　车轮速度传感器

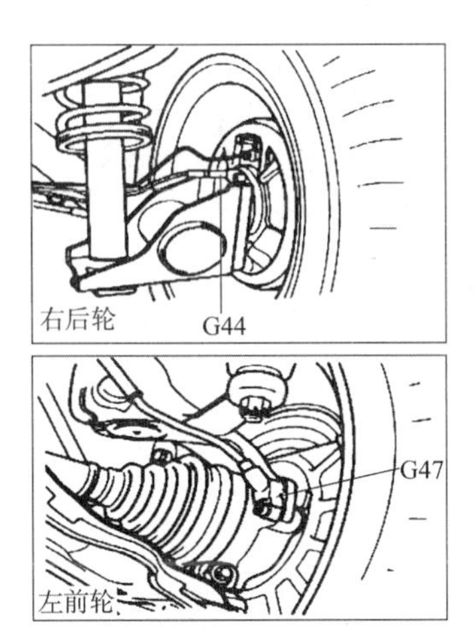

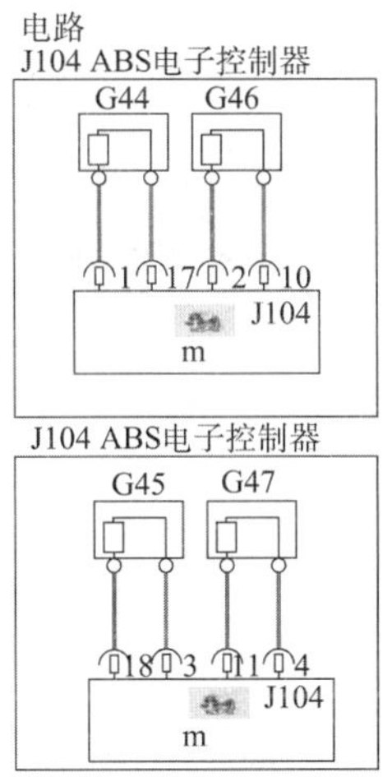

图9-19　车轮速度传感器安装位置图

2. 电子控制单元(ECU)

电子控制单元是一个微型计算机，是ABS系统的控制中心。电子控制单元将传感器产生的脉冲信号，经整形放大电路放大后，变成了同频率的方波，再进行加减速的计算，计算结果被传输到逻辑运算的控制器中，与存储的给定极限值进行比较，如果达到极限值，便发出一个控制指令脉冲，经功率放大器放大后控制液压调节器中的电磁阀动作，其系统装有下限速度控制器，当汽车速度降低到一定脉速时，自动中断ABS工作，转移到常规的制动系统工作状态。

3. 液压调节器

MK20—1型ABS液压调节器主要由低压储液管、电动回液泵、电磁阀及阀体组成，如图9-20所示。液压调节器的电磁阀共有4对，每对2个，即4个进液电磁阀，4个出液电磁阀，在通向每一车轮制动器的液压管路中各设一个进液阀和一个出液阀，进液阀为2位2通常开电磁阀，出液阀为2位2通常闭电磁阀。

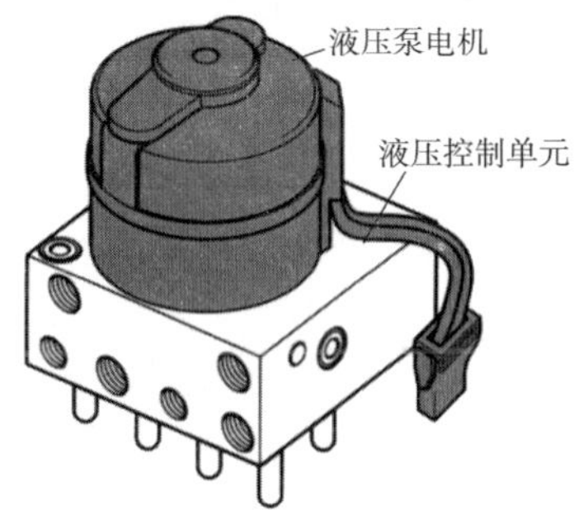

图9-20　液压调节器外形

(二)ABS系统工作原理

在汽车制动过程中，车轮速度传感器将4个车轮的转速信号连续不断地输送到ABS电子制动单元(ABS ECU)。ABS ECU根据转速信号并按一定逻辑计算参考车速，然后再根据参考车速和车轮角度计算出车轮的参考滑移率。当某个车轮的加/减速度参考滑移率超过其控制极限值时,ABS ECU 便向液压调节器发出指令,控制制动变化,使车轮的参考滑移率保持在理想的范围内,如图 9-21 所示。

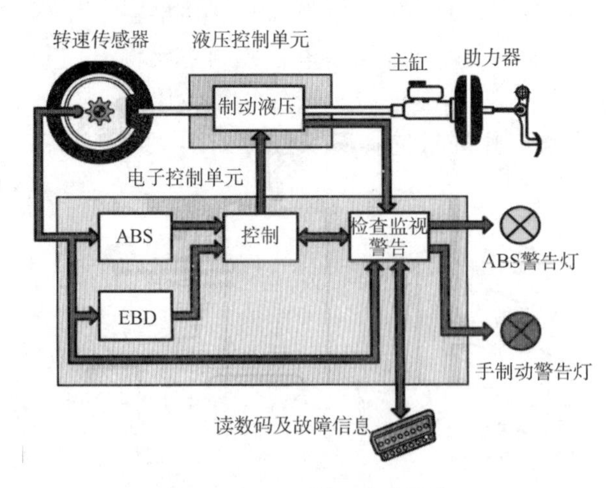

图 9-21　ABS 系统工作过程图

现仅就一个车轮的压力调节回路来说明防抱死系统的控制过程。

1. 建压阶段

为了达到最佳制动,当车轮达到预定转速后,需再次增加制动压力,电子控制单元切断送往常开电磁阀的电流,使其开启,常闭阀处于断电状态,仍关闭。液压泵继续工作将制动液从液压储器中送到制动回路,直到 ABS ECU 通过转速传感器得到的信号识别出车轮有抱死的倾向时为止,如图 9-22 所示。

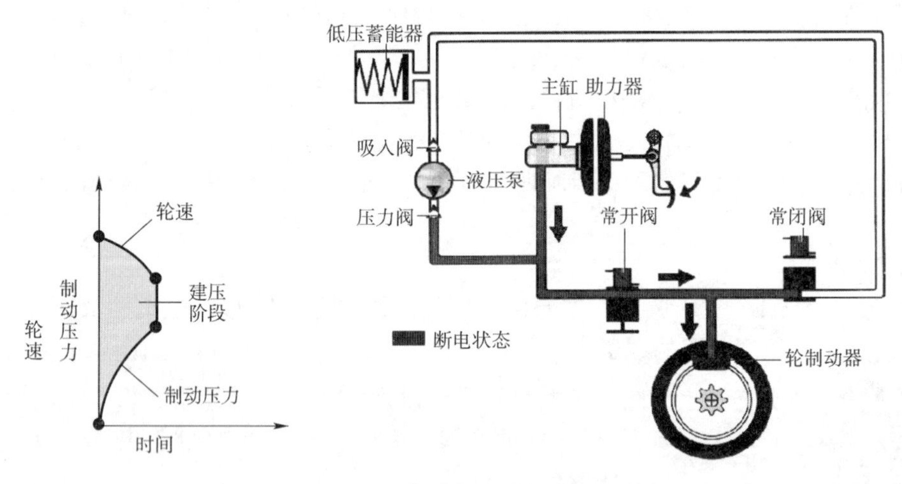

图 9-22　建压阶段工作过程图

2. 保压阶段

随着制动压力的增加,车轮被制动和减速。当被制动的车轮趋于抱死时,车轮转速传感器发出车轮有抱死危险的信号,电子控制单元向液压控制单元发出“保持压力”的指令,给常开阀通电,使之断开,常闭阀处于无电状态,仍保持关闭。制动液通往轮缸的通道被切断,在常开阀和常闭阀之间,制动压力保持不变,如图 9-23 所示。

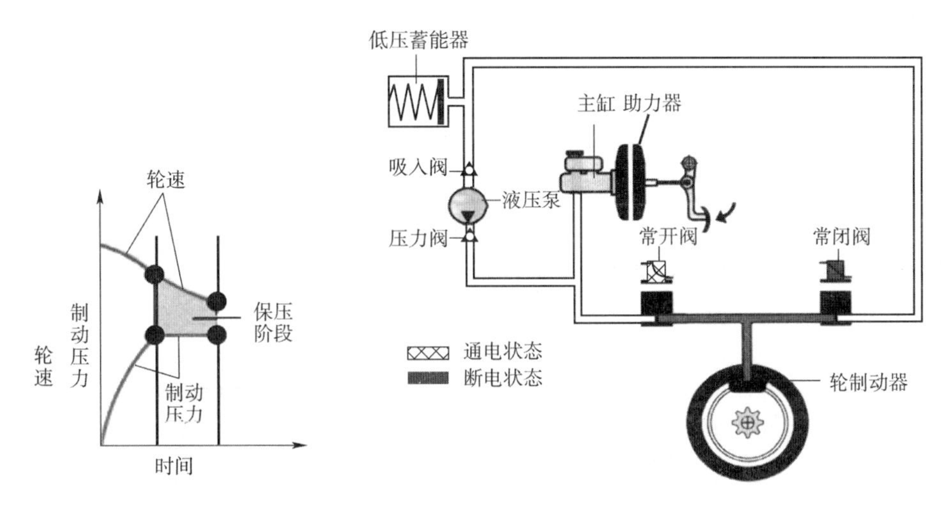

图 9-23 保压阶段工作过程图

3. 降压阶段

即使制动压力保持不变,如果车轮进一步减速,仍出现车轮抱死倾向,则必须降压。电子控制单元发出“减少压力”的指令,给常闭阀通电,使其打开,而常开阀仍保持关闭,制动液将通过回液通道进入储能室,同时,电动机转动,将多余的制动液强行送回制动主缸。这时制动踏板轻微地向上抖动。车轮的抱死倾向消失后,车轮转速再次增大,如图 9-24 所示。

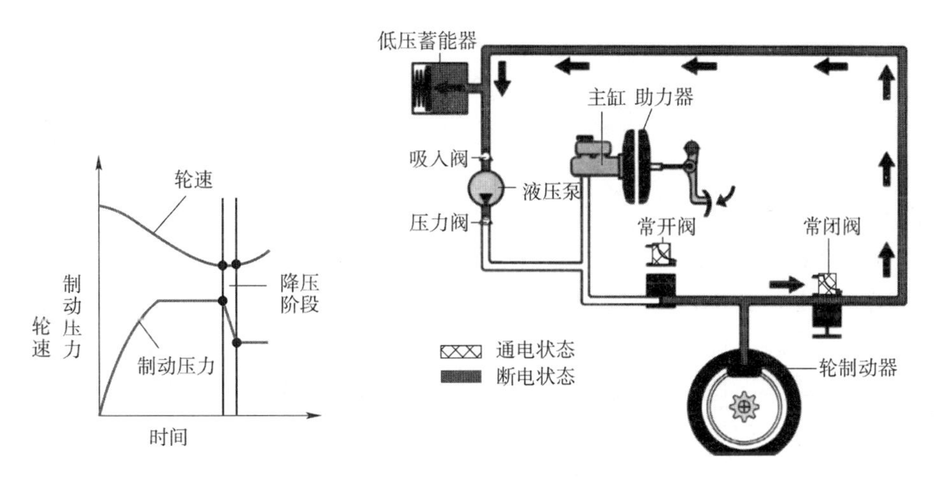

图 9-24 降压阶段工作过程图

制动压力减少后,车轮如加速太快,电子控制单元指令液压控制单元“增加制动压力”,常开阀断电打开,常闭阀断电关闭,制动液在电动机和制动踏板力的作用下,通过常开阀再次作用到制动轮缸,制动器再次起作用,进入下一个循环,重复上述过程。

整个 ABS 控制过程的压力调节速度是非常快的,一般每秒为 2 ~ 6 个循环。电磁阀控制的脉冲宽度及脉冲间隔取决于轮胎与地面的附着系数。

在捷达轿车对角线布置的制动系统中,MK20—1 的控制原则是前轮单独控制,后轮则以

“选低”原则集中控制，也就是说，ABS 对后轮液压的控制是依两后轮中附着系数较低的车轮来进行调节，而附着系数较高的一侧，制动力也不会大于推动车轮前进的力，确保在极端情况下后轮也不会先于前轮抱死，从而获得良好的制动稳定性。

(三) ABS 的故障诊断检修

1. ABS 的故障诊断

当车辆起动时，ABS 报警灯闪亮，表示 ABS 正进行系统自检，约 2s 后，报警灯自动熄灭。若报警灯不灭或在行车过程中突然点亮，则说明 ABS 有故障。当 ABS 发生故障时，先用大众专用解码仪 V. A. G1551/1552 进行故障诊断，读取故障信息。

连接 V. A. G1551/1552，进入快速数据传递模式下选择地址码 03，进入 ABS 电子控制系统，在该地址下进行各种功能选择。查询故障输入“02”读取故障内容，再输入“05”清除故障代码，如果车辆能再次正常运行，则属临时偶发故障；若车辆 ABS 系统还有未被清除故障，则属永久性故障，这时要检查故障代码所对应的 ABS 各元件是否有损坏，进行检修，必要时更换。

2. ABS 主要元件检修

(1) 速度传感器的检修。

在实际行车过程中，速度传感器出现故障率比较多，没有传感信号，速度传感器断路或短路。

①速度传感器断路或短路。

当直流电压下正常量超过 100mA 时，则会发生上述故障，故障原因是速度传感器线路内部断路或短路，其电阻值没有或很小(一般正常电阻值在 0.9 ~ 1.0kΩ)，这时应将汽车举起，先目测各传感器外部是否有破损，其连接处是否完好。

②速度传感器信号失常。

捷达轿车起步自检完成后，车速已大于 6km/h，发生车轮加速度大于规定值的次数达到 30 次，这种故障现象的原因一般是传感器有异物、传感器与齿轮圈间太脏、齿圈损坏，这时，应用清洗剂清洁传感器的齿圈，必要时更换传感器。

③没有传感器信号。

故障现象：用 V. A. G1551/1552 测得 3 个车轮大于 4km/h，其中一个车轮速度小于 2.5km/h 达数秒。速度传感器测得一个车轮速度小于 2.5km/h，并持续时间达 120s。这种故障原因往往是速度传感器与轮圈之间间隙太大，或传感器本身工作坏损造成传感器信号强度不够，一旦 ABS 系统发出故障信息，显示某个传感器出现这种故障，则 ABS 系统就禁止工作，在设定消除故障后，持续点亮 ABS 警报灯。这时要先检查传感器及齿圈，拆下 ABS 插接件，在线末端测量相应的传感器电阻值(标准值：前轮为 900 ~ 1000kΩ，后轮为 1200kΩ)，最后用示波器检查传感器信号，这个信号必须是规则的正弦波，在轮速为 3km/h 时，波峰与波谷之间电压差值必须大于 120mV。排除故障后，重新起动发动机并起步运行，使车速大于 4km/h，清除故障码。

(2) 液压调节器及电子控制单元的检修。

用 V. A. G1551/1552 检测若出现 V64 即故障代码 01276 时，一般是液压泵本身故障，即 ABS 泵已损坏，该元件损坏一般不可维修，只能更换总成，更换后并实行编码。这种故障一般是 ABS 泵内集成电路发生损坏,如进行维修,则需把 ABS 泵控制单元壳割开,检测或焊接电路板,但 ABS 泵控制单元都不可拆开,所以只能更换总成。

3. 故障实例

故障现象:捷达 AT,ABS 不工作、ABS 警报灯闪亮。

故障诊断分析:用 V. A. G1551/1552,读取故障代码,代码为 00285,右前轮速传感器 G45 故障。拆下右前轮传感器,测量其电阻值为 1.0kΩ,属正常。更换新 G45,再进行检查,故障仍然存在,00285 故障码不能被消除。拆下右前轮齿圈进行检查,发现齿轮变形,这样在行车时首先会有传感器与齿圈的间隙时大时小不均,传输信号不稳定时强时弱,以致 ABS ECU 不能检测到这一信号,使得故障信息存储显示为该传感器没信号,警报灯闪亮,ABS 系统停止工作。

故障排除:更换右前轮齿圈,消除故障代码,路试行车正常,ABS 正常工作,故障排除。

我们只有在了解其原理、控制及维修注意事项的基础上才能去操作维修,避免因维修造成的严重事故的发生。熟练地掌握各种技巧和应该注意的地方去维修才能保证维修安全和维修效率。此外,汽车空调在使用过程中要注意车内冷热和湿度适度、内外空气循环畅通、及时除霜增加行车视线等来保证驾驶员健康及行车安全。ABS 在使用中要注意报警灯,有故障时及时检修。认真学习《车主手册》,养成良好的驾驶习惯,保证驾驶安全。

思考与练习

一、填空题

1. 空调的作用是对室内空气进行________,使空气的________、________、________和________达到人体所需要的舒适范围。

2. 车轮速度传感器主要由________和________两部分组成。

3. 汽车空调取暖系统用于对车内空气或车外进入车内的新鲜空气进行________、________。

4. 汽车空调按空调机驱动方式分________空调和________空调。

5. CC 汽车空调主要由________、________、________、水箱、冷却风扇、暖风芯体、控制器、蒸发器芯体、空调箱总成、空调风道等组成。

6. ABS 系统主要由________、________、________等组成。

二、选择题

1. 冷凝器的冷凝指的是其管道内的制冷剂散热从气态凝成(　　)。

A. 气态　　B. 液态　　C. 固态

2. 在春秋或冬季不使用空调的季节里,应每半个月启动空调压缩机一次,每次(　　)min。

A. 1 ~ 3　　B. 2 ~ 4　　C. 5 ~ 10

3. 空调旋钮开关和按钮里的发光二极管点亮表示某项功能(　　)。

A. 激活　　B. 故障　　C. 取消

4. ABS 控制过程的压力调节速度是非常快的,一般每秒为(　　)个循环。

A. 1 ~ 2　　B. 2 ~ 3　　C. 2 ~ 6

5. 保压阶段,随着制动压力的增加,车轮被制动和(　　)。

A. 加速　　　　B. 减速　　　　C. 抱死

三、判断题

1. 空气净化装置的作用是除去车内空气中的尘埃、异味,使车内空气变得清洁。(　　)

2. 单一功能型空调多用于轿车上。(　　)

3. 压缩机的作用就是使制冷剂完成从气态到液态的转变过程。(　　)

4. 在蒸发器中,制冷剂回到低压、低温液体状态。(　　)

5. ABS 系统的控制中心是一个微型计算机。(　　)

6. 在汽车制动过程中,车轮速度传感器将 1 个车轮的转速信号连续不断地输送到 ABS 防抱死系统电子制动单元。(　　)

7. ABS 报警灯不灭或在行车过程中突然点亮,则说明 ABS 有故障。(　　)

四、简答题

1. 写出 CC 轿车空调系统常见的故障。

2. 写出 ABS 建压阶段的工作过程。

项目十　刮水器及喇叭控制电路检修

学习目标

完成本项目学习后，你应能：

1. 了解刮水器的作用、结构和工作原理；
2. 掌握刮水器的分类和使用、雨刷臂接口的类型；
3. 掌握刮水器开关挡位的使用；
4. 掌握刮水器和洗涤装置的检查与调整；
5. 正确分析刮水器和洗涤装置的电路图；
6. 正确叙述电动刮水器及洗涤器的故障诊断与排除；
7. 正确叙述喇叭的类型、结构和工作原理；
8. 正确叙述喇叭的调整和故障诊断方法。

建议学时

6 学时。

刮水器，雨天开车时一定离不开它的辛勤工作。但是，仍然有不少新驾驶员对刮水器的具体功能了解甚少——刮水器频率怎么调节？怎么喷射洗涤剂？甚至感到陌生，对于如何使用并无概念。要正确使用刮水器，就要先了解汽车刮水器的各种功能。同时一起了解一下喇叭的工作过程。

一、电动刮水器、洗涤器

（一）电动刮水器的作用

刮水器的作用是清扫风窗玻璃上的雨水、雪或尘土，保证汽车在雨大或雪大时，驾驶员有良好的视线，确保行驶安全。刮水器与清洗装置是汽车必须具备的装置，为安全行车提供保证。电动刮水器在车上的安装位置如图 10-1 所示。

图 10-1　汽车刮水器

目前汽车上广泛使用的是电动式刮水器。刮水器一般安装在汽车前风窗，部分汽车后风窗也装有刮水器，有些高档轿车的前照灯也装有刮水器。

（二）电动刮水器的组成结构及工作原理

电动刮水器主要有如下机件：刮水电机、连动机构、雨刷片（图 10-2）。

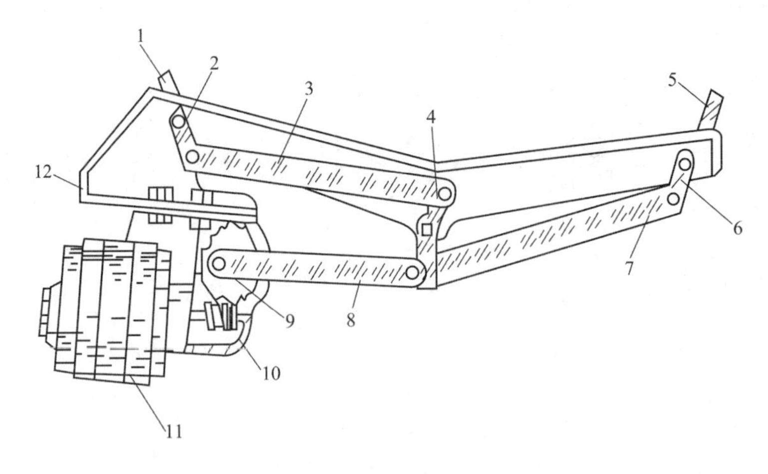

图 10-2　电动刮水器结构

1、5-刮片架;2、4、6-摆杆;3、7、8-连杆;9-蜗轮;10-蜗杆;11-永磁式电动机;12-支架

1. 刮水电机

(1)刮水电机的结构。

刮水电机为直流变速电机,内有快慢两个线圈,电动机输出经蜗轮减速器减速,并改变输出方向,图 10-3 为永磁式直流刮水电机实物图。

图 10-4 为永磁式直流刮水电机内部结构图。

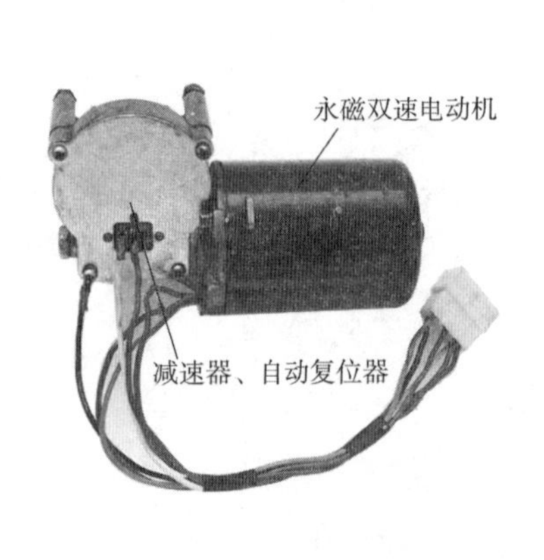

图 10-3　永磁式直流刮水电机

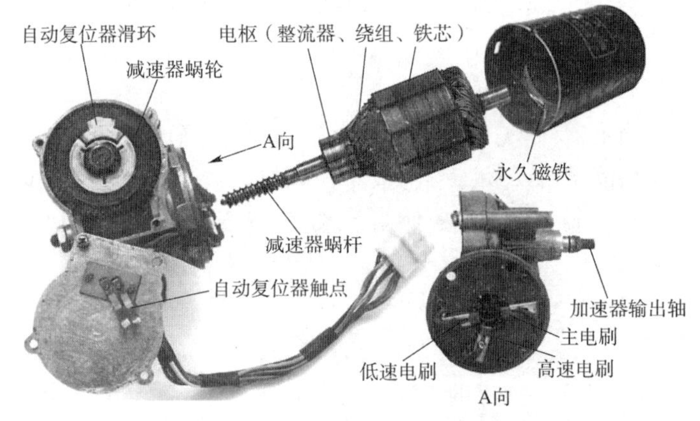

图 10-4　永磁式直流刮水电机结构图

(2)刮水电机的变速原理。

刮水电机里有 3 个电刷,可以实现高速和低速的运转。直流电动机旋转时,在电枢绕组内同时还产生反电动势,其方向与电枢电流的方向相反;当电枢通电后转速逐渐上升时,其绕组内同时产生一个反电动势,方向与电枢电流方向相反;电枢转速上升时,反电动势也相应上升,当电枢电流产生的电磁力矩与运转阻力矩平衡时,电枢的转速不再上升而趋于稳定。由于运转阻力矩一定时,电枢稳定运转所需要的电枢电流一定,对应的电枢绕组反向电动势的高低就一定。电枢绕组反向电动势与转速和正、负电刷之间串联的电枢线圈个数的乘积成正比。电枢绕组反向电动势一定时,转速和正、负电刷之间串联的电枢线圈个数成反比。

(3)刮水电机的电路原理图。

如图 10-5a)所示为刮水电机电源和正、负电刷接通时的电路原理图,图 10-5b)所示为刮水电机电源和负电刷及偏置电刷接通时的电路原理图。

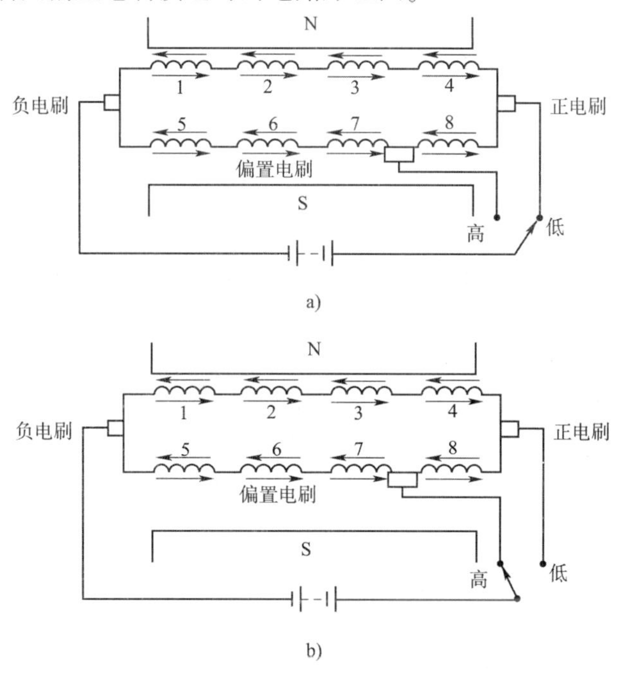

图 10-5　电源和正、负电刷接通与电源和负电刷及偏置电刷接通

a)电源和正、负电刷接通时;b)电源和负电刷及偏置电刷接通时

2. 联动机构

联动机构的作用就是把电动机的旋转输出运动传递到刮水臂,并转化为摆动运动,如图 10-6所示。

3. 刮水片

最终完成刮水作用的是刮水片,如图 10-7 所示。

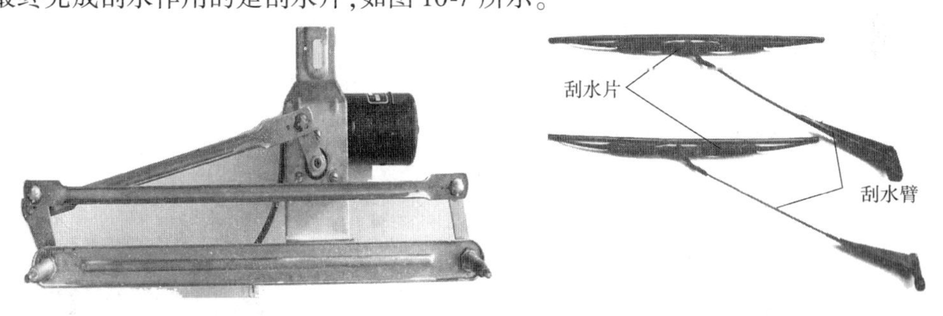

图 10-6　刮水器联动机构

图 10-7　刮水片

(1)刮水片的分类。

常见的刮水片分有骨刮水片和无骨刮水片,如图 10-8 所示。有骨刮水器靠骨架来使刮片和玻璃贴合,但由于这种贴合并不完全紧密,容易出现刮不干净、噪声大等问题,而且刮片磨损很快。而无骨刮水器是靠一整根导力条来分散压力,使得刮片各部分的受力均匀,可以

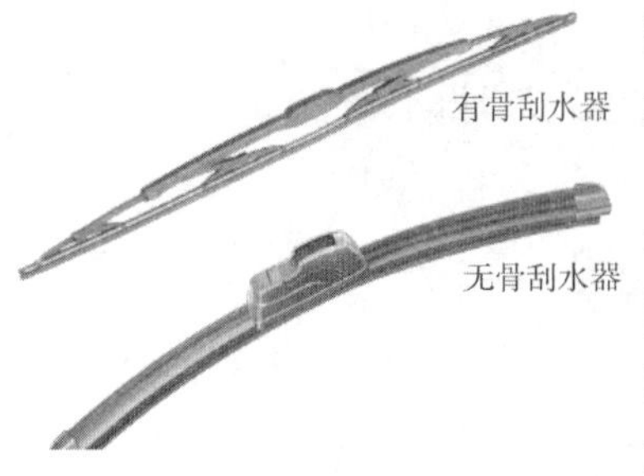

图 10-8　有骨和无骨刮水器片

减少水痕、擦痕的产生，而且可以降低刮片磨损，同时它的质量更轻，使刮水器电动机的寿命更长。

具体车型不同，刮水片的尺寸也就不同。有些车型左右两个刮水片长短一致，有些车型则是一长一短。虽然不同的尺寸有时也能够正常安装，但还是建议选用原厂标准的尺寸，因为刮水片过长可能导致两个刮水片发生干涉而无法正常工作，还会增加刮水器电动机的负担。而过短的话又无法达到清扫效果。

在选装刮水片前，一定要先弄清车辆的刮水器臂接口类型和刮水片的尺寸。如果刮水片的接口与车辆的刮水臂接口类型不对应，则无法进行安装。而如果选购的刮水片尺寸与车辆原厂刮水器尺寸不相符，即使能够安装，也会出现一些问题。

(2)刮水臂接口分类。

①U 形接口刮水臂(图 10-9)，属于比较老式的接口类型，有很强的通用性，只要刮水片是 U 形口的就可以安装，通常搭配有骨刮水片，但是拆装不是很方便。

②插拔式接口，拆卸方便、造型美观，通常搭配无骨刮水片，这种接口又分为多种不同的样式，在刮水片的选择上往往要求专车专用。

a. 专用接口 1。这种带有销孔接口的刮水器拆装起来十分方便，如图 10-10 所示。

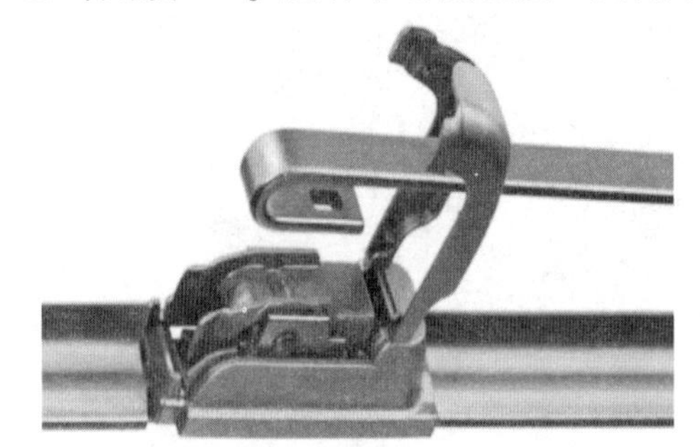
图 10-9　U 形接口刮水臂

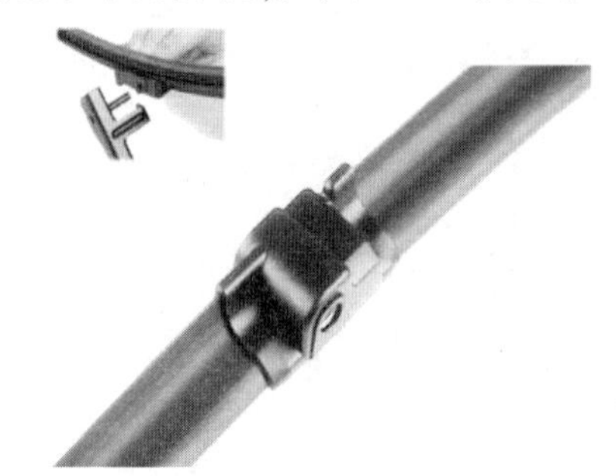
图 10-10　专用接口 1

b. 专用接口 2。这种直插式接口需要将方形卡扣按下进行拆装，如图 10-11 所示。

c. 专用接口 3。这种接口又被称为燕尾形接口，拆装时需要捏住两个“燕尾”以解除锁止，如图 10-12 所示。

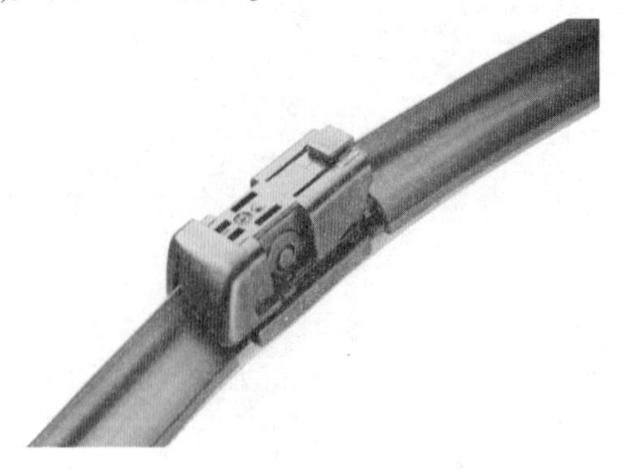
图 10-11　专用接口 2

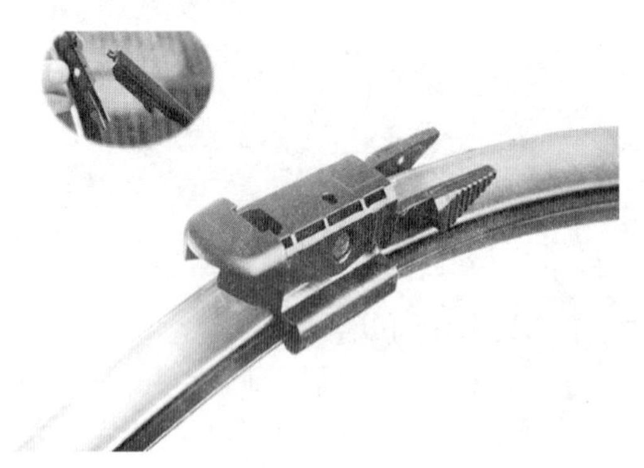
图 10-12　专用接口 3

(3)刮水器的使用。

在使用方法得当的前提下,一副无骨刮水片的使用寿命为2~4年,但由于多数人并不注意刮水器的正确使用及维护,导致刮水片的寿命降低。首先,清洁风窗时,一定要先喷玻璃水,干擦不仅会加速刮水器的磨损,严重时还会损坏刮水器电动机。

特别是冬季使用刮水器时,一定要先把风窗玻璃表面的冰碴清除后再使用刮水器。另外,为了防止刮水器胶片冻在玻璃上,可以在停车后把刮水片立起来,如图10-13所示。或者拿一块布垫在刮水片下面,把它和风窗玻璃隔离开来。

图10-13　冬季刮水片立起图

另外,刮水器的作用只是用来刮除玻璃上的雨水,并不是用来清洁杂物的,如果总是用来清洁风窗玻璃上的沙土等颗粒物,再好的刮水片也会很快报废。正确的做法是用湿的擦车布把风窗玻璃上的杂物擦去后,喷上玻璃水,再用刮水器刮干净。

如果刮水器已经无法将风窗玻璃刮干净,或者刮水时的噪声变大,那么刮水片很可能已经损坏,需要考虑进行更换了。

(三)风窗玻璃洗涤装置

风窗玻璃洗涤装置的组成如图10-14所示,主要由储液罐、洗涤泵、软管、喷嘴等组成。基本工作原理是工作时,开动洗涤泵,将储液罐的洗涤液通过软管、喷嘴而喷向风窗玻璃上,将尘污湿润,然后通过刮水器的雨刷片来回运动,将风窗玻璃洗刷干净。

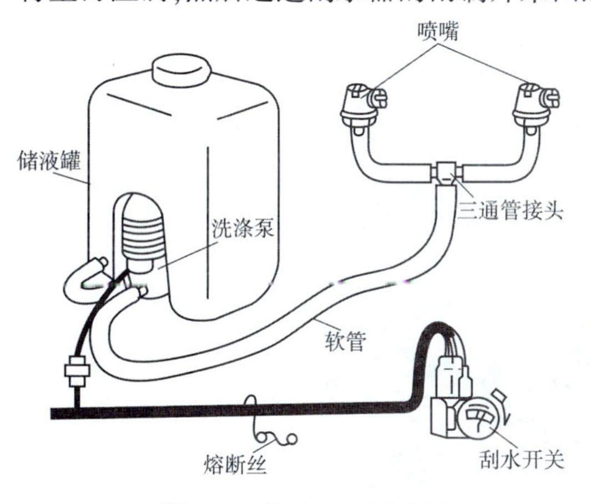

图10-14　风窗玻璃洗涤装置

(1)洗涤泵一般由永磁直流电动机和离心叶片泵组装成为一体。喷射压力可达70~88kPa。洗涤泵一般直接安装在储液罐上,但也有安装在管路内的。在离心泵的进口处设置有滤清器。洗涤泵连续工作一般不超过1min,对刮水和洗涤分别控制的汽车,应开动洗涤泵后接通刮水器,喷水停止后,刮水器应继续刮动3~5次。经过这样的配合,可以达到良好的清洁效果。

(2)喷嘴安装在风窗玻璃下面,其喷嘴方向可以调整,使水喷射在风窗玻璃的适当位置,喷嘴直径一般为0.8~1mm。喷嘴的安装有两种形式:一种是在前围板总成的左右两面各安装一个喷嘴,各自冲洗规定区域;另一种是将喷嘴安装在刮水臂内,当刮水臂作弧形刮水运动时,喷管嘴即刻向风窗玻璃上喷射清洗液。

洗涤液一般由水或者水与添加剂制成。为了能刮掉风窗玻璃上的油、蜡等物,可在水中加少量的去垢剂和防腐剂。注意冬季不用洗涤器时,应将洗涤管中的水放掉。

(四)电动刮水器及洗涤器开关

一汽大众刮水器及洗涤器开关挡位和控制内容如图10-15所示。刮水器拨杆和车灯拨杆一样,上面印了很多功能标识。虽然不同品牌的标识及标识的位置有所区别,但功能相似。

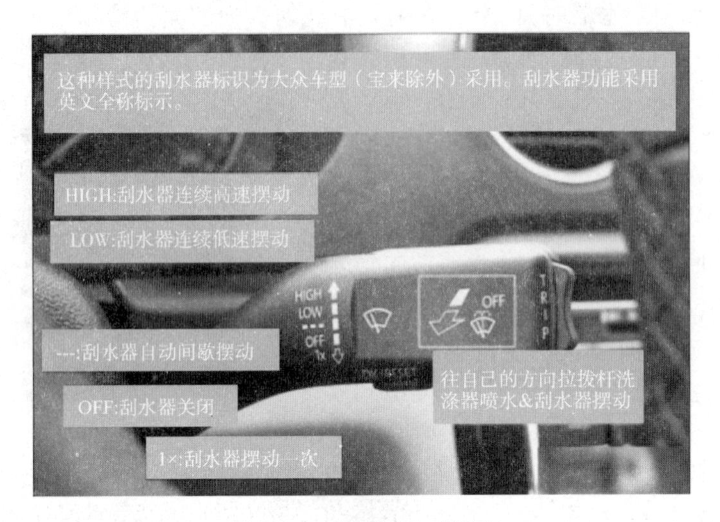

图10-15　刮水器洗涤开关图

一般来说,前刮水器有单次(1×)、间歇(INT)、慢速(LOW)、快速(HIGH)的功能,通过上下拨动拨杆实现。而单次(1×)功能的方向与其他几项功能方向相反,也就是说,如果向上拨动是单次,其他功能就通过向下拨动实现。并且拨动启动单次(1×)功能后拨杆会回位,而其他几项功能则是拨至不同挡位来实现,没有自动回位功能。

某些车型刮水器的自动间歇工作挡位是可以调节摆动频率的,让刮水器摆动频率根据车速高低而快慢不同——将刮水器拨杆置于“自动间歇摆动”挡位时,刮水器便会依照调节的频率,根据车速快慢来变化摆动频率,如图10-16所示。

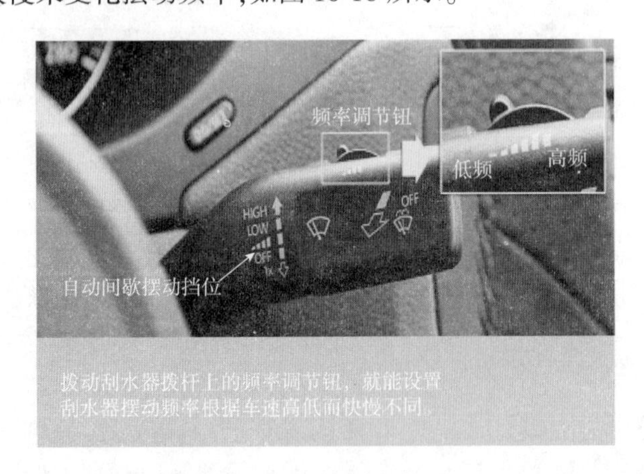

图10-16　刮水器摆动频率调节图

(五)电动刮水器及洗涤器电路图

图10-17为捷达轿车的刮水器与洗涤器电路图。

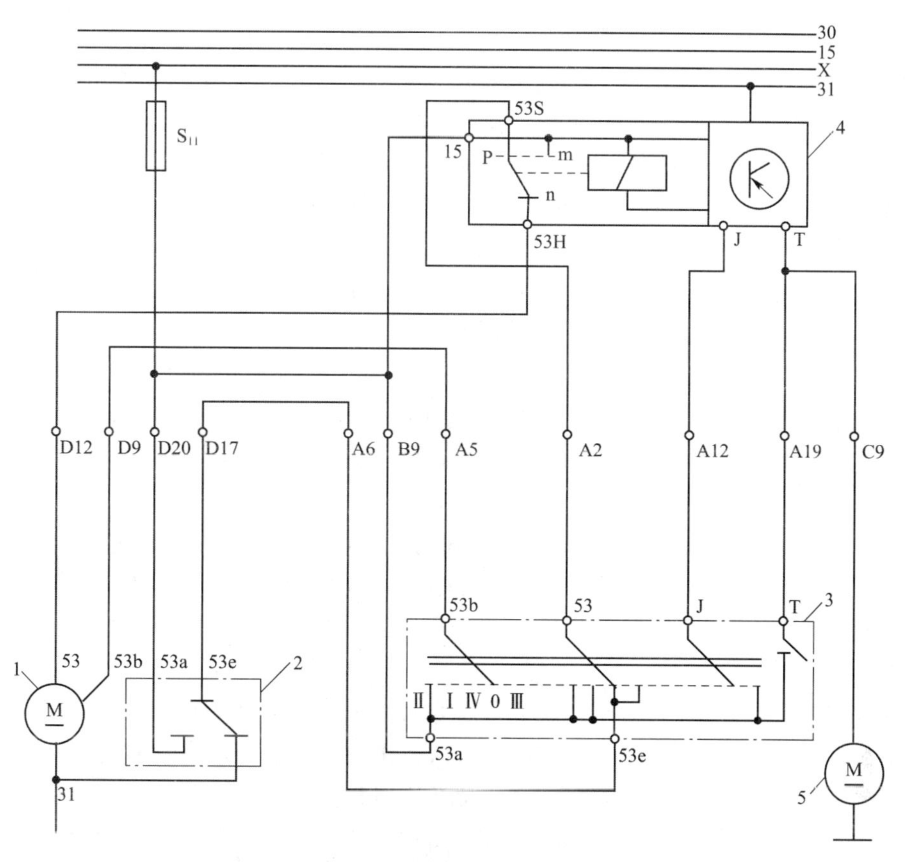

图10-17　捷达轿车刮水器与洗涤器电路图

1-刮水器电动机;2-自动复位器;3-刮水器与洗涤器开关;4-间歇继电器;5-洗涤电动机

1. 刮水器与洗涤器电路组成

(1)刮水器电动机总成(包括刮水器电动机1、减速器及自动复位器2)上共有5根线,它们分别为低速线53、高速线53b、电源线53a、复位线53e及搭铁线31(刮水器电动机1的搭铁线与自动复位器2的搭铁线合二为一)。自动复位器是一个单掷二位自动开关,其导通情况是:当刮水器开关关闭且刮水片回到风窗玻璃的最低位置,这时复位线53e与搭铁线31导通;当刮水器开关关闭而刮水片未回到风窗玻璃的最低位置,这时电源线53a与复位线53e导通。

(2)刮水器与洗涤器组合开关上有6个端子,即53a,53,53b,53e,J和T,它们分别与电源线、低速线、高速线、复位线、间歇线及洗涤线6根线相连接。刮水器开关是一个三掷五位开关,有0,Ⅰ,Ⅱ,Ⅲ,Ⅳ四个挡位,其中0挡为停止挡、Ⅰ挡为低速挡、Ⅱ挡为高速挡、Ⅲ挡为间歇挡、Ⅳ挡为点动挡。当刮水器开关处于停止挡或间歇挡时,开关上的53端子与53e端子接通,使低速线与复位线接通。洗涤器开关是一个点动开关,当向上抬组合开关手柄时,清洗泵的电路即接通,松开手柄,清洗泵电路便断开。

2. 工作原理

(1)低速挡电路。

当刮水器开关拨至Ⅰ挡时,开关的第二掷将53端子与53a端子接通,电路走向为:中央配电盒X路电→熔断器S_{11}→中央配电盒B区9号(简称B9,以下各接点均用简称)→刮水器与洗涤器组合开关上的端子53a→刮水器开关第二掷→刮水器与洗涤器组合开关上的端子53→A2→刮水继电器的53S端子→刮水继电器的触点P→刮水继电器的触点n→刮水继电器的53H端子→D12→刮水器电动机上的低速线53→刮水器电动机电枢→搭铁线31。此时刮水器电动机低速运转,刮水片低速摆动,主要在中雨天使用。

(2)高速挡电路。

当刮水器开关拨至Ⅱ挡时,开关的第一掷将53b端子与53a端子接通,电路走向为:中央配电盒X路电→熔断器S_{11}→B9→刮水器与洗涤器组合开关上53a端子→刮水器开关第一掷→刮水器与洗涤器组合开关上53b端子→A5→D9→刮水器电动机上的高速线53b→刮水器电动机电枢→搭铁线31。此时刮水器电动机高速运转,刮水片高速摆动,主要在大雨天使用。

(3)点动挡电路。

当刮水器开关向前拨至停止挡与Ⅰ挡之间的Ⅳ挡(点动挡)位置不松手时,开关的第二掷将53端子与53a端子接通,电路走向同低速挡。此时刮水器电动机低速运转,刮水片低速摆动。倘若一松手,刮水器开关会自动回到停止挡,刮水片回到最低位置后停止摆动。

(4)复位、停机电路。

将刮水器开关从低速挡、高速挡任一个挡拨回停止挡或从点动挡回到停止挡时,开关的第二掷将53端子与53e端子接通。倘若此时刮水片未回到最低位置,刮水器电动机自动复位器上的电源线53a与复位线53e导通。电路走向为:中央配电盒X路电→熔断器S_{11}→D20→自动复位器的53a端子→自动复位器的53e端子→D17→A6→刮水器与洗涤器组合开关上的53e端子→刮水器开关第二掷→刮水器与洗涤器组合开关上的53端子→A2→刮水继电器的53S端子→刮水继电器的触点P→刮水继电器的触点n→刮水继电器的53H端子→D12→刮水器电动机上的低速线53→刮水器电动机电枢→搭铁线31。刮水器电动机继续运转,刮水片继续摆动,直至到达最低位置。当刮水片到达最低位置时,自动复位器上的复位线53e与搭铁线31导通,电动机断电而停止运转,同时刮水片停止摆动。

(5)间歇挡电路。

当刮水器开关由停止挡向后拨至Ⅲ挡时,开关的第三掷将J端子与53a端子接通,也就接通了刮水继电器的电路使其投入工作。刮水继电器每隔6s左右使继电器的线圈通电一次,使触点m与n接通一次,刮水器电动机通电进而刮水片摆动一次,以适应车辆在小雨中行驶。电路走向为:中央配电盒X路电→熔断器S_{11}→刮水继电器的15端子→刮水继电器的触点m→刮水继电器的触点n→刮水继电器的53H端子→D12→刮水器电动机上的低速线53→刮水器电动机电枢→搭铁线31。

注意:当刮水器开关拨至间歇挡时,每次刮水片均能回到最低位置停住,原因是当刮水器开关处于间歇挡时,开关上的53端子与53e端子一直是接通状态。

(6)风窗玻璃清洗电路。

当向上抬组合开关手柄时,洗涤器开关将53a端子与T端子接通,此时一方面清洗泵电动机的电路接通,4个喷头向风窗玻璃喷洒清洗液;另一方面刮水继电器的电路也接通工作,刮水器电动机运转,刮水片摆动,刷洗风窗玻璃上的灰尘。当松开组合开关的手柄时,清洗泵便停止工作,同时刮水继电器、刮水器电动机也停止工作。电路走向为:中央配电盒 X 路电→熔断器 S_{11}→B”9→刮水器与洗涤器组合开关上 53a 端子→洗涤器开关→刮水器与洗涤器组合开关上 T 端子→A19→C9→洗涤电机→搭铁。

在中央配电盒内电分两路,一路经 C9 去清洗泵电动机;另一路去刮水继电器。刮水继电器使继电器的线圈通电,触点 m 与 n 接通,电路走向为:中央配电盒 X 路电→熔断器 S_{11}→刮水继电器的 15 端子→刮水继电器的触点 m→刮水继电器的触点 n→刮水继电器的 53H 端子→D12→刮水器电动机上的低速线 53→刮水器电动机电枢→搭铁线 31。

(六)电动刮水器及洗涤器的检查调整

1. 刮水器的检查

检查刮水器的方法很简单,喷出一些清洁液,然后开动刮水器,留意它的动作是否流畅,留心听是否有较大的“刮刮”声,如有,就表示雨刷过分压向玻璃,必须做出适当的调校。当刮水器扫完一至两下之后,看看是否有水珠留在风窗玻璃上,同时观察一下是否会留下一些划痕,如果很明显能够见到,就表示雨刷上的刮水胶条已经老化,应该更换新的胶条了。

如果各种故障现象都齐全,一定要检查刮水片。方法是将刮水片拉起来,用手指在清洁后的橡胶片上摸一摸,检查是否有损坏,以及橡胶叶片的弹性怎样。若叶片老化、硬化,出现裂纹,就应及时更换。此外,还要注意支杆连接至刮水臂的方式是否匹配,因为有的支臂是用螺钉固定到摇臂上的,而有些则是用建点的凸扣锁死的,一定要认准。

2. 洗涤液的检查

洗涤液也要定期检查,找到洗涤液加注壶,(图 10-18),上面有刻度,当液面低于最小刻度的时候,就需要加注洗涤液了。

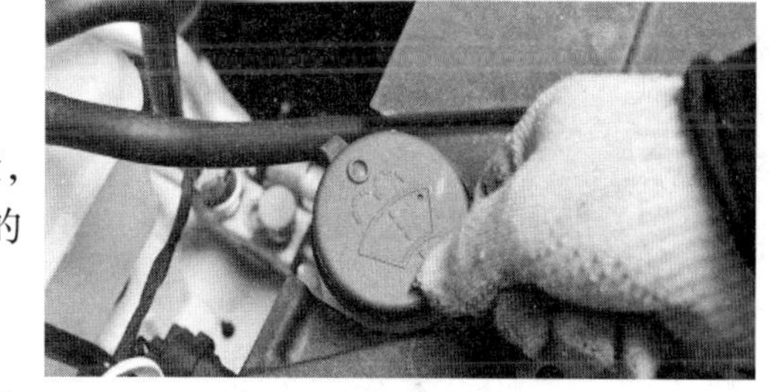

图 10-18　汽车洗涤液检查

3. 喷嘴的检查

正常的车辆标配都有两个喷嘴,用来清洗前风窗玻璃。喷嘴位置在玻璃底部刮水器转轴附近,也有的车辆是设置在发动机舱盖上,如图 10 19 所示。

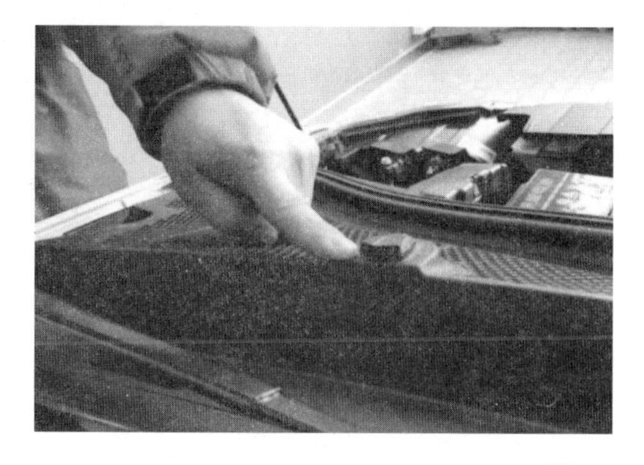

图 10-19　喷嘴位置

喷水位置应为风窗玻璃中偏上位置,如喷水位置过高或者过低,则需要调整,如图 10-20 所示。

调整时,可以用大头针将喷嘴喷水调整到合适位置,如图 10-21 所示。调整完毕后,应再次检查喷水位置是否合适。(注意:在使用大头针时切勿将喷嘴损坏)

图 10-20　喷水角度检查

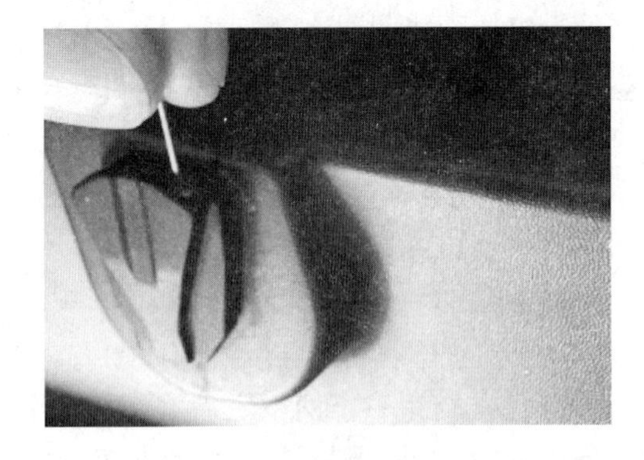

图 10-21　用大头针将喷嘴喷水调整到合适位置

(七)风窗刮水器与洗涤装置的故障检修

1. 风窗刮水器的故障检修

在对风窗刮水器系统的故障进行检修之前,首先要确定是电路故障还是机械故障。最简单的方法就是从电动机上拆下连接刮水片的机械臂。接通刮水器系统,观察电动机的运行。如果电动机工作正常,则是机械问题。

风窗刮水器系统常见的故障有刮水器不工作、间断性工作、持续操作不停及刮水器不能复位等。下面以桑塔纳轿车为例,分析风窗刮水器系统的故障诊断方法。

(1)刮水器不工作。

如果刮水器在所有挡位都不工作,按照图 10-22 步骤进行检查。

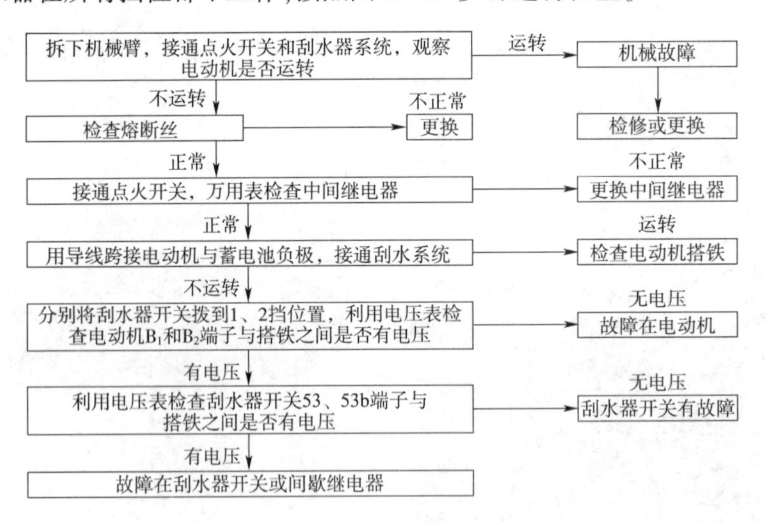

图 10-22　刮水器不工作的检查步骤

(2)刮水器速度比正常慢或转动无力。

电气或机械故障均能引起刮水器速度比正常慢。

大多数导致刮水器动作慢的电路故障是由于接触电阻大而引起的。如果故障表现为所有的速度挡都慢,应检查电源到刮水器开关之间的电路,主要是中间继电器、熔断丝和刮水器开关连接线端子插接是否牢固可靠。电源供电电路正常,则应检查刮水器开关中有无接触不良的现象。

如果电源供电网路正常,则应检查刮水电动机的搭铁回路是否正常,其方法是:将电压表的正表笔接电动机的搭铁端(或电动机壳体),负表笔接电池负极,电压降不应超过0.1V,否则应修复电动机搭铁回路。

最后检查电动机轴承和蜗轮组的润滑情况。

(3)间歇刮水系统不正常。

如果刮水系统只是在间歇挡位工作不正常,首先应检查间歇继电器的搭铁是否良好。如果搭铁正常,则利用欧姆表检查继电器到刮水器开关之间的电路;如果连接线路也是良好的,则应更换间歇继电器。

(4)刮水器不能复位。

造成刮水器不能复位的故障可能是复位开关的原因,也可能是刮水器开关内接触片变形所致。最常见的是与复位开关有关的故障:当开关断开时,刮水器就停在该位置,这时首先要拆下电动机端盖,接通刮水开关,观察复位开关的工作情况。当关闭刮水器开关时,复位开关应能使其常闭触点闭合到位,否则应更换复位开关。

2. 风窗洗涤装置的故障检修

风窗洗涤装置常见的故障有洗涤器电动机不转;洗涤器运转正常,但喷水无力或不喷水;按下洗涤器按钮,熔断丝随即熔断等。

(1)洗涤器电动机不转。按下风窗玻璃洗涤器按钮后,洗涤器电动机不转,检查其熔断丝是否完好。诊断流程如图10-23所示。

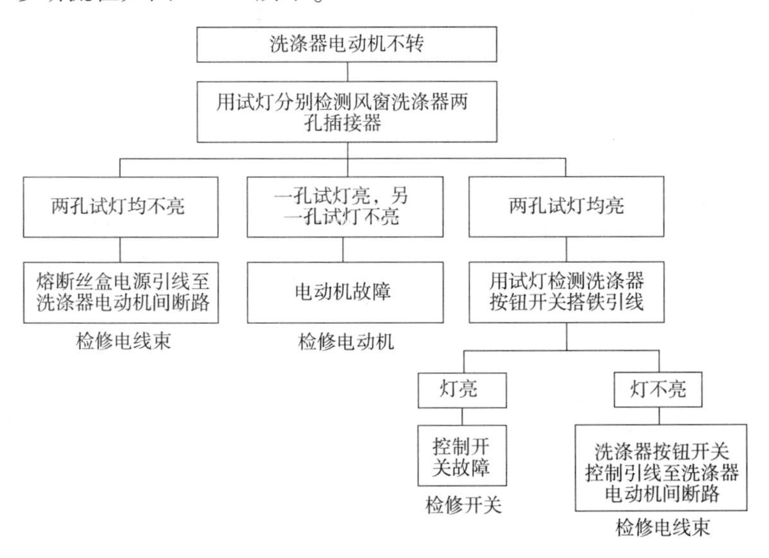

图10-23　洗涤器电动机不转诊断流程图

(2)洗涤器运转正常,但喷水无力或不喷水。按下风窗玻璃洗涤器按钮后,洗涤器电动机有运转声但喷水无力或不喷水。诊断流程如图10-24所示。

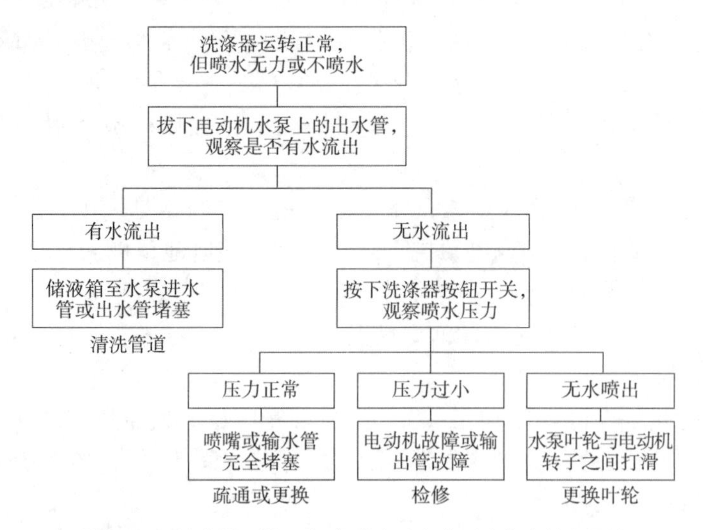

图 10-24　洗涤器运转正常，但喷水无力或不喷水诊断流程图

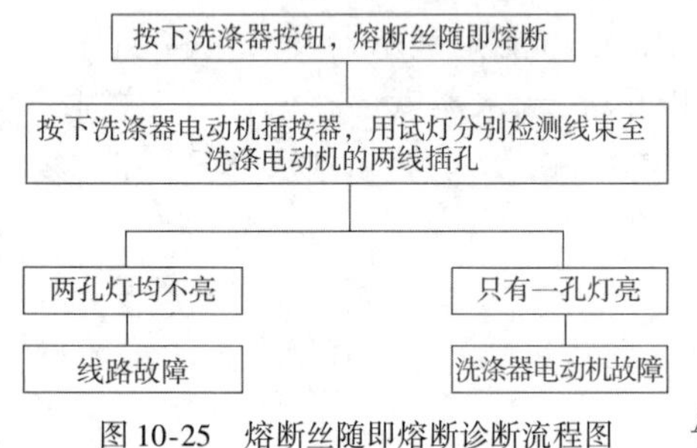

图 10-25　熔断丝随即熔断诊断流程图

(3) 按下洗涤器按钮，熔断丝随即熔断。

诊断流程如图 10-25 所示。

二、汽车喇叭

(一) 喇叭的作用

目前汽车上所用的喇叭多为电喇叭，主要用于警告行人和其他车辆，以引起注意，保证行车安全。

(二) 喇叭的分类

喇叭按发音动力有气喇叭和电喇叭之分；按外形有螺旋形、筒形、盆形之分，如图 10-26、图 10-27 所示；按声频有高音和低音之分；按接线方式有单线制和双线制之分。

图 10-26　盆形

图 10-27　螺旋形

气喇叭是利用气流使金属膜片振动产生音响，外形一般为筒形，多用在具有空气制动装置的重型载货汽车上。电喇叭是利用电磁力使金属膜片振动产生音响，其声音悦耳，广泛应用于各种类型的汽车上。

电喇叭按有无触点可分为普通电喇叭和电子电喇叭。普通电喇叭主要是靠触点的闭合和断开，控制电磁线圈激励膜片振动而产生音响的；电子电喇叭中无触点，它是利用晶体管电路激励膜片振动产生音响的。

在中小型汽车上，由于安装的位置限制，多采用螺旋形和盆形电喇叭。盆形电喇叭具有体积小、质量轻、指向好、噪声小等优点。

(三)汽车电喇叭的结构和工作原理

1. 筒形、螺旋形电喇叭

筒形、螺旋形电喇叭的构造如图10-28所示。其主要构件有山形铁芯、线圈、衔铁、膜片、共鸣板、扬声筒、触点以及电容器等。膜片和共鸣板借中心杆与衔铁、调整螺母、锁紧螺母联成一体。通过线圈的通断使得膜片不断振动,从而发出一定音调的音波,由扬声筒加强后传出。

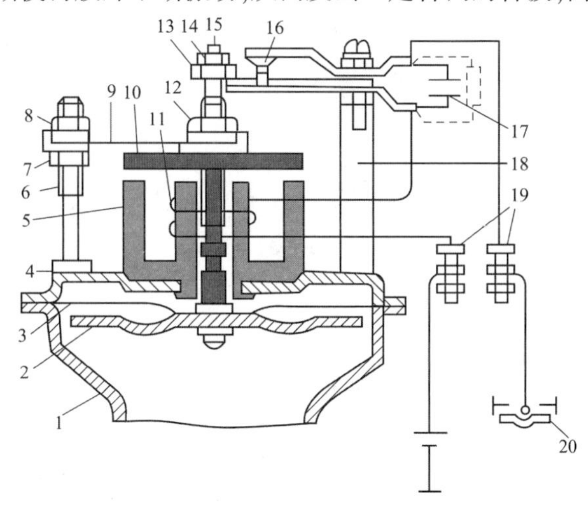

图10-28　筒形、螺旋形电喇叭

1-扬声器;2-共鸣板;3-膜片;4-底板;5-山形铁芯;6-线螺柱;7、13-调整螺钉;8、14-锁紧螺母;9-弹簧片;10-衔铁;11-线圈;12-锁紧螺母;15-中心杆;16-触点;17-电容器;18-导线;19-接线柱;20-按钮

2. 盆形电喇叭

盆形电喇叭工作原理与筒形、螺旋形电喇叭相同,都是通过控制线圈的开闭使得膜片振动引起共鸣板共鸣来发声的。只不过盆形电喇叭的发声效果更好些,在没有扬声筒的情况下,仍能够发出较大的声响。其结构特点如图10-29所示。

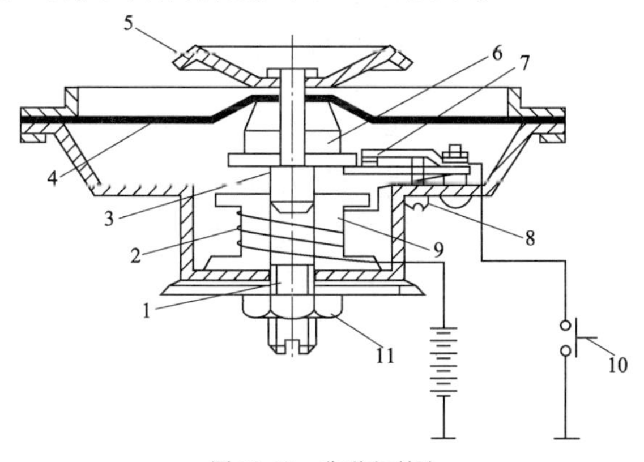

图10-29　盆形电喇叭

1-下铁芯;2-线圈;3-上铁芯;4-膜片;5-共鸣板;6-衔铁;7-触点;8-调整螺母;9-铁芯;10-按钮;11-锁紧螺母

3. 电子电喇叭

图10-30为盆形电子电喇叭的结构,其电路如图10-31所示。

由于晶体三极管取代了触点,避免了触点烧蚀等故障的产生,使得电喇叭的工作性能更为可靠。

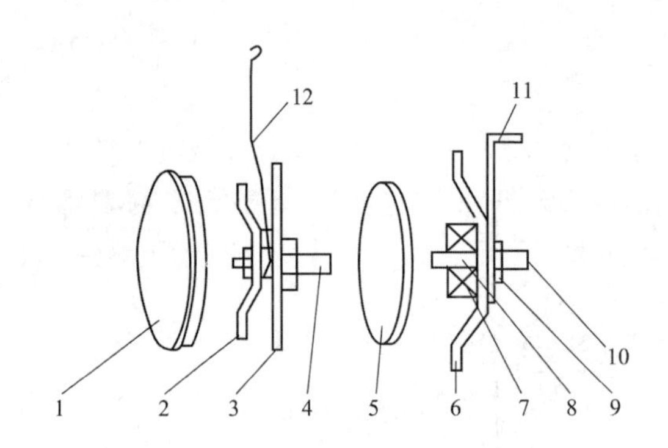

图 10-30 盆形电子电喇叭的结构

1-罩盖;2-共鸣板;3-绝缘膜片;4-上衔铁;5-绝缘垫圈;6-喇叭体;7-线圈;8-下衔铁;9-锁紧螺母;10-调节螺钉;11-托架;12-导线

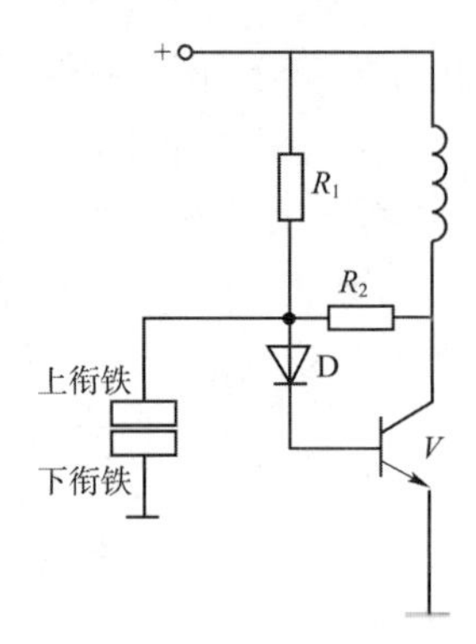

图 10-31 WDL-120G 型电子电喇叭电路

R_1-100Ω;R_2-470Ω;D-2CZ;V-D478B

(四)喇叭继电器的作用与工作原理

为了得到较为和谐悦耳的声音,在汽车上常装有两个不同音调(高、低音)的电喇叭。其中高音喇叭膜片厚、扬声筒短,低音喇叭则相反。

装用单只螺旋形电喇叭或两只盆形喇叭时,电喇叭总电流较小(<8A),一般直接由转向盘上喇叭按钮控制。当装用两只螺旋形电喇叭时,电喇叭耗用电流较大(>15~20A),用按钮直接控制,易烧蚀按钮触点。

为避免这个缺点,可采用喇叭继电器控制双音电喇叭。

喇叭继电器的作用就是利用铁芯线圈的小电流控制触点的大电流,从而保护转向盘按钮触点。

喇叭继电器结构和接线如图 10-32 所示。按下转向盘上喇叭按钮时,喇叭继电器线圈得电,继电器铁芯产生电磁吸力,将继电器触点闭合,接通了双音电喇叭,喇叭发音。松开转向盘上的喇叭按钮时,继电器线圈断电,铁芯电磁吸力消失,触点在自身弹力作用下张开,切断了电喇叭电路,电喇叭停止发音。

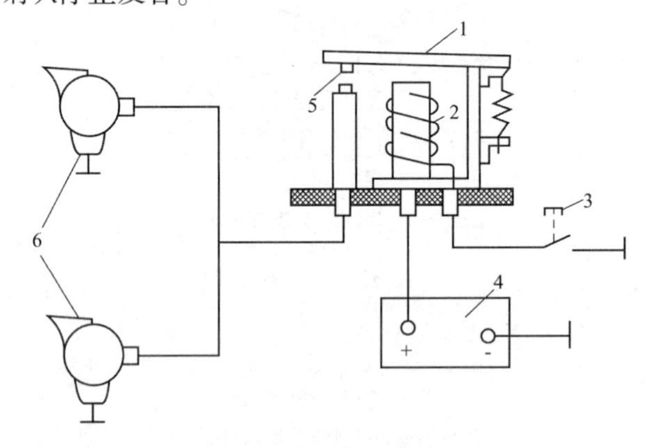

图 10-32 喇叭继电器工作图

1-触点臂;2-线圈;3-按钮;4-电池;5-触点;6-喇叭

(五)电喇叭的调整

不同形式的电喇叭其构造不完全相同,所以调整方法也不一致,但调整原则基本相同。

1. 喇叭音调的调整

减小衔铁与铁芯间的间隙,可以提高音调,反之则降低音调。间隙值视喇叭的高、低音及规格型号而定。

螺旋形喇叭调整:先松开锁紧螺母,然后转动衔铁 4,即可改变衔铁与铁心气隙 δ,如图 10-33 所示。

2. 电喇叭音量的调整

电喇叭音量的大小与通过喇叭线圈中的电流大小有关。可通过改变触点的压力进而改变其接触电阻,以实现喇叭线圈中的电流大小的不同,最终实现喇叭音量大小的改变。如图 10-34 所示,逆时针转动时,音量增大。调整时不可太急,每次只需对调节螺母转动 1/10 圈。

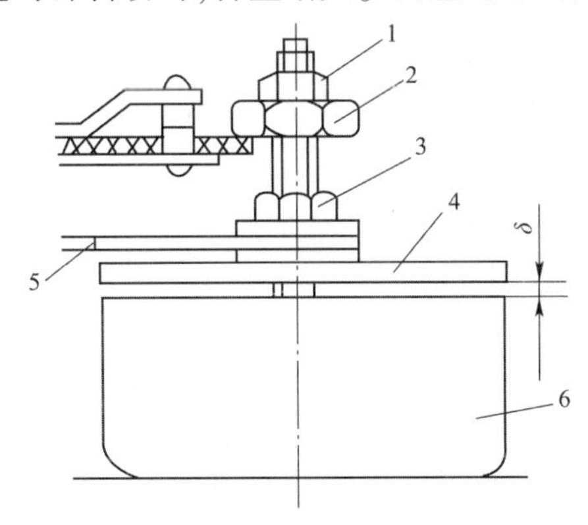

图 10-33 螺旋形喇叭结构

1、3-锁紧螺母;2-调节螺母;4-衔铁;5-弹簧片;6-铁芯;δ-铁芯间隙

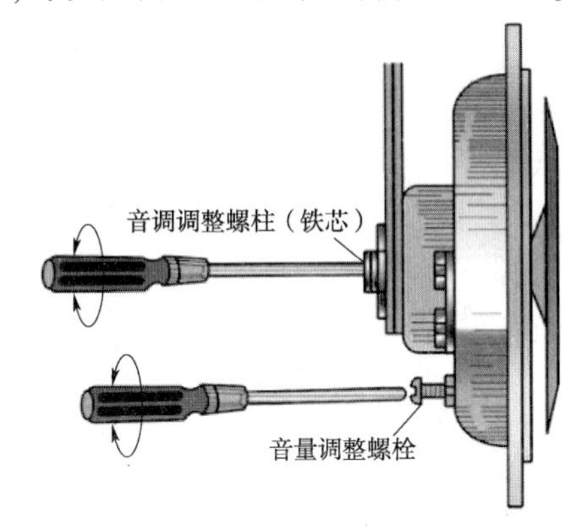

图 10-34 电喇叭的调整

3. 电喇叭的维护

喇叭触点应保持清洁,其接触面积不应低于 80%。如果有严重烧蚀应及时进行检修。喇叭的固定方法对其发音影响极大,为了使喇叭的声音正常,喇叭不能作刚性的装接,而应固定在缓冲支架上,即在喇叭与固定支架之间装有片状弹簧或橡皮垫。

(六)喇叭的故障诊断

要解决喇叭故障,需要从三个方面去考虑,即喇叭本身、喇叭开关触点以及喇叭线束,当出现故障时可以参考下面的步骤进行检查。

(1)有时不响。按喇叭开关,如果喇叭有时响,有时不响,多是喇叭开关内部的触点接触不好,有些也是喇叭本身的问题。

(2)声音沙哑。多是由于插头接触不良,特别是转向盘周围的各个触点,由于使用频繁,容易使触点出现磨损。

(3)完全不响。首先检查熔断丝是否熔断,然后拔下喇叭插头,用万用表测量在按喇叭开关时此处是否有电。如果没有电,应检查喇叭线束和喇叭继电器;如果有电,则是喇叭本身的问题。此时也可以试着调节喇叭上的调节螺母看是否能发声,如果还是不能发声,则需要更换喇叭。

了解清楚刮水器的功能和用途、工作过程,我们在雨天行车时才能从容面对,而不至于手忙脚乱。在出现故障时,我们就知道该怎么分析,怎么处理。汽车喇叭也一样,我们不但应学会使用,还要知道它的工作原理以及维护和故障处理。

思考与练习

一、填空题

1. 刮水器的作用是清扫风窗玻璃上的________、________,保证汽车在雨大或雪大时,驾驶员有良好的________,确保行驶________。

2. 刮水电动机里有________电刷,可以实现________和________的运转。

3. 常见的刮水片分________和________。

4. 刮水器开关共有四个挡位,它们分别是________、________、________、________挡。

5. 风窗玻璃洗涤装置主要由________、________、________、________等组成。

6. 喇叭按发音动力有________和________之分;按声频有________和________之分;按接线方式有________和________之分。

二、判断题

1. 目前汽车上广泛使用的是电动式刮水器。 (　　)

2. 刮水片分为有骨刮水片和无骨刮水片。 (　　)

3. 刮水电动机里有两个电刷,可以实现高速和低速运转。 (　　)

4. 所有车型的刮水片的尺寸一样。 (　　)

5. 如果使用方法得当,一副无骨刮水的使用寿命可以达到 2 ~4 年。 (　　)

6. 无骨刮水片比有骨刮水片好用。 (　　)

7. 冬季不用洗涤器时,应将洗涤管中的水放掉。 (　　)

8. 喇叭按发音动力有高音喇叭和低音喇叭之分。 (　　)

9. 喇叭继电器的作用就是利用铁芯线圈的小电流控制触点的大电流,从而保护转向盘按钮触点。 (　　)

10. 刮水片在汽车的所有部件里是最不重要的,可有可无。 (　　)

三、简答题

1. 简述电动刮水器的作用。

2. 简述风窗玻璃洗涤装置的基本工作原理。

3. 电喇叭音量的大小是如何改变的?

4. 描述刮水器开关低速工作过程、高速工作过程。

项目十一　照明灯光控制电路检修

学习目标

完成本项目学习后,你应能:

1. 准确描述汽车灯光的作用和组成;
2. 正确说出汽车上各个车灯的安装位置;
3. 正确识读前照灯电路图,并能写出其电流路径;
4. 正确叙述照明灯光的常见故障;
5. 准确描述照明灯光控制电路故障的检测方法。

建议学时

6 学时。

汽车照明系统是汽车安全行驶的必备系统之一。它对车辆在晚上行驶时起到决定性的作用,为驾驶员看清道路提供照明,也有提醒其他车辆驾驶员和行人的作用。

一、照明系统的作用

照明系统的作用主要是夜间道路照明、车厢内部照明、车辆宽度标示、仪表与夜间检修等。

二、照明系统的组成

汽车照明系统由电源、照明灯具、控制装置等组成。汽车照明灯按其安装位置和用途不同,可分为外部照明灯和内部照明灯。

(一)车外照明灯

车外照明灯有前照灯、雾灯、倒车灯、牌照灯等,如图 11-1 所示。

1. 前照灯

前照灯又叫前大灯,装于汽车头部两侧,用于夜间行车道路的照明,如图 11-2 所示。有两灯制和四灯制之分。每辆车安装 2 只或 4 只,装于外侧的一对应为近、远光双光束灯,装于内侧的一对应为远光单光束灯。

对前照灯的要求:

为了确保夜间行车的安全,前照灯应保证车前有明亮而均匀的照明,使驾驶员能够辨明车前 100m(或更远)内道路上的任何障碍物。前照灯应具有防炫目的装置,以免夜间会车时,使对方驾驶员目眩而发生事故。

图 11-1　照明灯具

图 11-2　前照灯

2. 雾灯

雾灯安装于汽车的前部和后部。用于在雨雾天气行车时照明道路和为迎面来车及后面来车提供信号。前雾灯安装在前照灯附近,一般比前照灯的位置稍低,因为雾天能见度低,驾驶员视线受到限制,如图 11-3 所示。红色和黄色是穿透力最强的颜色,前雾灯光色为黄色,这是因为黄色光光波较长,具有良好的透雾性能,灯泡功率一般为 35W。

后雾灯采用单只时,应安装在车辆纵向平面的左侧,与制动灯间的距离应大于 100mm,后雾灯灯光光色为红色,以警示尾随车辆保持安全距离,灯泡功率一般为 21W。

3. 倒车灯

倒车灯安装在汽车尾部的两侧,灯光光色为白色,功率一般为 28W。当驾驶员将变速器挂入倒挡时,倒车灯点亮,照亮车辆后侧(有的还会伴有语音提示),同时警示后方车辆及行人注意安全。有的车辆上只有一个倒车灯,如图 11-4 所示。

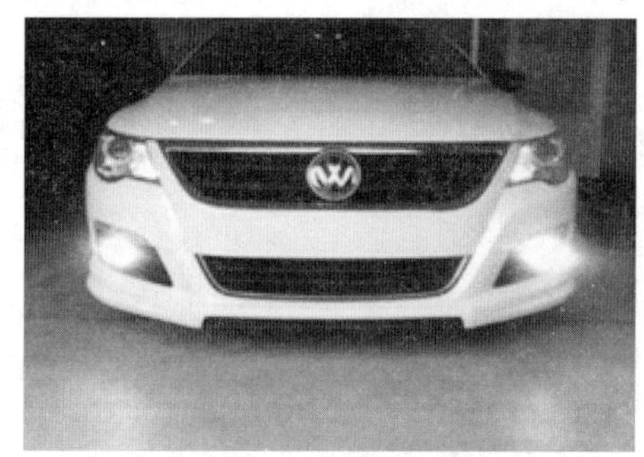
图 11-3　前雾灯

图 11-4　倒车灯

4. 牌照灯

牌照灯用于照亮车辆牌照,要求夜间在车后 20m 处能看清牌照号码。牌照灯装在汽车尾部牌照的上方或左右两侧,灯光光色为白色,灯泡功率为 8 ~ 10W(图 11-5)。它没有单独的开关控制,受示宽灯或前照灯开关控制。

图 11-5　牌照灯

按规定要求牌照灯必须与小灯同一个开关控制。

(二) 车内照明灯

车内照明灯有顶灯、仪表灯、踏步灯、工作灯、行李舱灯等。主要是为驾驶员、乘客提供方便。灯光光色为白色，灯泡功率在 2 ~ 20W 范围内。

1. 顶灯

安装在驾驶室或车厢内顶部，为驾驶室或车厢内的照明灯具。灯光颜色一般为白色，如图 11-6 所示。

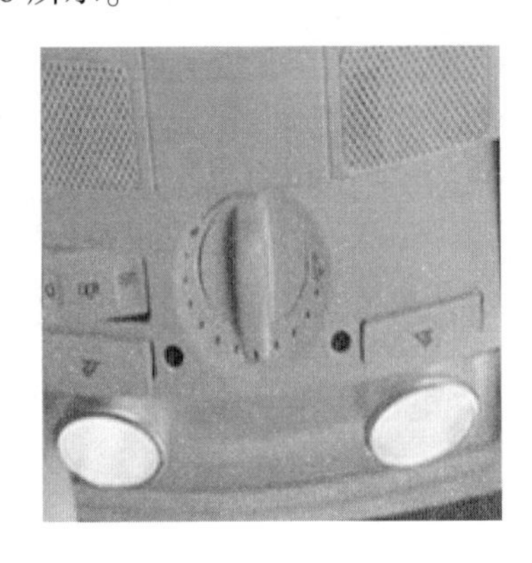

图 11-6　顶灯

2. 仪表灯

安装于仪表盘内，它用来照明汽车仪表，灯光颜色一般为白色。

3. 踏步灯

一般安装在汽车的上下车台阶的左右两侧，用来照明车门的踏步处，方便乘客上下车，灯光颜色一般为白色。

4. 工作灯

工作灯是车辆维修时可以移动使用的一种随车低压照明工具，电源来自发电机或蓄电池。常常带有挂钩或夹钳，插头有点烟器式或两柱插头式两种。

5. 行李舱灯

轿车行李舱内的灯具，灯光为白色。

(三)控制装置

前照灯、行车灯、雾灯、牌照灯、仪表照明灯都由灯光开关控制。开关分为两种：一种是旋钮式开关，装在仪表板上，如图 11-7 所示；一种是拨杆式开关，如图 11-8 所示。

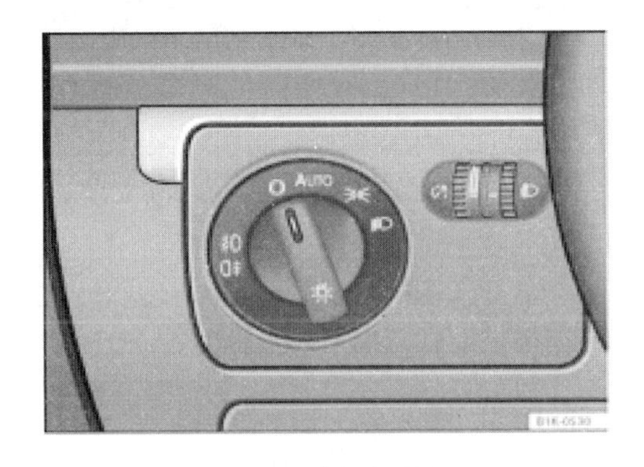

图 11-7　旋钮式开关

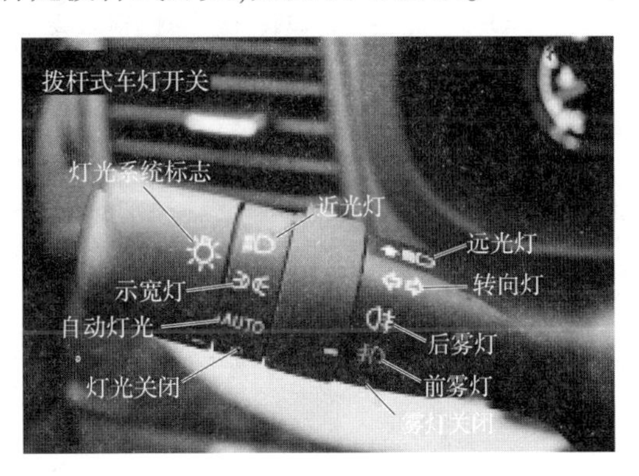

图 11-8　拨杆式开关

对于前照灯,除了车灯开关以外,还有变光开关,对远近光进行变换。图 11-9 所示为高尔夫轿车的变关开关。

变光开关的操作如图 11-10 所示。

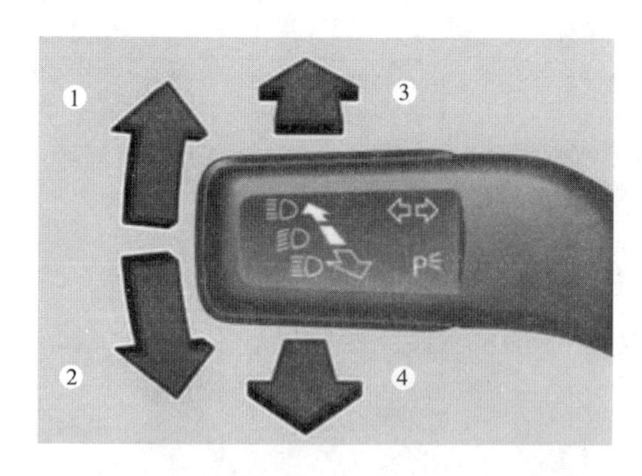

图 11-9　变光开关

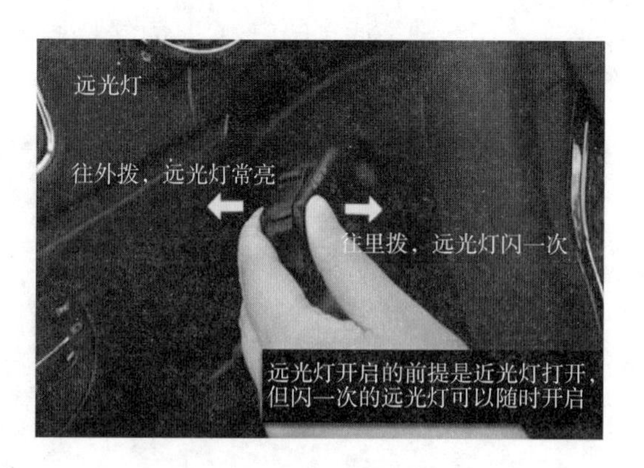

图 11-10　变光开关的操作

三、照明系统电路分析

(一)捷达轿车照明系电路图

图 11-11 为捷达轿车的部分照明电路图。

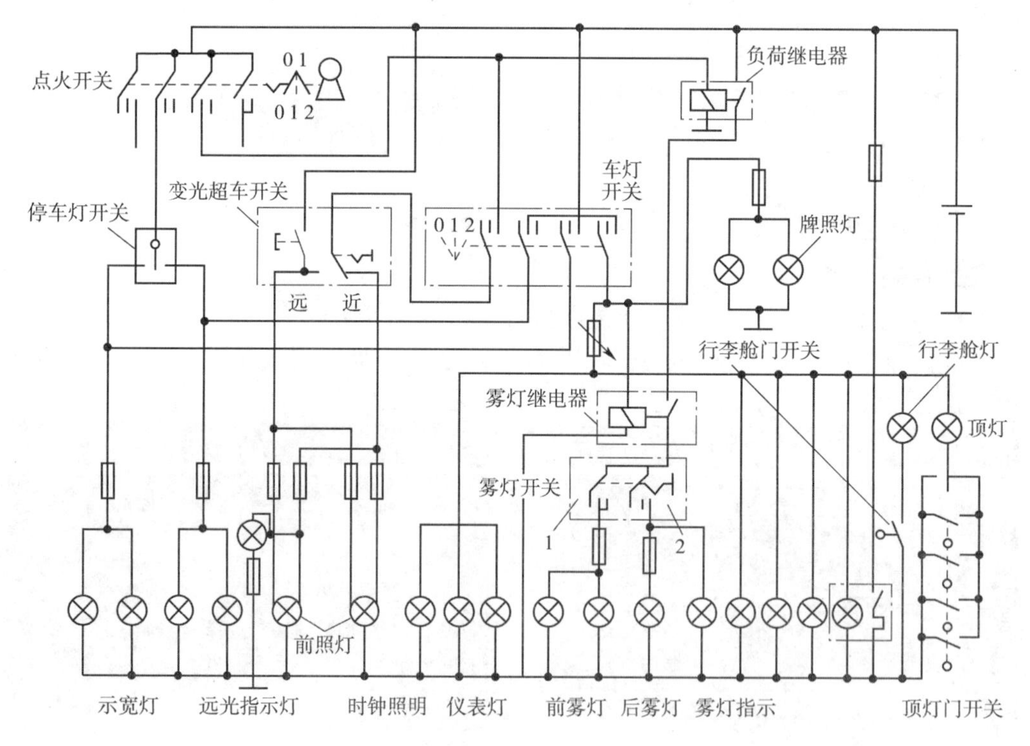

图 11-11　捷达轿车照明系统电路图

1. 捷达轿车照明系统电路图的组成

电源:蓄电池(54Ah)。

开关:点火开关、车灯开关、变光开关、雾灯开关。

继电器:减荷继电器、雾灯继电器、灯光继电器。

保险:S1、S2、S11、S12。

灯具:左右(停车)小灯、远光指示灯、前照灯、牌照灯、雾灯指示灯、前雾灯、后雾灯。

2. 识读方法

识读各电器设备的各接线柱分别和哪些电路设备的哪个接线柱相连,识读分线路上的开关、熔断丝装置、继电器结构和作用。上面照明系电路图中,首先确认开关的连接线,点火开关和车灯开关、变光开关的30接线柱都是和电源直接连接;车灯开关的58R、58L和熔断丝连接直接接到左右(停车)小灯。所以在看图的时候,找到开关上的接线柱和哪些用电器连接,顺藤摸瓜,就能理清楚电路之间的连接关系。

3. 电路分析

(1)前照灯由点火开关和车灯开关共同控制。当点火开关置于1挡、车灯开关置2挡时,电流由电源正极→点火开关1挡→车灯开关2挡→变光开关→继电器→熔丝→前照灯→搭铁→电源负极,前照灯亮。通过变光开关控制远、近光变换。此外,远光灯还由超车开关直接点动控制,在汽车超车时当作超车信号灯用。

(2)雾灯由点火开关、雾灯继电器、车灯开关控制。雾灯继电器线圈由车灯开关控制,雾灯继电器触点由负荷继电器控制,负荷继电器由点火开关控制。

若要使用雾灯,点火开关必须置于1挡使负荷继电器接通,为雾灯继电器触点供电;车灯开关必须置于1挡或2挡使雾灯继电器接通,这时,雾灯开关就可以控制雾灯了。

雾灯开关置于1挡接通前雾灯的电路,置于2挡同时接通前、后雾灯和雾灯指示灯的电路。

(3)牌照灯由车灯开关直接控制,不受点火开关控制,在车灯开关置于1挡或2挡时亮。

(4)仪表板、时钟、点烟器、雾灯开关、后风窗除霜器开关、空调开关等的照明灯均由车灯开关直接控制。

当车灯开关在1挡或2挡时,上述照明灯均被接通。同时其亮度可通过仪表灯调光电阻进行调节。

(5)顶灯由顶灯开关和门控开关共同控制。当顶灯开关接通时(手动),顶灯亮。当顶灯开关断开时,顶灯由4个门控开关控制,只要有一个门关闭不严,这个门控开关就接通,顶灯就亮。

(6)行李舱灯由行李舱灯门控开关控制。当行李舱门打开时,门控开关闭合,行李舱灯亮。

(二)高尔夫6轿车照明系统

1. 电路图分析

图11-12为高尔夫6轿车右侧灯具电路图。

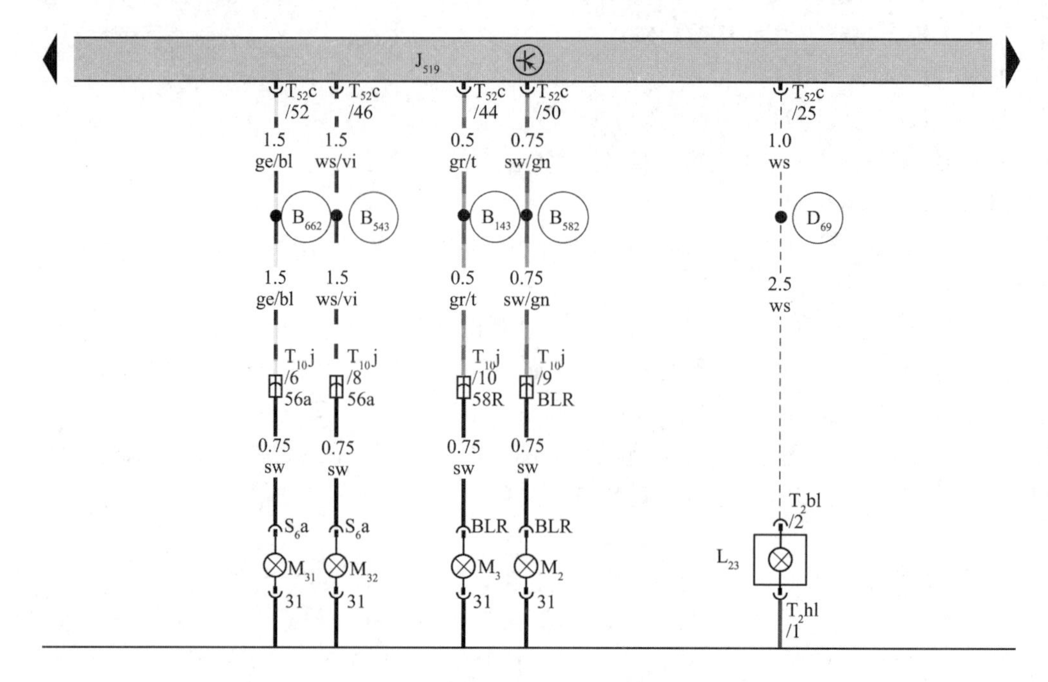

图 11-12　高尔夫 6 轿车右侧灯具电路图

J_{519}-车载电网控制单元；L_{23}-右侧前雾灯灯泡；M_3-右侧停车灯灯泡；M_2-右前转向灯灯泡；M_{31}-右侧近光灯灯泡；M_{32}-右侧远光电灯泡；T_{10}j-10 芯插头连接，右侧前照灯上；T_{52}a-52 芯插头连接

图 11-13 为高尔夫 6 轿车左侧灯具电路图。

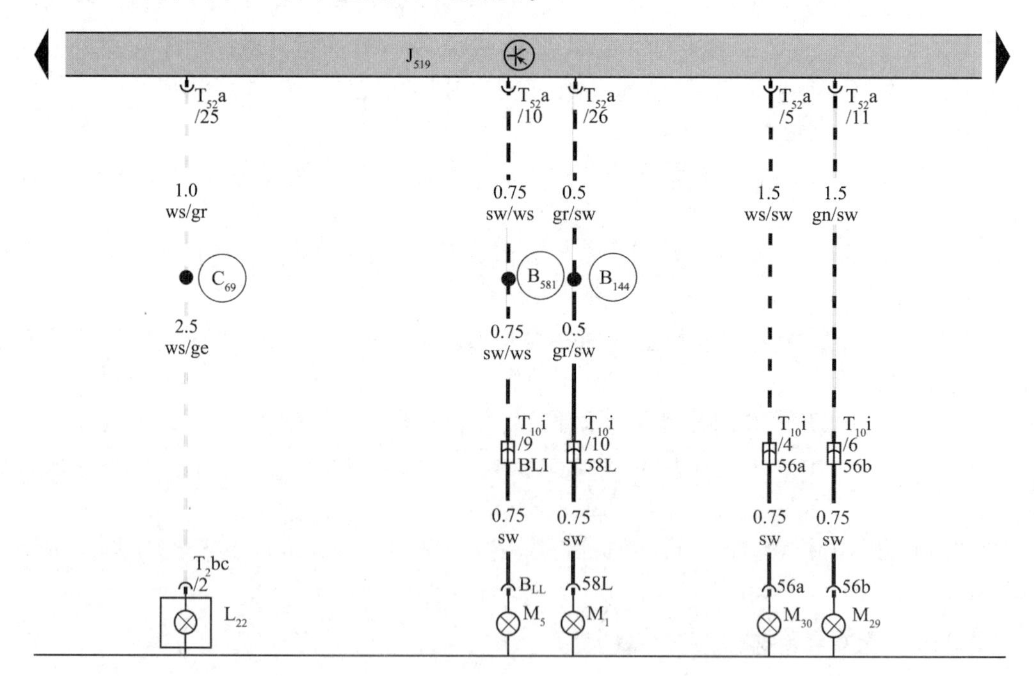

图 11-13　高尔夫 6 轿车左侧灯具电路图

J_{519}-车载电网控制单元；L_{22}-左侧前雾灯灯泡；M_1-左侧停车灯灯泡；M_5-左前转向灯灯泡；M_{29}-左侧近光灯灯泡；M_{30}-左侧远光电灯泡；T_{10}i-10 芯插头连接，左侧前照灯上；T_{52}a-52 芯插头连接

图 11-14 为高尔夫 6 轿车车灯开关电路图。

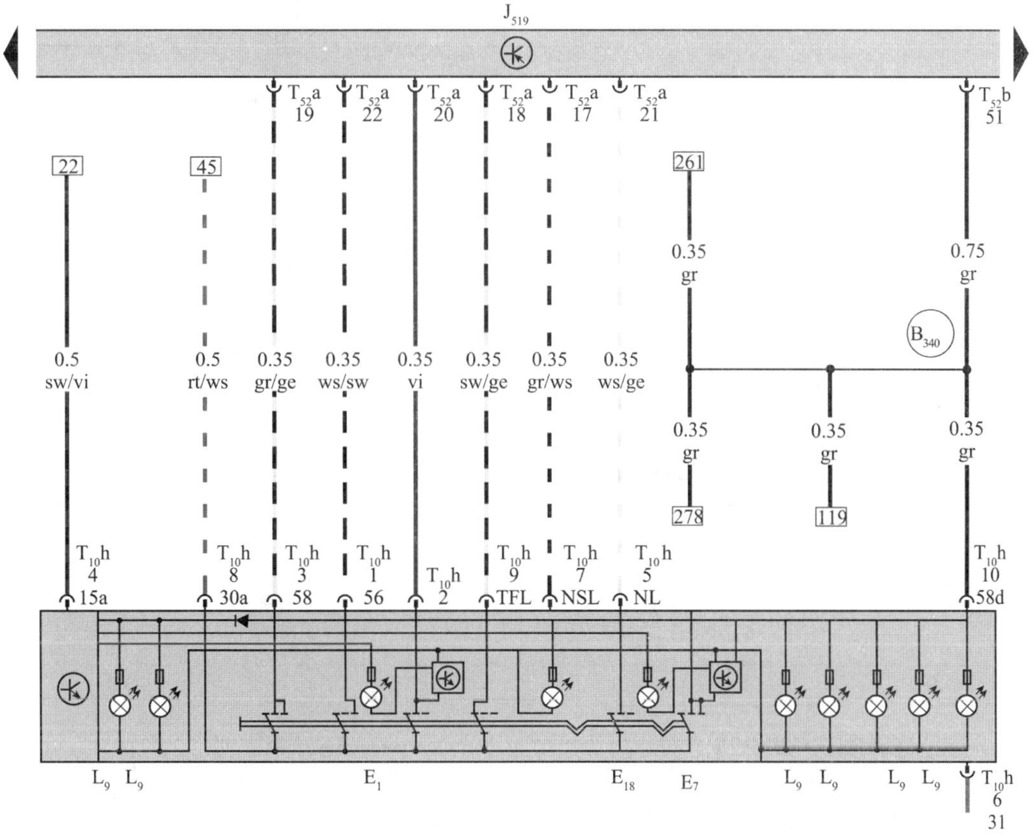

图 11-14　高尔夫 6 轿车车灯开关电路图

E_1-车灯开关；E_7-前雾灯开关；E_{18}-后雾灯开关；J_{519}-车载电网控制单元；L_9-前照灯开关照明灯泡

高尔夫 6 轿车灯光系统由车载电网控制单元 J_{519} 进行控制，车灯开关接通后，开关给 J_{519} 信号，J_{519} 再来控制灯的电源，控制灯是否工作。

高尔夫 6 的车灯开关如图 11-7 所示，车灯开关处于“0”位置时，关闭前照灯和侧边灯；车灯开关处于“AUTO”位置时，前照灯自动控制装置打开；车灯开关处于“ ”位置时，侧边灯打开；车灯开关处于“ ”位置时，打开前照灯和侧边灯；将车灯开关拧至“ ”位置或“ ”位置，然后将开关拉出，即可打开前雾灯或后雾灯。

2. 前照灯拆卸和安装

拆装步骤：

(1)关闭点火开关，断开所有用电器并拔出点火钥匙。

(2)拆卸前保险杠盖板。

(3)解锁并脱开多芯插头连接(图 11-15 所示“1”)。

(4)旋出前照灯后部的紧固螺栓(图 11-15 所示“2”)。

(5)旋出前照灯上部的紧固螺栓(图 11-16 所示的箭头)。

(6)向前从车身开口中取出前照灯。

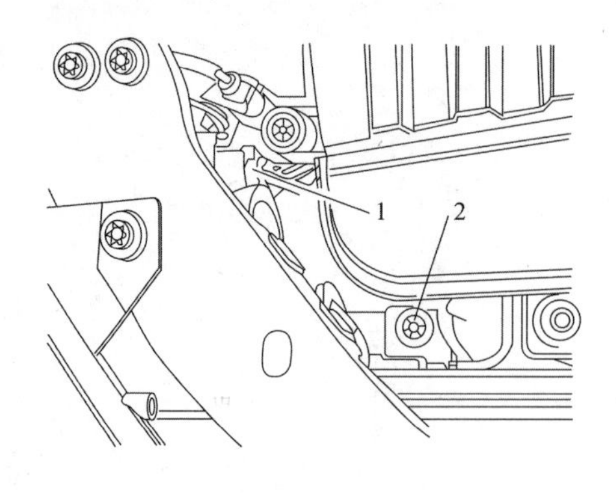

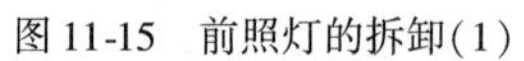
图 11-15　前照灯的拆卸(1)

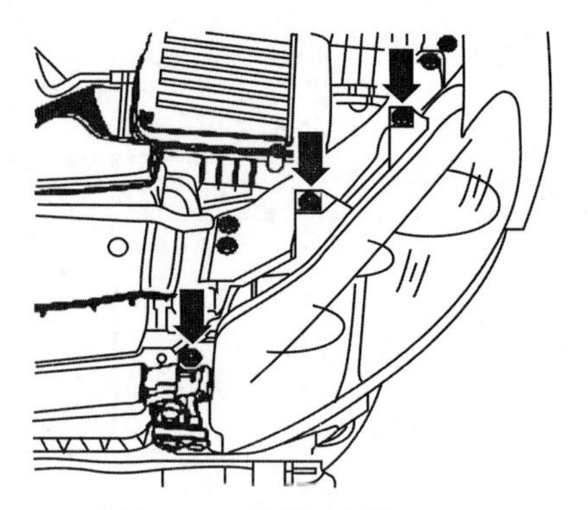

图 11-16　前照灯的拆卸(2)

安装大体以倒序进行。

3. 高尔夫 6 照明线路的检测

高尔夫 6 轿车照明线路和各部件的连接端子见表 11-1、表 11-2。

高尔夫 6 左侧照明电路各接线端子　　表 11-1

左侧前照灯接线			
J_{519}	前照灯插头线	左前照灯插头	前照灯内接线
21	0.5 黑/蓝	T_{10}i/1	V_{48}
B_{457}电位计	0.5 棕/白	T_{10}i/2	V_{48}
189	0.5 棕	T_{10}i/3	V_{48}
		T_{10}i/4	
	2.5 棕	T_{10}i/5	搭铁
A_{11}	1.5 黄/黑	T_{10}i/6	M_{29}左侧近光灯
		T_{10}i/7	
A_5	1.5 白/黑	T_{10}i/8	M_{30}左侧远光灯
A_{10}	0.75 黑/白	T_{10}i/9	M_5 左前转向灯
C_{26}	0.5 灰/黑	T_{10}i/10	M_1 左前停车灯

高尔夫 6 右侧照明电路各接线端子　　表 11-2

右侧前照灯接线			
J_{519}	前照灯插头线	右前照灯插头	前照灯内接线
23	0.5 黑/蓝	T_{10}j/1	V_{49}
B457 电位计	0.5 棕/白	T_{10}j/2	V_{49}
190	0.5 棕	T_{10}j/3	V_{49}
		T_{10}j/4	
	2.5 棕	T_{10}j/5	搭铁
C_{52}	1.5 黄/蓝	T_{10}j/6	M_{31}右侧近光灯
		T_{10}j/7	
C_{46}	1.5 白/紫	T_{10}j/8	M_{32}右侧远光灯
C_{50}	0.75 黑/绿	T_{10}j/9	M_7 右前转向灯
A_{44}	0.5 灰/红	T_{10}j/10	M_3 右前停车灯

测量时，解锁并松脱各部件的线束，使用万用表欧姆挡位，测量中各导线之间均导通，阻值小于1.5Ω；如果阻值为无穷大，说明导线断路，也给予更换。

四、照明装置常见故障诊断与排除

(一)诊断常用方法思路

1.电气线路故障检查

照明装置电气系统故障中除了部件损坏，如灯具损坏，开关、继电器损坏等，一部分是由于导线连接不当引起的，这部分故障称为线路故障。线路故障中，基本上有断路、短路和接触不良三种情况。有些故障可以外部直观发现，有些则需用测试法查出。测试的方法有以下几种：搭铁划火法、试灯法、电源短接法，适用于检查断路和接触不良；逐段拆检法，适合对线路的搭铁短路故障的检查。

2.电气线路开关的检查

电气线路中开关种类繁多，但各种开关的检查方法都是相同的。即都是将开关与线路的多端接头断开，用万用表的欧姆挡来检查各接头间的导通情况，根据每一开关位置各接头间的电阻值是否符合标准值，来判断开关的好坏，但需注意，不同车型的开关接线形式有所不同。

3.照明线路控制继电器的检查

照明线路中有大量的控制继电器，继电器相当于电磁开关。在检查继电器好坏时，可使用与开关检查相同的方法，即用欧姆表来检查继电器各接线端子间的通断情况是否符合要求。所不同的是，继电器还应检查其工作状态下的导通情况，即给继电器相应端子接入工作电压后，观察其导通的变化情况。

(二)常见故障诊断

1.前照灯不亮

(1)故障原因。前照灯熔断丝烧断；前照灯变光开关有故障；前照灯配线或搭铁有故障；电源线松动和脱落断路。

(2)诊断方法。检查熔断丝，如有熔断，应予以更换；检查车灯火线有无电压，若有电，应检查灯丝及其搭铁线；若无电，应逐步向前排查，检查灯光变光开关，必要时给予更换；检查灯光总开关前照灯挡位是否接触不良，必要时给予修理和更换；检查灯光继电器的线圈及触点是否正常，若均无问题，应检查各处接线情况是否有松动、脱落或断路，必要时进行紧固和更换。

2.前照灯灯光暗淡

(1)故障原因。蓄电池端电压降低；发电机不发电或发电量不足，输出电压低；散光玻璃或反射镜太脏；开关、导线等处有接头松动和锈蚀现象，使电阻增大。

(2)诊断方法。检查蓄电池，如电压不足应进行补充充电；检查前照灯火线电压是否过低，若正常，检查其搭铁情况是否良好，无问题则检查前照灯是否反射镜、配光镜过脏，拆开前照灯，予以清洁，灯座的接触部位和接头部位也应清洁处理，必要时给予更换；若车灯火线电压过低，则应逐步往前排查开关、继电器及导线，看是否有接触不良致使电压降过大；均无问题,应检查发电机的传动带松紧度,修复或更换发电机,检查电压调节器,必要时给予调整、修理或更换。

3. 前照灯变光时,远光灯或近光灯有一只不亮

(1)故障原因。灯泡烧毁;接线板或插接器到灯泡的导线断路;灯泡与灯座之间接触不良。

(2)诊断方法。更换同型号的灯泡;修理灯座、清除污垢、锈蚀,使其接触良好;检修线路并接牢。

4. 前照灯远、近光灯不全亮

(1)故障现象。灯光开关在前照灯挡位时,只有远光灯亮,而近光灯不亮,或只有近光灯亮而远光灯不亮。

(2)故障原因。变光开关损坏;远、近光的一条导线断路;双丝灯泡中某灯丝烧断。

(3)诊断方法。更换变光开关;检查前照灯线路,找出断路的导线,进行更换;检查灯丝,如果熔断,更换灯泡。

通过学习,了解了汽车灯光的组成和作用,同时要会识读和分析汽车照明电路。只有清楚了照明电路,才能更好地进行故障的诊断和维修。

思考与练习

一、填空题

1. 前照灯的照明效果直接影响夜间行车的安全,它具有特殊的光学结构,主要由________、________和________三部分组成。

2. 前照灯灯泡有________、________和________。

3. 牌照灯用于照亮车辆________,要求夜间在车后________ m 处能看清牌照号码。

4. 前照灯又叫________,装于汽车头部________,用于夜间行车道路的________。

5. 配光镜又称________,其作用是将反射镜反射出的________进行扩散分配。

6. 汽车照明系统由________、________、________等组成。

7. 灯光开关的形式有________、________、目前汽车上使用较多的是________。

二、选择题

1. 白炽灯泡充入的气体有(　　)。

A. 氮气　　B. 氧气　　C. 氢气

2. 反射镜的表面形状呈(　　)。

A. 旋转抛物面　　B. 半圆面　　C. 球面　　D. 椭圆面

3. 配光镜外形一般为(　　)或(　　)。

A. 圆形　　B. 三角形　　C. 矩形

4. 前照灯避免炫目的措施有(　　)。

A. 前照灯采用远近光变光措施　　B. 在近光灯丝下设置配光屏

C. 非对称式配光　　D. 加防护罩

5. 汽车前照灯的远光灯功率一般为(　　)W。

A. 20 ~ 55　　B. 40 ~ 60　　C. 60 ~ 80　　D. 70 ~ 80

三、判断题

1. 卤钨灯泡的优点是结构简单、光色好、发光柔和稳定、成本低，使用方便。（　　）

2. 配光屏遮挡灯丝射向反光镜下半部的光线，极大地增加了引起对面驾驶员炫目的光线。（　　）

3. 半封闭式前照灯的灯泡可以从反射镜后端进行拆装。（　　）

4. 投射式前照灯除了用作近光灯，远光灯外，还可用作雾灯。（　　）

5. 氙气灯色光成分和日光灯相似，亮度是目前卤素灯泡的 3 倍左右，寿命可达卤素灯泡的 5 倍。（　　）

6. 灯光组合开关将前照灯、尾灯、转向灯及变光等开关制成一体。（　　）

7. 前照灯的工作电流较大，若用车灯开关直接控制前照灯，车灯开关易烧坏，因此在前照灯电路中设有灯光继电器。（　　）

8. 白炽灯泡和卤钨灯泡的灯丝都是用钨制成的。（　　）

9. 全封闭式前照灯，反射镜和配光镜玻璃制成一体。（　　）

10. 投射式前照灯，在第二焦点附近设有遮光板。（　　）

四、简答题

1. 列出汽车上的车外照明灯具和车内照明灯具。

2. 请分析两侧前照灯不亮的原因，给出检修意见。

3. 前照灯的照明要求有哪些？

项目十二　信号灯光控制电路检修

学习目标

完成本项目学习后，你应能：

1. 汽车信号灯光的作用和组成；
2. 正确说出汽车上各个信号灯的安装位置；
3. 正确识读信号灯光电路图，并能写出其电流路径；
4. 正确叙述信号灯光的常见故障；
5. 准确描述信号灯光控制电路故障的检测方法。

建议学时

6 学时。

汽车信号系统是汽车安全行驶的必备系统之一。它对车辆的安全行驶起到决定性的作用，是驾驶员行车时的动态反映，它向其他车辆的驾驶员和行人提供信号，避免交通意外的发生。学习灯光信号，可以更好地掌握车辆的灯光信号系统，为车辆维修打下良好的基础。

一、信号系统的作用

信号系统的作用主要是夜间道路信号、车厢内部信号、车辆宽度标示、仪表与夜间检修等。

二、信号系统的组成

汽车信号系统由电源、信号灯具、控制装置等组成。信号灯也分为外信号灯和内信号灯，外信号灯指转向灯、制动灯、尾灯、示宽灯、倒车灯，内信号灯泛指仪表板的指示灯，主要有转向、机油压力、充电、制动、关门提示等仪表指示灯。各种信号灯的特点及用途见表 12-1。

各信号灯特点及用途　　表 12-1

名　称	位　置	功率(W)	用　途	光　色
转向灯、危险警告灯	汽车头部、尾部及两侧	21	汽车转弯时发出明暗交替的闪光信号；车辆遇到危险时作为危险报警灯发出警示信号	淡黄光色
倒车灯	汽车尾部	21	照明车辆后侧，同时警告后方的车辆及行人注意安全	白色光
制动灯	汽车尾部	21	当汽车制动或减速停车时，向车后发出灯光信号，以警示随后车辆及行人	红色

续上表

名　　称	位　　置	功率(W)	用　　途	光　　色
示宽灯	汽车前面、后面和侧面	5	标志汽车夜间行驶或停车时的宽度轮廓	前:白色或黄色;后:红色;侧:淡黄色
示廓灯	车身的前后左右四角	3～5	标示车辆轮廓	红色光
驻车灯	车前、车尾和两侧	3	标示车辆形状位置,警示车辆及行人注意避让,以防碰撞	前:白色光;后:红色光

三、各信号装置的结构和控制电路

1.转向信号装置

汽车转向灯主要是用来指示车辆的转弯方向,以引起交通民警、行人和其他驾驶员的注意,提高车辆行驶的安全性。另外,汽车转向灯同时闪烁还用作危险警报的指示。转向信号装置由转向灯、转向灯开关和闪光继电器等组成。

当接通危险报警信号开关时,所有转向信号灯同时闪烁,表示车辆遇紧急情况,请求其他车辆避让。根据《机动车运行安全技术条件》(GB 7258—2017)规定,危险报警指示灯的操纵装置应不受点火开关和灯光总开关的控制。

(1)转向灯。

用以显示车辆行驶方向,分前转向灯、侧转向灯和后转向灯,如图12-1所示。

a)

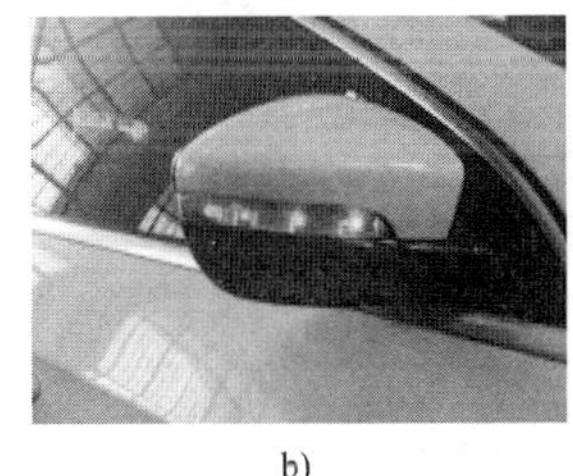

b)

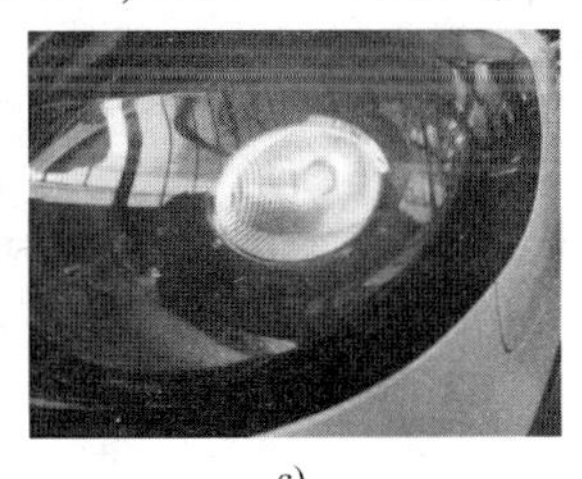

c)

图12-1　转向灯图示

a)前转向灯;b)侧转向灯;c)后转向灯

(2)开关。

转向灯开关、危险报警灯开关如图12-2、图12-3所示。

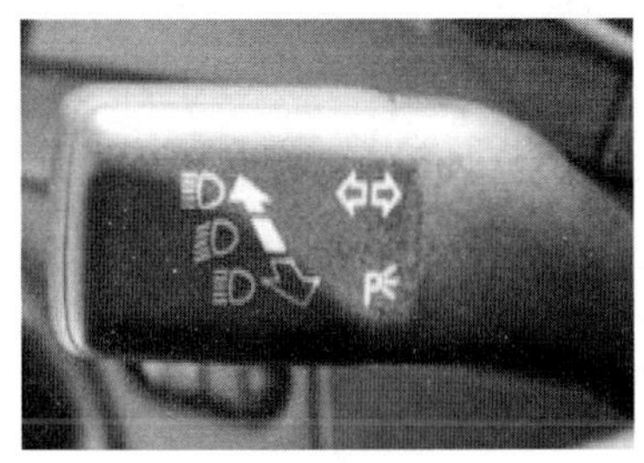

图12-2　转向灯开关

图12-3　危险报警灯开关

(3)闪光器。

转向灯闪烁是由闪光器控制电流通断实现的,闪光频率规定为(1.5±0.5)Hz,要求信号效果要好,而且亮暗时间比(通电率)3:2 为宜。常见闪光器有电热式、电容式、电子式三类。

①电容式闪光器的电路如图 12-4 所示。

电容式闪光器使用时应注意:

a. 必须按规定的灯泡功率选用灯泡;

b. 接线必须正确,*B* 接蓄电池,*L* 接转向灯开关。

②电子闪光器。电子闪光器工作可靠,使用寿命长,目前广泛使用。电子闪光器分为有触点和无触点、集成电路和晶体管等多种形式,其电路如图 12-5 和图 12-6 所示。

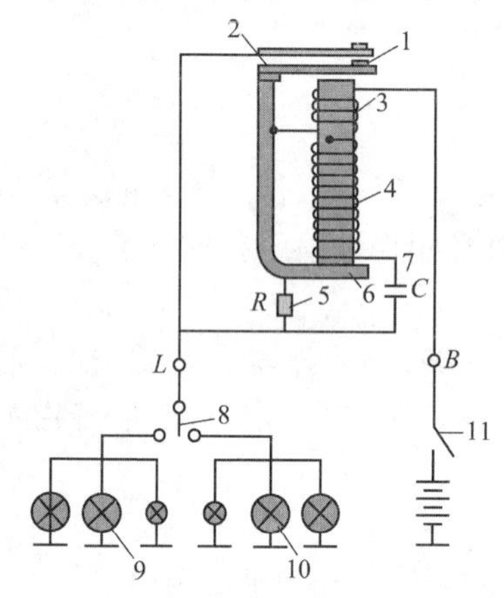

图 12-4 电容式闪光器

1-触点;2-弹簧片;3-串联线圈;4-并联线圈;5-灭弧电阻;6-铁芯;7-电容器;8-转向灯开关;9-左转向信号灯及指示灯;10-右转向信号灯及指示灯;11-电源开关

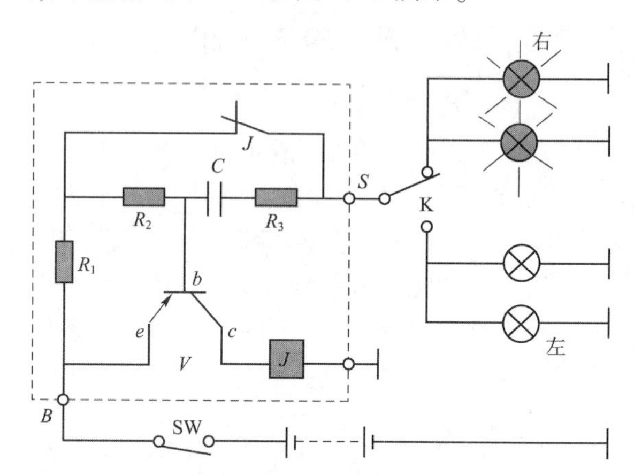

图 12-5 有触点晶体管式闪光器的电路

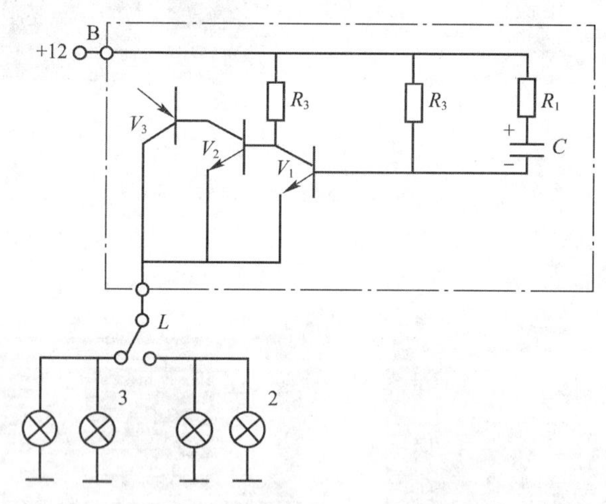

图 12-6 无触点晶体管式闪光器的电路

(4)转向灯、危险报警灯控制电路。

①常见的转向灯控制电路如图 12-7 所示。

②一汽大众捷达轿车的转向灯、危险报警灯电路如图 12-8、图 12-9 所示。

其电路原理为,当按下危险报警开关 E_3 时,报警灯(即前后左右转向灯此时作为报警信号）和危险报警指示灯 K_6 全部闪烁，其电流流向为：30（常电）→S_{29}→T5a/5→T5a/1。其中，T5a/5 等均为接点代号，下同。

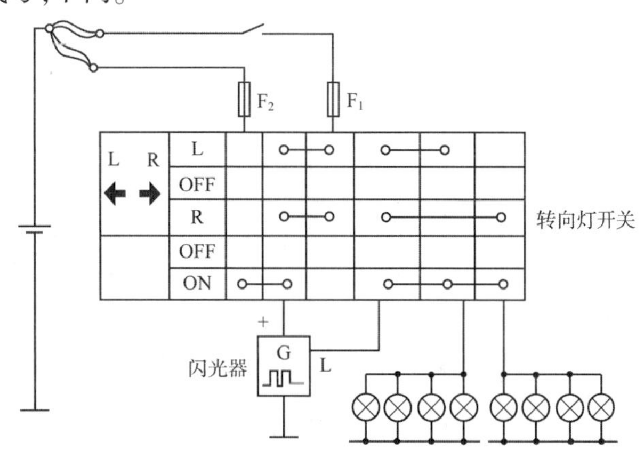

图 12-7　转向灯控制电路

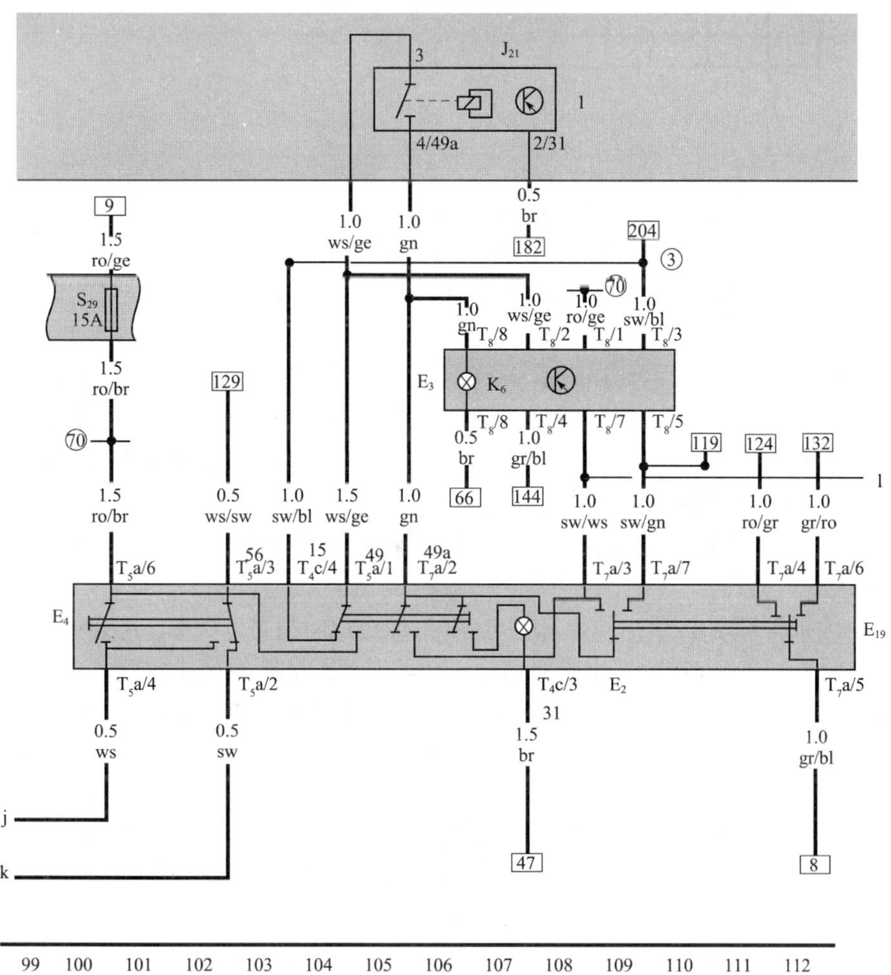

图 12-8　转向灯及危险报警灯开关电路截图

E_2-转向灯开关；E_3-危险报警灯开关；E_4-变光及转向灯开关；E_{19}-驻车灯开关；J_{21}-危险报警灯闪光继电器；K_6-危险报警指示灯

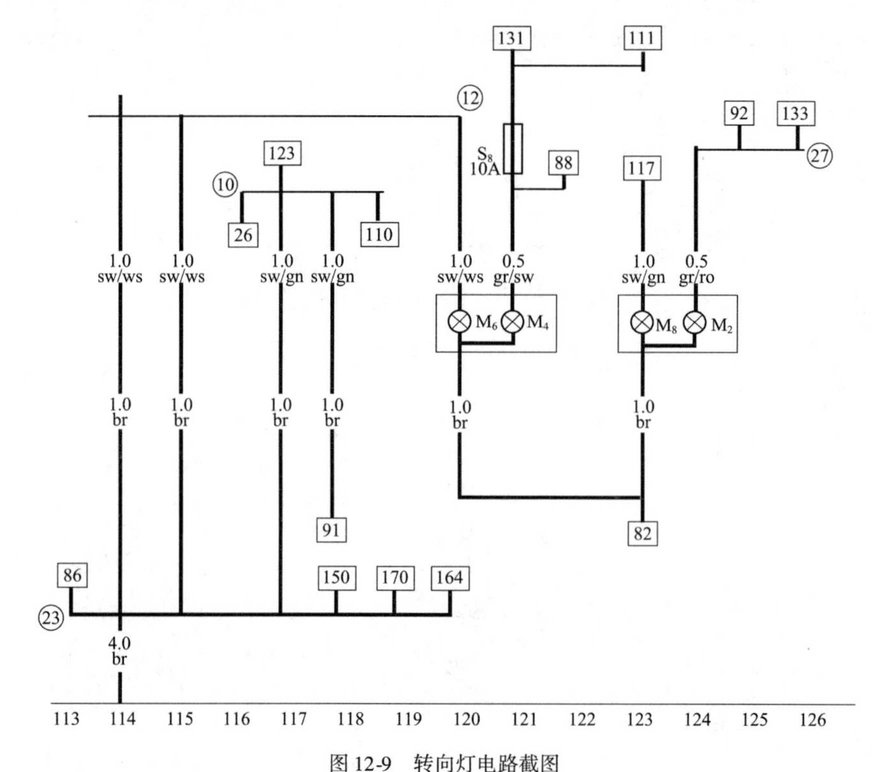

图 12-9　转向灯电路截图

M_2-右尾灯;M_4-左尾灯;M_8-右后转向灯

因为此时已按下危险报警开关 E_3,故开关内相对应点都接通,即从 q 来的电经开关内部触点把电引向上端接点。

所以,从 q 来的电一方面通向危险报警指示灯 K_6 下端,另一方面往上传至危险报警灯继电器 J_{21}(实为闪光继电器),并将触点 3-4/49a 断续接通,使其输出脉冲电流。再通过转向灯开关 E_2 后,将左右两边转向灯同时接通,同时闪烁(意为报警)。此部分电路较易读懂,但危险报警指示灯电路就不好理解了。

通过分析,该车的报警灯与报警指示灯是交替闪烁,即异步闪烁。再仔细分析该部分电路,即可得出如下结论:

a. 当危险报警灯继电器 J_2 输出脉冲电流时,经过危险报警开关 E_3,再到转向灯开关 E_2,同时接通前后左右的转向灯,发出报警信号。而此时流经危险报警指示灯 K_6 的电流却不一样:危险报警指示灯下端经常有电(常电),约 12V,而上端亦有电(从危险报警灯继电器输出的脉冲电流),亦为 12V 左右。这样,危险报警指示灯上下两端电压相等,无电流经过,故危险报警指示灯灭。

b. 当危险报警灯继电器 J_{21} 无信号输出(脉冲电压为 0),则危险报警灯继电器 J_{21} 的输出端子 4/49a 的电压为 0,因此,实际上此时该线已变成零线(搭铁线),此零线与转向开关左右两边的火线相连并延伸到左右转向灯的搭铁点为止,整段火线此时都成了搭铁线。而此时危险报警指示灯 K_6 的下端线仍为火线,约为 12V,而上端为搭铁线 0V,有电流流过,故此时危险报警指示灯 K_6 亮。

c. 由上述可知,当危险报警灯继电器 J_{21} 输出脉冲电流时,危险报警指示灯灭。当危险报

警灯继电器 J_{21} 无脉冲电流输出的短暂时刻,危险报警指示灯亮。此种情况恰巧与报警灯的工作状况相反,印证了报警灯与危险报警指示灯是一明一暗、互相交替闪烁(即异步闪烁)。若不仔细观察和深入分析电路原理,可能会误认为它们是同步闪烁(转向灯与转向指示灯是同步闪烁,而报警灯与遇险报警指示灯却是异步闪烁)。

2. 制动信号装置

制动信号装置主要由制动信号灯和制动信号灯开关组成。制动信号灯开关常见的有气压式和液压式两种。

(1)气压式(图 12-10)。气压制动系制动统由安装在制动系统管路中或制动阀上的信号灯开关控制。

(2)液压式(图 12-11)。液压制动系统由与制动踏板直接连动的机械行程开关控制,也可采用安装在制动回路上的液压式开关来控制。

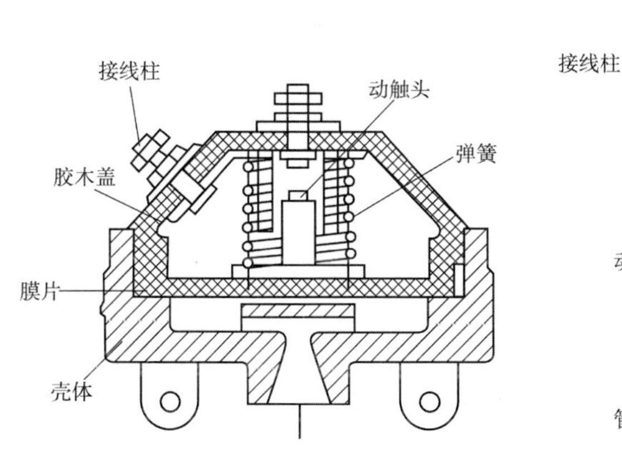

图 12-10　气压式制动信号灯开关

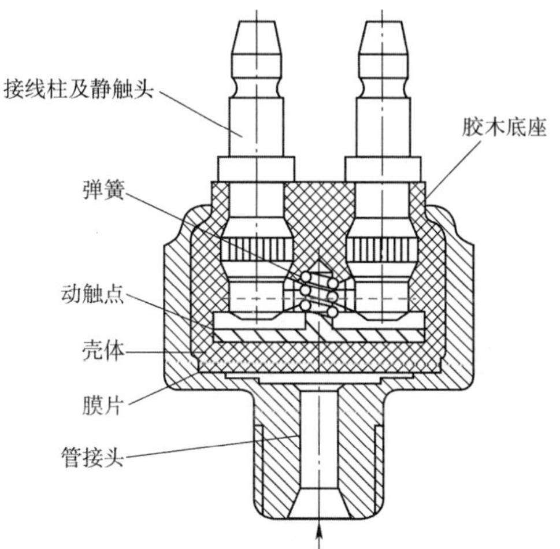

图 12-11　液压式制动信号灯开关

3. 倒车信号装置

倒车时,装在变速器上的倒车信号开关触点接通倒车信号灯电路,倒车信号灯亮。倒车信号装置主要由倒车信号灯、倒车报警开关和报警器组成。倒车报警开关结构如图 12-12 所示,倒车报警器电路如图 12-13 所示。

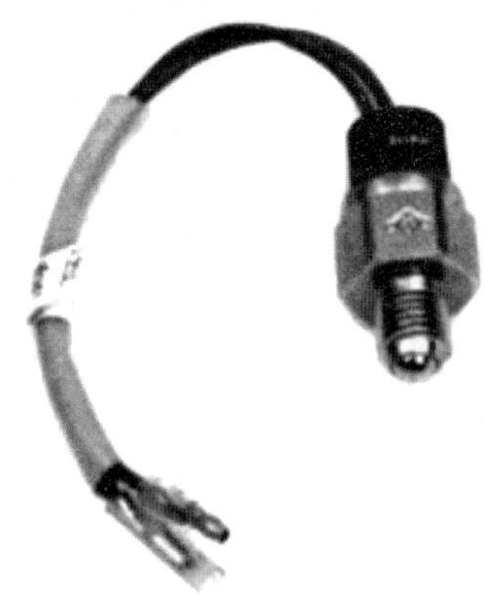

图 12-12　倒车报警开关结构图

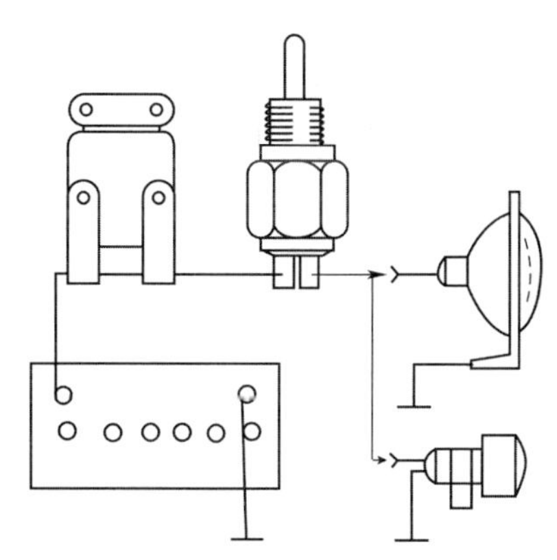

图 12-13　倒车报警器电路图

四、信号系统电路常见故障的诊断与排除

转向灯和危险报警灯常见故障原因与检修方法见表12-2。

转向灯和危险报警灯常见故障原因与检修方法 表12-2

序号	故障现象	原因	检修方法
1	左右灯都不亮	转向灯灯丝断线	更换灯泡
		转向信号灯电路熔断丝熔断	更换熔断丝
		蓄电池和开关之间有断线,接触不良	更换或修理配线,修理接触部分
		转向信号开关不良	更换开关
		闪光器不良	更换闪光器
2	左右灯一侧不亮	开关和灯之间有断线,接触不良	更换或修理配线,修理接触部分
3	亮灭次数少	使用了比规定容量大的灯泡	更换成标准功率灯泡
		电源电压过低	给蓄电池充电
		闪光器不良	更换闪光器
4	亮灭次数多	使用了比规定容量小的灯泡	更换成标准功率灯泡
		信号灯搭铁不良	修理灯座的搭铁处
		闪光器不良	更换闪光器
		某信号灯灯丝断线	更换灯泡
5	左、右转向信号灯的亮灭次数不一样,或其中有一个不工作(非闪光器故障)	指示灯或信号灯断线	更换灯泡
		其中一个使用了非标准瓦数的灯泡	更换成标准瓦数的灯泡
		信号灯搭铁不良	维修或更换
		转向信号灯开关和转向信号灯之间有断线、接触不良	维修配线或更换,修理接触部位
6	当刮水器和加热器等工作时,亮灭特别慢或不工作(非闪光器故障)	蓄电池容量不足	给蓄电池充电
		蓄电池到闪光器之间的电压降太大	配线即将断线,检查接触不良部位并修理
7	有时工作有时不工作,装置受到震动才工作	闪光器电路的配线即将熔断	维修或更换配线
		闪光器不良	更换闪光器
8	转向信号灯电路的熔断丝熔断,更换熔断丝后再次熔断	闪光器电路的配线和底盘短路	修理短路处
		灯泡或灯座短路	修理或更换灯泡或灯座
		转向信号灯开关短路	更换开关
		闪光器不良	更换闪光器

倒车时,倒车灯不亮一般是倒车灯的灯泡损坏、倒车灯开关损坏、线路有断路故障所致。

思考与练习

一、填空题

1. 汽车信号系统由________、________、________等组成。

2. 外信号灯指________、________、________、________、________。

3. 制动灯装在汽车________,当汽车制动时,发出光色为________。

4. 转向信号装置由________、________和________等组成。
5. 危险报警指示灯的操纵装置应不受________和________的控制。
6. 常见闪光器有________、________、________三类。
7. 制动信号装置主要由________和________组成。

二、选择题

1. 转向灯的光色为(　　)。
   A. 红色　　B. 白色　　C. 黄色
2. 倒车灯装在汽车的(　　)。
   A. 尾部　　B. 侧边　　C. 前部
3. 转向灯闪烁是由(　　)控制电流通断实现的。
   A. 转向开关　　B. 闪光器　　C. 危险报警开关
4. 倒车灯工作是由(　　)接通倒车信号电路。
   A. 转向盘上的倒车开关　　B. 制动踏板后面的开关
   C. 变速器上的倒车开关
5. 闪光器的闪烁频率为(　　)。
   A. 1Hz ±0.5Hz　　B. 1.5Hz ±0.5Hz
   C. 2Hz ±0.5Hz　　D. 2.5Hz ±0.5Hz

三、判断题

1. 示位灯是在汽车停车的时候用的。(　　)
2. 当接通危险报警信号开关时,所有转向信号灯同时闪烁,表示车辆遇紧急情况,请求其他车辆避让。(　　)
3. 汽车转向灯主要是用来指示车辆的转弯方向,以引起交警、行人和其他驾驶员的注意,提高车辆行驶的安全性。(　　)
4. 转向灯闪烁是为了省电。(　　)
5. 捷达轿车的转向灯和转向指示灯同步闪烁。(　　)
6. 电子闪光器工作可靠,使用寿命长,目前广泛使用。(　　)
7. 制动信号灯开关常见的有气压式和液压式两种。(　　)
8. 倒车时,需要人为接通倒车信号灯电路,倒车信号灯亮。(　　)

四、简答题

1. 电容式闪光器使用时应注意什么?

2. 写出转向灯、倒车灯、制动灯的安装位置、光色、作用。

参 考 文 献

[1] 韩永刚,何继华.汽车电控系统故障诊断与维修[M].北京:电子工业出版社,2012.
[2] 凌晨.汽车电气设备构造与维修[M].天津:天津科学技术出版社,2010.
[3] 刘俊刚,江舸.汽车电气实训[M].北京:北京理工大学出版社,2009.
[4] 安宗权,曾宪均.汽车电气系统检修[M].北京:人民邮电出版社,2015.
[5] 胡光辉.汽车电气设备构造与维修[M].北京:机械工业出版社,2007.
[6] 张蕾.汽车空调[M].北京:机械工业出版社,2007.
[7] 谷朝峰.一汽大众车系维修案例精选(电器篇)[M].北京:机械工业出版社,2012.